BORIS ALEXANDER BRACZYK

Rechtsgrund und Grundrecht

Schriften zur Rechtstheorie

Heft 175

Rechtsgrund und Grundrecht

Grundlegung einer systematischen Grundrechtstheorie

Von

Boris Alexander Braczyk

Duncker & Humblot · Berlin

Die Deutsche Bibliothek – CIP-Einheitsaufnahme

Braczyk, Boris Alexander:
Rechtsgrund und Grundrecht : Grundlegung einer
systematischen Grundrechtstheorie / von Boris Alexander
Braczyk. – Berlin : Duncker und Humblot, 1996
   (Schriften zur Rechtstheorie ; H. 175)
   Zugl.: Bielefeld, Univ., Diss., 1995
   ISBN 3-428-08803-4
NE: GT

Meinen geliebten Eltern

in Dankbarkeit

Vorwort

Die Gewißheit, daß ich (ungefähr) diese Arbeit schreiben würde, gewann ich während eines von den Professoren Dres. Dieter Grimm, Martin Stock und Joachim Wieland im Wintersemester 1991/92 an der Universität Bielefeld veranstalteten Seminars, in dem u. a. der vielgescholtene "Gentechnik-Beschluß" des VGH Kassel (NJW 1990, S. 336) behandelt wurde. Am Ende einer lebhaften Diskussion und nach mehrheitlicher Feststellung, daß der Beschluß bei Zugrundelegung der gängigen Grundrechtsdogmatik nicht zu halten sei, wurde gefragt, wer gleichwohl im Ergebnis wie der VGH entschieden hätte. Herr Grimm und Herr Stock hoben die Hand, obwohl auch sie jene Mehrheitsmeinung teilten. Recht und Dogmatik gingen in der Gentechnik-Frage also offenbar getrennte Wege. Da nach den Gesetzen schon der formalen Logik die Rechts*dogmatik* dem *Recht* zu folgen hat und nicht umgekehrt, bedeutete dies (für mich), daß mit der Dogmatik etwas nicht stimmen konnte. Während des im darauffolgenden Semester durchgeführten Examinatoriums stellte ich Herrn Grimm viele Fragen (für seine große Geduld sei ihm hiermit herzlich gedankt). Seine Antworten räumten meine Zweifel nicht aus, sondern verstärkten sie eher.

Daß diese Zweifel tatsächlich immerhin ansatzweise konstruktiv werden konnten, verdanke ich meinem verehrten Lehrer an der Universität Bielefeld, Prof. Dr. Wolfgang Schild, der die Betreuung der spontan ins Auge gefaßten Dissertation bereitwillig übernahm und ohne dessen geduldige Hilfestellung und unerbittliche Kritik sie nie hätte entstehen können. Während der mehr als dreijährigen Tätigkeit an seinem Lehrstuhl als studentische und wissenschaftliche Hilfskraft und während des Entstehens der großenteils in der Referendarzeit ausgearbeiteten Dissertation lehrte er mich, wie er es selbst einmal von seinem Lehrer Erich Heintel gesagt hat, die Grenzen des juristischen Denkens zu erkennen - und über sie hinauszugehen. Was noch wichtiger und prägender war: Er lebte (nicht nur) uns Mitarbeitern das Wohl-Wollen des sittlichen Individuums im Sinne Hegels unmittelbar vor. - Sehr zu danken habe ich Frau Prof. Dr. Gertrude Lübbe-Wolff für die gewiß in einsamer Rekordzeit erfolgte Erstellung des Zweitgutachtens, vor allem für ihre darin und im persönlichen Gespräch geäußerte Kritik, die sich dort, wo nicht grundsätzlich verschiedene Standpunkte es verhindern mußten, auch in der Überarbeitung niedergeschlagen hat.

Die Fakultät für Rechtswissenschaft der Universität Bielefeld hat die im November 1994 abgeschlossene Arbeit im Sommersemester 1995 als Dissertation angenommen. Für die Veröffentlichung wurde sie durchgehend überarbeitet und teilweise erweitert.

Herzlich danken für fachliche und moralische Unterstützung und für ihre Diskussionsbereitschaft in den gemeinsamen Bielefelder Tagen möchte ich Johannes Becher, Christian Biermann und Gerhard Jansen. Dank gilt auch Marc Schütze, Markus Vogt und Sibylle Wankel an der Universität Heidelberg für ihre Diskussionsbereitschaft in der Endphase der Überarbeitung. Dank gilt ferner den Richtern, die mich am Landgericht Stuttgart als Referendar ausgebildet haben, insbesondere Herrn Vizepräs. d. LG Kehl und Herrn Vors. RiaLG Dr. Clauß; sie haben nicht nur Verständnis für meine doppelte Belastung mit Vorbereitungsdienst und Anfertigung der Dissertation bewiesen, sondern mich vor allem in ihrer Tätigkeit die Wahrheit der Hegelschen Einsicht anschauen lassen, daß Recht nur von (vor)gelebter Sittlichkeit her gedacht werden kann - welche sich in der 13. und 23. Zivilkammer des Landgerichts Stuttgart zugleich als Voraussetzung für lebhafte Freude an und herzlichen Humor bei der praktischen Juristenarbeit gezeigt hat.

Besonders dankbar bin ich meinen Eltern, die das Gelingen der Arbeit mit Kritik, Anregung und vielerlei Hilfestellung gefördert und mir stets den Rükken freigehalten haben, wenn es nötig war.

Zu danken habe ich schließlich Herrn Prof. Dr. Norbert Simon für die Aufnahme der Arbeit in die "Schriften zur Rechtstheorie".

Stuttgart/Heidelberg, im März 1996

Boris Alexander Braczyk

Inhaltsverzeichnis

Zweiter Teil

Freiheit, Recht und Staat

Dritter Teil

Rechts-Verhältnis und Grundrechte

Abkürzungsverzeichnis

a. A.	anderer Ansicht
a. a. O.	am angegebenen Ort
Abs.	Absatz
AcP	Archiv für die civilistische Praxis
ÄndG	Änderungsgesetz
Anm.	Anmerkung
AO	Abgabenordnung
AöR	Archiv des öffentlichen Rechts
ARSP	Archiv für Rechts- und Sozialphilosophie
Art.	Artikel
BAG	Bundesarbeitsgericht
BB	Betriebs-Berater
BGB	Bürgerliches Gesetzbuch
BGBl.	Bundesgesetzblatt
BetrVG	Betriebsverfassungsgesetz
BImSchG	Bundes-Immissionsschutzgesetz
BNatSchG	Bundesnaturschutzgesetz
BVerfG	Bundesverfassungsgericht
BVerfGE	Entscheidungen des Bundesverfassungsgerichts
BVerwG	Bundesverwaltungsgericht
BVerwGE	Entscheidungen des Bundesverwaltungsgerichts
bzw.	beziehungsweise
CR	Computer und Recht
ders.	derselbe
d. h.	das heißt
dies.	dieselbe(n)
DVBl.	Deutsches Verwaltungsblatt
EuGRZ	Europäische Grundrechte-Zeitschrift
FG	Festgabe
Fn.	Fußnote
FS	Festschrift

GedS	Gedächtnisschrift
GG	Grundgesetz
GVG	Gerichtsverfassungsgesetz
HbStR	Handbuch des Staatsrechts der Bundesrepublik Deutschland (herausgegeben von Isensee/Kirchhof)
HbVerfR	Handbuch des Verfassungsrechts der Bundesrepublik Deutschland (herausgegeben von Benda/Maihofer/Vogel)
Hrsg.	Herausgeber
JuS	Juristische Schulung
JZ	Juristenzeitung
KJ	Kritische Justiz
KSchG	Kündigungsschutzgesetz
LRG NW	Rundfunkgesetz für das Land Nordrhein-Westfalen
LS	Leitsatz
NG/FH	Die Neue Gesellschaft/Frankfurter Hefte
NJW	Neue juristische Wochenschrift
Nr.	Nummer
NuR	Natur und Recht
NVwZ	Neue Zeitschrift für Verwaltungsrecht
NZA	Neue Zeitschrift für Arbeitsrecht
o. ä.	oder ähnliches
ÖZöR	Österreichische Zeitschrift für öffentliches Recht
OVG	Oberverwaltungsgericht
RdA	Recht der Arbeit
Rn(n).	Randnummer(n)
S.	Seite
s.	siehe
SächsVBl.	Sächsische Verwaltungsblätter
s. o.	siehe oben
(r./l.) Sp.	(rechte/linke) Spalte
StGB	Strafgesetzbuch
u. a.	unter anderem
UPR	Umwelt- und Planungsrecht
usw.	und so weiter
VBlBW	Verwaltungsblätter für Baden-Württemberg
VG	Verwaltungsgericht
VGH	Verwaltungsgerichtshof
Vorb. v.	Vorbemerkung(en) vor

VVDStRL	Veröffentlichungen der Vereinigung der Deutschen Staatsrechtslehrer
VwGO	Verwaltungsgerichtsordnung
WDRG	Gesetz über den "Westdeutschen Rundfunk Köln"
z. B.	zum Beispiel
zust.	zustimmend

"Das Wahre ist das Ganze."

Georg Wilhelm Friedrich Hegel
Vorrede zur Phänomenologie des Geistes

"Denn der Staat, das sind wir selber."

Richard von Weizsäcker
Rede zum 40. Jahrestag der Bundesrepublik
Deutschland

Einführung

Ziel der Untersuchung ist, die Grundrechtstheorie auf einen Weg aus ihrer gegenwärtigen Krise zu führen.

Greifbar wird diese Krise im Ersten Teil: Er zeigt, daß das Verhältnis von Grundrechten und "bürgerlichen" Rechtsbeziehungen bislang ungeklärt, für eine Theorie der Grundrechte aber von (im Wortsinn) grundlegender Bedeutung ist. Im Zweiten Teil folgt eine Besinnung auf die *innere Gliederung* der Begriffe der Freiheit, des Rechts und des Staates, um deren Erfassung und dogmatische Ausarbeitung sich die Rechtswissenschaft bisher nicht genügend bemüht. Das Ergebnis des Zweiten nimmt der Dritte Teil als Grundstein für einen Bau, den statt neuestgotischer Spitzenvielfalt *eine* Renaissance-Kuppel überspannt: für eine Theorie der Grundrechte, in der unterschiedliche, ja anscheinend gegensätzliche Aussagen nicht äußerlich nebeneinander stehen, sondern als aufeinander bezogene Momente ein *in sich selbst* unterschiedenes, damit *einheitliches Ganzes* bilden. So wird schon im gedanklichen Ansatz aller juristischen Arbeit verhindert, daß einzelne Vorstellungen, die die Wissenschaft von den Grundrechten und die Praxis ihrer Anwendung beherrschen (etwa die Vorstellung grundrechtlicher als abwehrender Freiheit), einseitig als absolut gesetzt werden; zugleich wird dem Zug zu immer aufwendigeren, zeit- und kraftraubenden Abgrenzungen (vor allem grundrechtlicher "Schutzbereiche") ein fester Prellbock entgegengesetzt. Strenges Beharren auf einseitigen dogmatischen Standpunkten hat in der Vergangenheit zu manch vermeidbarer Aufregung, übertriebener Gerichtsschelte und sogar, besonders bedenklich, zu erheblichen Zweifeln an den Möglichkeiten der eigenen Wissenschaft geführt.

I. Grundlegendes

Die Erkenntnisweise, der sich die Wissenschaft vom Recht als eine Geisteswissenschaft bedienen und anvertrauen muß, um sich fest in sich selbst zu gründen und so gelassen und kraftvoll den Problemen unserer Zeit zuzuwenden, *die (Rechts-)Philosophie Georg Wilhelm Friedrich Hegels*, kann heute kaum noch als bekannt vorausgesetzt werden. Vor fast siebzig Jahren bereits schrieb einer der bedeutendsten deutschen Zivilrechtler dieses Jahrhunderts, Karl Larenz: "Weniger noch als in einer anderen Geisteswissenschaft können wir in der gegenwärtigen Rechtswissenschaft ein ausgebildetes Verständnis für H e g e l s Philosophie bereits voraussetzen, das uns unsere Arbeit erleichtern würde. Wir müssen vielmehr um ein solches erst werben und sehen uns damit zunächst vor die Aufgabe gestellt, einen Weg zu finden, der die eigentümliche Art des Hegelschen Denkens, seiner Problemstellungen und seiner Methode dem heutigen Denken näher bringen kann."[1] Larenz weiter: "H e g e l s Gedanken lassen sich nun einmal nicht anders als mit Hilfe der Begriffe darstellen, in denen sie ihren adäquaten Ausdruck gefunden haben; diese Begriffe sind aber selbst die Resultate sehr komplizierter Gedankengänge. Um sie vollkommen verstehen zu lernen, bleibt uns nichts anderes übrig, als selbst - wenn auch in abgekürzter Form - den Weg zurückzulegen, der H e g e l zu ihnen hingeführt hat. Denn es gehört zum Wesen seiner Philosophie, daß sie keine von der systematischen Entwicklung ablösbaren Resultate kennt, daß das 'Resultat' einer jeden systematischen Ableitung nur gerade durch diese in seinem eigentümlichen Sinn begriffen werden kann, weil das 'Resultat' immer nur ein Moment ist, dessen Wahrheit in seinem Zusammenhange mit dem Ganzen des Systems beruht."[2] Die Neigung, jene Mühe auf sich zu nehmen, die der Begriff (das Begreifen) des Ganzen macht, ist heute kaum größer als damals. Man muß noch achtzig, neunzig Jahre weiter zurückgehen, um in der Rechtswissenschaft eine größere Wertschätzung ganzheitlichen Denkens zu finden, wie sie sich etwa bei Friedrich Carl von Savigny und Georg Friedrich

---

[1] *K. Larenz*, Hegels Zurechnungslehre und der Begriff der objektiven Zurechnung (1927), Einführung Seite VI.

[2] A. a. O.; dazu, wie *Larenz* dann im "Dritten Reich" an seinen eigenen Einsichten schuldig wurde, *B. A. Braczyk*, ARSP 79 (1993), S. 99 ff. Kritisch gegenüber dieser Sicht *O. Lepsius*, Die gegensatzaufhebende Begriffsbildung, S. 283 f. mit Fn. 113; *Lepsius* wertet allerdings die eigene Beobachtung nicht aus, *Larenz* werde in seinen damaligen Schriften "nicht müde, die [nationalsozialistisch ideologisierte] 'Idee der Gemeinschaft' direkt aus *okkasionellen* Hegel-Zitaten abzuleiten" (S. 283; Hervorhebung durch den Verfasser). Daß seine Aussagen aus dem Zusammenhang gerissen werden, spricht nicht gegen Hegel, nur gegen die ruchlos Reißenden; kein Wissenschaftler ist vor ihnen sicher. Autoren, die man aus keinem Zusammenhang reißen kann, sind dagegen selten wert, zitiert zu werden, denn *Zusammenhänge herstellen soll die Wissenschaft*, sonst nichts (und das geht ausgesucht selten in nur einem Satz - den man in der Tat nirgendwo mehr herausreißen könnte).

Puchta[3] in der geistigen Nachfolge Hegels zeigt. Der Versuch allerdings, die Grundrechtstheorie wirklich in den Gesamtzusammenhang von Hegels System - also Logik, Natur- und Geistphilosophie[4] - zu stellen, würde nicht nur den hiesigen Rahmen sprengen, sondern ist auch nicht erforderlich. Der Anspruch geht gerade darauf, die positive (Grund-)Rechtswissenschaft, die als gegeben aufgenommen wird, *aus sich selbst* heraus weiterzuentwickeln; nur so kann ein wissenschaftlicher Standpunkt wissenschaftlich widerlegt werden: "Die wahrhafte Widerlegung muß in die Kraft des Gegners eingehen und sich in den Umkreis seiner Stärke stellen; ihn außerhalb seiner selbst anzugreifen und da Recht zu behalten, wo er nicht ist, fördert die Sache nicht. Die einzige Widerlegung [eines wissenschaftlichen Standpunktes] ... kann daher nur darin bestehen, daß [er] ... zuerst als wesentlich und notwendig anerkannt werde, daß aber zweitens dieser Standpunkt *aus sich selbst* auf den höheren gehoben werde."[5] Nötig ist dazu nur Hegels besondere, nämlich die dialektische Art zu denken.

Deren Gegenteil, das lineare Denken, kann sich Unendlichkeit nur als endlose Linie vorstellen und gelangt nur zur Feststellung unaufhebbarer Gegensätze, zwischen denen sodann "Kompromisse" herzustellen seien. Daß es unser geistiges Leben heute fast unangefochten beherrscht, hängt wesentlich mit dem seit Goethes und Hegels Tagen erheblich schwächer gewordenen Bewußtsein von der einverbindenden ("integrativen") Kraft unserer Sprache zusammen. Dieses unschätzbare Vermögen ist uns, anders als den Geistes-Trägern der vorangegangenen Jahrhunderte,[6] kaum noch bewußt, woran die nationalistischen Übersteigerungen im "Dritten Reich" nicht ganz unschuldig sein dürften. Jene Hoch-Zeit, in der Goethes Dichtung, Hegels Philosophie[7] und Beethovens Tonkunst[8] die auseinanderdriftenden Einzelteile der Moderne noch mit Geistesmacht als *heile* (ganze) Welt zusammenhielten, scheint heute ferner denn je.

---

3 Zu beider Bemühungen um die "Einheit der Rechtsordnung" s. die jüngst unter gleichem Titel erschienene Schrift von *M. Baldus* (S. 72 ff., 75 ff.).

4 Die drei Teile der "Enzyklopädie der philosophischen Wissenschaften", die 1830 in dritter Auflage letztmals erschien. - Eine Art Gesamtdarstellung des Systems mit dem Versuch einer Weiterführung unternimmt *V. Hösle*, Hegels System, 2 Bände (1987).

5 *G. W. F. Hegel*, Wissenschaft der Logik, Band 2, S. 250 (der zu widerlegende Standpunkt, von dem die Stelle handelt, ist der Spinozismus).

6 Einige wohlvertretene Beispiele bei *L. Reiners*, Stilkunst, S. 16.

7 "Das Prinzip der modernen Staaten hat diese ungeheure Stärke und Tiefe, das Prinzip der Subjektivität sich zum *selbständigen Extreme* der persönlichen Besonderheit vollenden zu lassen und zugleich es in die *substanzielle Einheit zurückzuführen* und so in ihm selbst diese zu erhalten" (*G. W. F. Hegel*, Grundlinien der Philosophie des Rechts, § 260).

8 "Der Wille, die Energie, welche bei Beethoven die Form in Bewegung setzt, das ist immer das *Ganze*, der Hegelsche *Weltgeist*" (*T. W. Adorno*, Beethoven. Philosophie der Musik, S. 31).

Die deutsche Sprache geht aufs Ganze; sie ist auf Ganzheit(lichkeit) ausge-
richtet. In Satzbau und Wortbildung möchte sie der gewußten Einheit des
Stoffs auch *Form* geben. Ein Beispiel ist etwa der "Rahmenbau" bei Sätzen
mit zusammengesetzten Zeitwörtern ("Ich *komme* erst in zwei oder drei Wo-
chen *zurück*."), den es im Englischen, Französischen, Italienischen, Spani-
schen nicht gibt. Der französische Geschichtswissenschaftler und -philosoph
Hippolyte Taine schrieb dazu: "Die sprachliche Verflochtenheit des Satzes ist
das Sinnbild für die geistige Einheit des Gedankens. Der Deutsche will seinen
Denkschritt nicht zu Ende bringen, bevor er nicht alle Teilstücke greifbar vor
sich hat. Sein wesentliches Denkbedürfnis ist augenscheinlich, sich des Zusammenhangs bewußt zu werden."[9] Wichtiger noch ist die Wortbildung, deren tiefe Bedeutung dem linearen Denken allerdings verschlossen bleibt. So
kommt es, daß Wörter wie "Gegenteil" oder "Gegensatz" als leere Verstan-
des- statt als in sich erfüllte Vernunftbegriffe genommen und verwendet werden. An "Gegenteil" und "Gegensatz", die nach gewöhnlichem Verständnis
für unüberbrückbaren Widerspruch und Unversöhnlichkeit stehen, mag im
folgenden kurz veranschaulicht werden, wie die denkende Vernunft die Ver-
standesbegriffe in ihre eigentliche Tiefe verfolgt und so zu ihrer wirklichen
Bedeutung erhebt. Deutlich wird dabei zugleich, welche Art geistiger Mitarbeit die Untersuchung vom Leser erwarten muß; Mitarbeit bedeutet vor allem
bereitwillige gedankliche Teilnahme, wenn die Grundbegriffe der heutigen
Grundrechtstheorie wie "Freiheit", "Eingriff", "objektive Wertordnung",
"Drittwirkung", "Schutzpflicht" usw. von Grund auf ebenso in Frage gestellt
werden wie gleich "Gegenteil" und "Gegensatz". Keine blinde Zerstörung,
sondern höhere Erkenntnis jener Begriffe ist Ziel des Fragens, weshalb das in
Frage Gestellte (meist) auch Teil der Antwort sein wird (aber, soweit es sich
als einseitig erweist, eben *nur* Teil).

Zum "Gegenteil". Schreibt man es mit Bindestrich als Gegen-Teil, wird das
Gemeinte gleich unmittelbar anschaulich: Der Strich verbindet jetzt zwei
gleichberechtigt nebeneinander stehende Wörter zu einem Ganzen, das aus der
Einheit der Bedeutungen beider besteht. In dieser Einheit liegt, daß das als
"Gegenteil" Bezeichnete dem hierdurch notwendig in Bezug Genommenen
oder logisch Ersten ebensowohl entgegengesetzt, also ihm gegenüber ein *Anderes*, wie *Teil* von ihm ist; was eigentlich bedeutet, daß das Gegenteil dem
logisch Ersten gegenüber nicht überhaupt ein Anderes, sondern *sein* Anderes
ist. Das Wort mag in der Umgangs- und sogar Wissenschaftssprache so
schludrig und unangemessen verwendet werden wie es will: Es bezeichnet genau dieses dialektische Verhältnis.

---

9 Zitiert nach Erich Drach bei *L. Reiners*, Stilkunst, S. 95.

Das Wort "Gegensatz" führt dieses Verhältnis noch weiter, indem es zum Ausdruck bringt, daß das Andere des logisch Ersten *von diesem selbst gesetzt* ist.[10] So erweist sich das logisch Erste als nicht nur seiend, sondern auch als *tätig*. Es setzt sein Gegenteil und befaßt es in sich. Man könnte ebensogut (oder besser) sagen, es *begreife* sein Gegenteil in sich, denn genau jene dialektische Bewegung des Setzens und in sich Be-Haltens bezeichnet das Wort "Begriff". Erst wenn ich in die unendliche Mannigfaltigkeit der Naturerscheinungen eine Bestimmtheit setze, habe ich einen Begriff von ihnen. Das Mannigfaltige der Natur kann nämlich, was uns selten bewußt wird, ganz unterschiedlich geordnet, bestimmt und entsprechend begriffen werden. Der Sprachwissenschaftler kann hierfür verblüffende Beispiele angeben.[11] Nach "unseren Begriffen" könnten uns etwa unsere ewigen "Alten", vor deren Denkmalen Europa sich in ewig jungen Ehrfurchts-Schauern be*geist*ert, die alten Griechen und Römer, heute als farbenblind erscheinen, weil sie augenscheinlich für rot, grün und gelb bzw. ähnlich "Unver*ein*bares" denselben Farbbegriff verwendeten.[12] Dabei hatten sie die einzelnen Farbtöne und -schattierungen ganz einfach nach anderen Gesichtspunkten zusammengefaßt, als wir es heute tun. Nur der Begriff als solcher, abstrakt verstanden, ist demnach notwendig, nur die Form des Begriffs ist uns im Verhältnis zur Natur vorgegeben; in der Begriffsbildung sind wir weitgehend frei. Gegenüber der Nicht-Natur aber, dem Geist, sind wir es weitgehend nicht, denn er ist gerade unsere eigene, wahrhafte *Bestimmt*heit. Wird der Begriff, jene geistige Tätigkeit des Ordnens und Bestimmens der Natur-Mannigfaltigkeit und zugleich Ergebnis dieser Tätigkeit, selbst zum Gegenstand des Denkens, bezieht sich dieses gerade nicht auf unbestimmt Mannigfaltiges, sondern auf die *notwendige, bestimmte Form des Geistes*.[13] Die wahrhaft exakte Wissenschaft ist deshalb nicht die Naturwissenschaft, sondern diejenige vom Geist, genauer, die philosophische Wissenschaft, nach der alle Einzelwissenschaften in der letzten Konsequenz hindrängen und derer, als vernünftigem Denken, sich alle Wissenschaftler bei ihrer Arbeit auch bedienen, ob sie es bemerken oder nicht. Für die (beiden) Wissenschaft(en) vom Recht hat Karl Larenz dies einmal so pointiert: "[Die Rechtsphilosophie] ist *in* der Rechtswissenschaft und *vor* ihr,

---

10 Zu einem denkbaren Einwand gegen diese Sicht s. unten Fn. 20; seine volle Erläuterung und Bedeutung erhält das im Text Gesagte erst im weiteren Verlauf der Einführung.

11 Eine eigentlich nur als Einführung in sein "Lehrbuch deutscher Prosa" (so der Untertitel) gedachte, hochinteressante Übersicht findet sich bei *L. Reiners*, Stilkunst, S. 3 ff.

12 *L. Reiners*, Stilkunst, S. 3 ff.

13 Daß der Begriff sowohl Tätigkeit als auch Ergebnis sei, stimmt insofern nicht, als das Ergebnis selbst in sich Tätigkeit ist. Wenn wir grün sagen und dabei von der grünen Farbe überhaupt sprechen, *setzen* wir in der Vorstellung in einem (räumlichen) Außer- oder (zeitlichen) Nacheinander eine ganze Reihe unterschiedlicher Farbtöne, die wir zugleich in der Einheit des Begriffs *zusammenhalten*.

wie auch *in* der Philosophie und *nach* ihr."[14] Entsprechend dem Verhältnis von *Natur*wissenschaft und Philosophie ist die wahrhafte, weil überhaupt dauerhafte Existenz nicht das, was wir gewöhnlich unter "Realität" verstehen, sondern allein der Begriff. Das läßt sich leicht einsehen: Alle Pferde sind als einzelne vergänglich, nur der Begriff "Pferd" hat über sie hinaus Bestand; der Begriff existiert sogar fort, wenn alle seine natürlichen "Voraussetzungen" längst aus der Welt verschwunden sind, wie etwa die Dinosaurier. Damit geht er allen seinen natürlichen Gestalten *logisch voraus*: Keine von ihnen ist ohne ihren Begriff denkbar - in jedem Pferd ist ein Allgemeines verwirklicht, eben das, was es zum Pferd macht; und anderseits besteht der Begriff ganz unabhängig davon, ob er in der Realität eine Gestalt hat oder nicht. Zunehmend beweist der technisch fortgeschrittene Mensch das in der Logik als wahr Erkannte als *wirklich* (in der Wirklichkeit) wahr. Ein berühmtes Beispiel: Die "Krebsmaus" war schon Begriff, als sie noch erst durch die Köpfe der Wissenschaftler huschte. Oder man denke an die im wahrsten Wortsinn zukunftsweisenden Romane Jules Vernes.

Wie paßt aber der logische Vorrang des Begriffs damit zusammen, daß oben gesagt wurde, "ich" müsse in die Mannigfaltigkeit der Naturerscheinungen erst eine Bestimmtheit setzen, um einen Begriff von ihnen zu haben? Die Antwort ist einfach: "Ich ist nämlich zugleich das Einzelnste und das Allgemeinste"[15], ist selbst Begriff, also Einheit von *Allgemeinheit* und (wenigstens vorgestellter) *Einzelheit*, zu der das Allgemeine sich *besondert* (be-sondert, unterscheidet);[16] "Ich ist der reine Begriff selbst, der als Begriff zum *Dasein* gekommen ist."[17] Wenn ich "ich" sage, meine ich zwar vielleicht nur von mir als diesem konkreten Individuum zu sprechen; aber damit bin ich dann *in der Tat* nur beim "Meinen, einem weichen Elemente, dem sich alles Beliebige einbilden läßt."[18] Was ich zu sagen meine, kann ich gar nicht ausdrücken. Denn erstens ist auch jeder andere (ein) "Ich"; und zweitens handeln auch die soeben zum Ausdruck des (bloß) Gemeinten verwendeten Wörter "konkret" und "Individuum" von nichts anderem als jener Einheit von Allgemeinheit und Besonderheit, die bei Hegel als "Einzelheit" in die Wirklichkeit eintritt[19]:

---

[14] *K. Larenz*, Rechts- und Staatsphilosophie der Gegenwart (2. Aufl. 1935), S. 172. - Zum Verhältnis von Philosophie und Ideologie bei *Larenz* während des "Dritten Reiches" kann hier nicht näher Stellung genommen werden; s. immerhin einen Versuch bei *B. A. Braczyk*, ARSP 79 (1993), S. 99 ff.

[15] *G. W. F. Hegel*, Grundlinien der Philosophie des Rechts, § 275 Zusatz.

[16] Dazu, daß und wie die folgenden Gedanken bereits bei I. Kant angelegt sind, s. *K. Larenz*, Hegels Zurechnungslehre und der Begriff der objektiven Zurechnung, S. 2 ff.

[17] *G. W. F. Hegel*, Wissenschaft der Logik, Band 2, S. 253.

[18] *G. W. F. Hegel*, Grundlinien der Philosophie des Rechts, Vorrede (S. 26).

[19] *G. W. F. Hegel*, Enzyklopädie der philosophischen Wissenschaften, § 163 und Anm. dazu.

"Konkret" kommt vom lateinischen "concrescere", "(in sich) zusammenwachsen", wäre also etwa mit "(in sich) zusammengewachsen" ins "germanische" Deutsch zu übersetzen; und "Individuum" bedeutet "das Ungeteilte".

Denkbar wäre hier der Einwand, "Individuum" ließe sich stattdessen etwa auch als Einheit von Geist und Körper oder als "Identität" begreifen. Aber damit wäre nichts anderes gesagt: Der Geist als unbestimmte, unendliche Tätigkeit (im Unterschied zum Körper als bestimmtem, endlichem Dasein) *ist* gerade das schlechthin Allgemeine, und "Identität" hat (besser: *ist*) jemand gerade nur dann, wenn sein (besonderes) Bewußtsein alle Lebenseindrücke zu *einer* (mithin gegenüber jenen Lebenseindrücken - auch von sich selbst als Besonderem - *allgemeinen*) Einheit verbindet - sonst nennen wir ihn schizophren.

"Ich" ist demnach immer zugleich einzeln und allgemein - es ist (so) *besonderes* Ich. Schon indem *ich* (als Subjekt) von mir als "Ich" spreche und *mich* so mir selbst zum *Gegenstand* (Objekt) mache, zeige ich mich als nicht nur einzelnes, sondern zugleich allgemeines, als mich selbst (in mich ein)begreifendes: Wenn wir zu bestimmen versuchen, was "Ich" eigentlich ausmacht, finden wir bald, daß es in der Tat durch nichts bestimmt werden kann (und bestimmt ist) als durch eben jene *Tätigkeit*, von der oben als "Begreifen" die Rede war. "Ich" ist so zugleich *objektiver* und *subjektiver* (tätiger) Begriff und daher als einzelnes (subjektives) immer schon im allgemeinen (und in diesem Sinn *objektiven*) Ich einbegriffen. Das heißt aber auch: Damit es überhaupt ein Ich *geben* kann, muß das allgemeine Ich sich besondern und sich hiermit als sein Gegen-Teil setzen. Daraus erklärt sich zugleich die Natur, denn als besonder(t)es, bestimmtes, endliches braucht das Ich ein handfestes Dasein; Ich ist reine Tätigkeit, aber jede Tätigkeit bezieht sich auf etwas, "Ich" ist erst wirklich Ich durch die Möglichkeit der Abgrenzung von Anderem. Alle Wirklichkeit ist somit nichts als das Dasein des allgemeinen Ich, in dem die Einheit der Welt gegründet ist: Um Wirklichkeit zu haben, unterscheidet es sich in *sich* als besonderes Ich (inzwischen: als mehrere Milliarden besonderer Ichs) und die Natur. Der Mensch als *besonderes* Ich ist zwar einerseits (als *Einzelner*) bestimmt - das macht gerade seine Besonderheit aus. Er ist aber anderseits auch *Ich*, allgemein und folglich bestimmend. Im Verhältnis zur Natur ist dieses Moment das Entscheidende, weshalb wir ihr gegenüber frei sind - auch in der (durchaus doppelsinnigen - s. o.) "Begriffsbildung". Als durch das allgemeine Ich bestimmt, haben wir gegen das schlechthin Allgemeine anderseits keine Freiheit - und sind doch, wenn wir uns "nach ihm (aus)richten", vollkommen frei: Wir werden durch nichts beschränkt, da das allgemeine Ich unser eigenes Selbst ist.

Die Natur anderseits ist Gegensatz (Gegen-Satz), Gegenteil des Ich;[20] das Ich ist, als die Natur (ständig neu - "Krebsmaus") setzend, der Geist. Daß die Natur durch den Geist bedingt und nicht (wirklich) bedingend ist, zeigen auch ihre Gesetze, die sämtlich beginnen: "Unter der Voraussetzung, daß ... "; der Verstand erkennt nicht (und die Vernunft erkennt), daß scheinbar feste Naturgesetze seit jeher vor allem unter *einer* Voraussetzung gegolten haben: *daß der Genius des Menschen nicht eingreift.* Alexander löste den unlösbaren Knoten, indem er ihn durchschlug. Das Gesetz der Schwerkraft hindert hinreichend antriebsstarke Weltraumfahrzeuge nicht am Verlassen der Erde und ihrer Umlaufbahn; daß der Apfel vom Baum auf die Erde fällt, verhindere ich, indem ich ihn auffange. Die Natur-"Gesetze" sind (lediglich) vom Geist *gesetzte*, beliebig einsetzbare und damit dem Geist gegenüber unselbständige Wirkungszusammenhänge, die nur insoweit Festigkeit besitzen, als sie Ausdruck der Notwendigkeit der Natur überhaupt bzw. der (im allgemeinen Ich begründeten) Einheit der Welt sind. So macht die (subjektive) Vernunft (das dialektische Denken) das, was für den Verstand (das lineare Denken) noch bloßer Gegen*stand* ist, zum Gegen*teil*. Die Vernunft ist das *in sich selbst* unterschiedene allgemeine Ich; der Verstand ist ein (notwendiges) Moment der Vernunft, dasjenige des Unterscheidens, ja scheinbar Trennens. Diese eigentliche Bedeutung des Wortes Ver-Stand erscheint heute etwa noch in der Wendung "sich zu etwas verstehen": Darin liegt, daß der so Handelnde sich *außer sich* (nämlich außerhalb seiner "eigentlichen" Wünsche) setzt. Übergreifend allerdings und damit *wirklich wahr* ist die Vernunft.

Da die Natur das Andere des Geistes ist, hat sie in sich auch nicht dieselbe Art von Notwendigkeit wie der Geist: Sie ist kein Selbst (sondern dessen Anderes) und ist daher nicht innerlich, sondern nur äußerlich (d. h. *überhaupt*) notwendig. So erklären sich Kausalität (äußerliche Notwendigkeit - der "Anstoß" kommt von außen) und Zufall (Fehlen innerer Notwendigkeit), die das Natürliche kennzeichnen. In der Natur für sich genommen ist daher "alles Zufall", was geschieht und sich entwickelt; darin liegt allerdings ein innerer Widerspruch ("alles" ist Ausdruck für eine Bestimmtheit, die sich dem Zufall entgegenstellt, und damit das Gegenteil von Zufall), der den Standpunkt des "alles Zufall" zu dem der *Wahrscheinlichkeit* weitertreibt, welche wiederum notwendig Strukturen bildet. Die Richtigkeit dieser Sicht wird von der Naturwissenschaft bestätigt - man denke nur an die Erkenntnisse von Quantenphysik und Chaosforschung. Erst der Mensch als die Gestalt des Geistes treibt Naturwahrscheinlichkeit in Richtung auf Sicherheit weiter, Zufall in Richtung

---

20 Dem entwickelten Begriff des Gegensatzes läßt sich nicht entgegenhalten, es könnten durchaus auch zwei "gleichberechtigte" natürliche Gegenstände oder auch menschliche Interessen einander entgegengesetzt sein - zu fragen wäre sogleich, wer sie einander entgegen*gesetzt* habe; etwas *sich selbst* und dabei möglicherweise auch *mehreres einander* entgegensetzen kann immer nur ein Ich.

auf innere Notwendigkeit, und damit die Natur zurück zu ihrem Ursprung, dem allgemeinen Ich.[21]

Im Ich verbinden sich die unendlich mannigfaltigen Sinneseindrücke, als die uns die Natur begegnet, zur Wirklichkeit. So wie das besonder(t)e, einzelne Ich die Einheit der (eben nicht nur) subjektiven Wirklichkeit ist, ist das allgemeine Ich die Einheit *der* Wirklichkeit überhaupt. Da wiederum das einzelne Ich gerade eine Besonderung des allgemeinen Ich ist, kann es denkend - und sich also ver-allgemein-ernd - das ganze Universum erfassen - so wie wir mit den Augen selbst vom Weltraum aus die Erde nicht als ganze Kugel (sondern immer nur als "Vorderseite") sehen können, sie als Denkende aber gleichwohl als solche wissen und vorstellen. Der Begriff (des Ich) liegt aller unserer Erkenntnis voraus, da das erkennende Ich nur durch den Begriff *möglich* ist. So wird klar, in welchem Sinn Hegel auch berechtigterweise sagen kann, "daß *wir* die Begriffe gar nicht bilden und daß der Begriff überhaupt gar nicht als etwas Entstandenes zu betrachten ist."[22] Hegel weiter: "Allerdings ist der Begriff nicht bloß das Sein oder das Unmittelbare, sondern es gehört zu demselben auch die Vermittlung; diese liegt aber in ihm selbst, und der Begriff ist das durch sich und mit sich selbst Vermittelte. Es ist verkehrt, anzunehmen, erst seien die Gegenstände, welche den Inhalt unserer Vorstellungen bilden, und dann hinterdrein komme unsere subjektive Tätigkeit, welche durch die ... Operation des Abstrahierens und des Zusammenfassens des den Gegenständen Gemeinschaftlichen die Begriffe derselben bilde. Der Begriff ist vielmehr das wahrhaft Erste, und die Dinge sind das, was sie sind, durch die Tätigkeit des ihnen innewohnenden und in ihnen sich offenbarenden Begriffs."[23]

Aus dem Begriff des "Ich" als sowohl *subjektivem* wie *objektivem* folgt schließlich, in den Worten Hegels, für "die Definition des Absoluten ... , daß dasselbe der Begriff ist"[24]. Hegel fährt fort: "Dabei muß man dann freilich den Begriff in einem anderen und höheren Sinne auffassen, als solches in der Verstandeslogik geschieht, welcher zufolge der Begriff bloß als eine an sich inhaltslose Form unseres subjektiven Denkens betrachtet wird. Es könnte hierbei zunächst nur noch die Frage aufgeworfen werden, warum, wenn in der spekulativen [=Hegelschen] Logik der Begriff eine so ganz andere Bedeutung hat, als man sonst mit diesem Ausdruck zu verbinden pflegt, dieses ganz Andere hier gleichwohl Begriff genannt und dadurch Veranlassung zu Miß-

---

21 Da das Ich der Ursprung der Natur ist, hätte es nicht erst milliardenverschlingender naturwissenschaftlicher Experimente bedurft, um herauszufinden, daß die sogenannten Quarks nicht die kleinsten Teilchen der Materie sein können (s. dazu, wenngleich mit vorsichtiger Bewertung, *H. Fritzsch*, Süddeutsche Zeitung vom 15. Februar 1996, S. 29) - es *gibt* keine "kleinsten Teilchen", da die Natur sich nicht auf Natur zurückführen läßt.

22 *G. W. F. Hegel*, Enzyklopädie der philosophischen Wissenschaften, § 163 Zusatz 2.

23 A. a. O.

24 A. a. O., § 160 Zusatz.

verständnis und Verwirrung gegeben wird. Auf solche Frage wäre zu erwidern, daß, wie groß auch der Abstand zwischen dem Begriff der formellen Logik und dem spekulativen Begriff sein mag, bei näherer Betrachtung es sich doch ergibt, daß die tiefere Bedeutung des Begriffs dem allgemeinen Sprachgebrauch keineswegs so fremd ist, als dies zunächst der Fall zu sein scheint. Man spricht von der Ableitung eines Inhalts, so z. B. der das Eigentum betreffenden Rechtsbestimmungen aus dem Begriff des Eigentums, und ebenso umgekehrt von der Zurückführung eines solchen Inhalts auf den Begriff. Damit aber wird anerkannt, daß der Begriff nicht bloß eine an sich inhaltslose Form ist, da einerseits aus einer solchen nichts abzuleiten wäre und andererseits durch die Zurückführung eines gegebenen Inhalts auf die leere Form des Begriffs derselbe [Inhalt] nur seiner Bestimmtheit würde beraubt, aber nicht erkannt werden."[25] Unterschied und Zusammenhang von Verstandes- und Vernunftbegriff(en) erklären sich leicht aus dem allgemeinen Verhältnis von Verstand und Vernunft (s. o.). Indem diese jenen *selbst setzt* und so in ihm nur *bei sich selbst ist*, bei sich anfängt und bei sich aufhört, ergibt sich zugleich die *richtige* Vorstellung von Unendlichkeit: Sie ist nicht endlose Linie, sondern Kreis.

So lange Hegels Philosophie in der Welt ist, wird auch Kritik an ihr geübt. Gegenüber dem Hinweis allerdings auf Wirkungs-Geschichtsschreibung unter dem griffigen Motto "Von Hegel zu Hitler"[26] kann hier nur die Einladung ausgesprochen werden, einmal Hegel selbst zu lesen statt Polemiken seiner Kritiker. Daß etwas dem "Dritten Reich" auch nur im Ansatz Vergleichbares mit Hegel "nicht zu machen" ist, zeigt bereits ein Blick auf sein Verständnis des "konstitutionalisierten" Monarchen als Staatsspitze: "Es ist bei einer vollendeten Organisation nur um die Spitze formellen Entscheidens zu tun, und man braucht zu einem Monarchen nur einen Menschen, der 'Ja' sagt und den Punkt auf das I setzt; denn die Spitze soll so sein, daß die Besonderheit des Charakters nicht das Bedeutende ist. ... In einer wohlgeordneten Monarchie kommt dem Gesetz allein die objektive Seite zu, welchem der Monarch nur das subjektive 'Ich will' hinzuzusetzen hat."[27] Daß das Staatsoberhaupt ein Monarch sein müsse, ist heute, 175 Jahre nach dem Erscheinen von Hegels "Grundlinien der Philosophie des Rechts", nicht mehr nachvollziehbar.[28] Aber man braucht in dem Zitat nicht erst das Wort "Monarch" durch "Bundespräsident" zu ersetzen, um zu sehen, daß Hegel den Staat (auch) als Rechtsstaat im heutigen Sinn begriffen hat.

---

[25] A. a. O.

[26] S. etwa das ebenso betitelte Buch von *H. Kiesewetter*.

[27] *G. W. F. Hegel*, Grundlinien der Philosophie des Rechts, § 280 Zusatz.

[28] Zum geschichtlichen Zusammenhang vgl. *G. Lübbe-Wolff* in: *H.-C. Lucas/O. Pöggeler* (Hrsg.), Hegels Rechtsphilosophie im Zusammenhang der europäischen Verfassungsgeschichte, S. 421 (436 ff.).

Selbstverständlich findet sich auch sachliche Kritik. Erst jüngst wieder hat - um auf ein Beispiel einzugehen - R. Zippelius hierzu beigetragen.[29] Seine ganz berechtigten Fragen führen aber zunächst nur zu Scheinalternativen, in deren Überwindung erst der wirkliche Erkenntnisfortschritt liegt. Unbeantwortbar scheint Zippelius etwa die Frage, ob die Geschichte "'nichts als die Entwicklung des Begriffs der Freiheit'" (Hegel) oder vielmehr "als eine Aufeinanderfolge von Klassenkämpfen zu begreifen" sei, "die in eine klassenlose Gesellschaft münden" (Marx).[30] Die Antwort liegt aber auf der Hand: Da der Begriff als absolute (durch nichts ihm gegenüber *Anderes* bedingte) und mithin *freie* Tätigkeit aller Materie vorausgeht, hat der Marxsche Materialismus seine Berechtigung nur in der Sphäre des Verstandes. Für den abstrakten Verstand ist die Geschichte in Zippelius' Gegenüberstellung folglich das zweite, für die Vernunft, die die Abstraktion aufhebt, das erste.[31] In diesem Sinn ist die Geschichte beides, aber die höhere, wahre Erkenntnis liegt allein in der Vernunft - die sich allerdings (auch) als Verstand setzen muß, so wie das allgemeine Ich sich besondern muß, um überhaupt allgemeines, d. h. Einzelnes, Verschiedenes *umfassendes* Ich zu *sein*.

Zippelius meint weiter, es bestehe "eine tiefe Unversöhnlichkeit zwischen der Hegelschen Vernunft-Metaphysik und der Hegelschen Dialektik, deren Kernsatz lautet: 'Das Wahre ist das Ganze'. Auch das Unbegriffene, nicht als vernünftig Einsichtige, 'Sinnlose', 'Zufällige', Ungerechte ist eben, auch in historischer Perspektive, ein Moment des Ganzen."[32] Zippelius reißt hier den Satz von der Wahrheit des Ganzen arg aus dem Zusammenhang, in dem es Hegel um das Begreifen von Entwicklung geht, um das Verhältnis von Anfang und Ergebnis. Was Zippelius dem ganzheitlichen Denken entgegenhält, war Hegel keineswegs unbekannt ("Gott hat alles, auch das Schlechteste gemacht"[33]), und es liegt darin auch gar kein Einwand. Eine Auffassung, die nicht das Ganze, sondern nur einen Teil zum Leit-Bild der Wahrheitssuche nimmt, *führt* gerade dazu, daß es "Unbegriffenes" überhaupt (scheinbar) *gibt*, denn jedem Teil steht so immer ein *Anderes*, ein scheinbar nicht in ihm (ein)begriffener Teil gegenüber. Selbstverständlich besteht "die Realität" aus Verstreutem, Auseinanderliegendem. Aber das Ganze ist ohnehin erst im Gedanken und deshalb keineswegs alles, was irgendwie und -wo geschieht, sondern

---

[29] R. *Zippelius*, Recht und Gerechtigkeit in der offenen Gesellschaft, S. 41 f.

[30] A. a. O., S. 42.

[31] Dazu, wie Marx aus sich selbst heraus zu Hegels Philosophie der Freiheit zurück- und zugleich weiterzudenken ist, überzeugend W. *Schild*, in: H. *Ryffel/J. Schwartländer* (Hrsg.), Das Recht des Menschen auf Arbeit, S. 153 ff.

[32] A. a. O.

[33] G. W. F. *Hegel*, Grundlinien der Philosophie des Rechts, § 281 Zusatz.

allein dessen gedankliche Erfassung.[34] Da alle geistige Existenz nur als Gedanke (Gedachtes) ist, vernichtet sich aber ein "unwahrer Gedanke", wie er
Zippelius vorschweben könnte, unmittelbar selbst. Er, d. h. das "nicht als
vernünftig Einsichtige, 'Sinnlose', 'Zufällige' usw." im Sinne Zippelius' hat
daher von vornherein nicht teil an dem Ganzen, um das es (Hegel) geht. Daß
es in der realen Welt *überhaupt* Zufall und damit auch die Möglichkeit des
Bösen gibt, erklärt sich zwingend aus dem Begriff (s. o.). Diese bloße *Möglichkeit*, die in der Natur zugleich Wahrscheinlichkeit ist, ist in der Tat Teil
des gedanklichen Ganzen, was sich allerdings von selbst versteht: Jede Behauptung, etwas sei wahr, setzt das Wissen um die Möglichkeit des Unwahren
voraus (und umgekehrt[35]); das eine ist nicht denkbar ohne das andere, wodurch sich beides als gedankliche Einheit erweist, eben: als Ganzes. Indem so
das Wahre notwendig und übergreifend, das Unwahre nur möglich und folglich meidbar ist,[36] liegen in jener gedanklichen Einheit zugleich der allgemeine Maßstab für richtiges menschliches Handeln und die Aufforderung hierzu.
Wie denn aber die Scheidung von Wahrem und Unwahrem gelingen solle,
kann Zippelius dem gegenüber nicht in kritischer Absicht fragen, denn seine
Kritik an Hegel setzte die entsprechende Möglichkeit selbst voraus. In der
Hegelschen Dialektik liegt demnach keine Unversöhnlichkeit, sondern in ihr
ist gerade das Hauptziel der Rechtsphilosophie erreicht: die versöhnende Einheit von theoretischer und praktischer Philosophie, von theoretischer und
praktischer Vernunft, von Sein und Sollen. Etwas Daseiendes begreifen heißt
sein Allgemeines und Bestimmendes erkennen. Bereits darin liegt Tätigkeit
und damit der Beginn von Praxis. Die Tätigkeit des Begreifens stellt der begriffenen Erscheinung ihr Übergreifendes, Allgemeines, ihre Wahrheit unmittelbar als Vor-Bild (das nur scheinbar ge-bildet, in Wahrheit aber bildend ist)
und Aufgabe gegenüber. Und da das Allgemeine die Bestimmtheit und (damit) Bestimmung des Besonderen ist, kann dieses auf Dauer gar nicht anders,

---

[34] "In der Natur ist ... zunächst ein Einzelnes, aber die Realität, die Nicht-Idealität, das
Außereinander, ist nicht das Beisichseiende, sondern die verschiedenen Einzelheiten bestehen
nebeneinander. Im Geiste ist dagegen alles Verschiedene nur als Ideelles und als eine Einheit."
(*G. W. F. Hegel*, Grundlinien der Philosophie des Rechts, § 275 Zusatz).

[35] *M. Kriele* (Recht und praktische Vernunft, S. 20 f.): "Zwar gibt es für [eine] ... Position
der Vernunftleugnung in der Tat Ansatzpunkte, die sie plausibel erscheinen lassen können. Man
braucht nur Beispiele der Unvernunft in beliebiger Fülle aneinanderzureihen, sie für charakteristisch zu erklären und zu einer Theorie prinzipieller Vernunftlosigkeit zu generalisieren. Dann
bedarf es schon einer beträchtlichen Verblüffungsfestigkeit, um die Theorie nicht unwiderstehl-
lich zu finden und sich Skepsis und Nachdenklichkeit zu bewahren. - Die Philosophie der praktischen Vernunft bestreitet nicht die Symptome der Vernunftlosigkeit. Jedoch könnte man über
diese Symptome nicht einmal reden, wenn man die Möglichkeit der Vernunft nicht schon vorausgesetzt hätte. Zieht man aber einmal die Möglichkeit der Vernunft in Betracht, so findet man
auch Symptome der Vernunft in der Wirklichkeit: Im Recht, in der demokratischen Verfassung,
in der Sittlichkeit des demokratischen Miteinanderlebens und Miteinanderredens. 'Wer die Welt
vernünftig anblickt, den blickt sie auch vernünftig an' (Hegel)".

[36] Wer dieses Verhältnis leugnet, leugnet zugleich die Möglichkeit von Wissenschaft wie von
Recht überhaupt.

als nach Versöhnung mit seinem Vorbild zu streben (wie sehr es sich auch - als *Besonderes* - zunächst dagegen wehren mag). Dem Einzelnen, der die Menschheit voranbringt, ist deshalb immer nur die *Art und Weise* und der *Zeitpunkt* des Fort-Schritts zu danken, nicht aber dessen Ob-überhaupt. Daß es das "Dritte Reich" nicht mehr gibt, ist nicht Zufall oder "Glück", sondern Ausdruck von Notwendigkeit; daß es zwölf Jahre dauerte statt dreizehn oder fünfzehn, ist den Millionen Einzelnen zu danken, die dagegen gekämpft haben.

Zu erwarten ist der Einwand, alle bisherigen Überlegungen seien "ja nichts als Metaphysik". Zu entgegnen ist: Die Rechtswissenschaft war nie etwas anderes. Daß überhaupt etwas auf einem Stück Papier steht und sinnlich wahrnehmbar ist, reicht für seine Einordnung als Recht nicht hin. Hinzukommen muß bei Gesetzesbestimmungen eine besondere Eigenart der Form und des Inhalts, die nicht schon mit den Sinnen, sondern erst mit dem (subjektiven) Geist erfaßt wird; häufig noch größer ist die geistige Leistung, die das Erkennen eines Vertrages erfordert. Man mag einwenden wollen, hier bestehe immerhin eine "handfeste" Grundlage für Erkenntnis. Aber die fällt nicht fort, wenn der Gedanke von dieser Grundlage aus einfach noch ein wenig weiter gedacht und etwa gefragt wird, was es bedeutet und welche Voraussetzung es hat, daß Menschen Verträge schließen (können).[37] Dieses Weiterdenken und -fragen zielt gerade auf Letzt- und damit erst wirkliche Be*gründ*ung (vor allem) positiver Rechtsnormen; verzichtete man hierauf, wäre die *Recht*seigenschaft jener Normen gar nicht einsichtig zu machen, denn "Recht" kommt von "richtig" und erhebt einen entsprechenden Anspruch. Daß Aussagen über rechtliches Sollen letztbegründbar sind, wird häufig bestritten, läßt sich aber leicht durch Weiterdenken der Gegenthese zeigen, wonach Erkenntnis nur hypothetisch ("unter der Voraussetzung, daß ... ") möglich sein und es keine Letztbegründung geben soll.[38] In dieser - nach eigenem Selbstverständnis nicht letztbegründbaren - These liegt, daß sie selbst nur unter einer Voraussetzung gilt - offenbar der, daß Wissenschaft nur axiomatisch (Aussagen aus einer nicht abgeleiteten Grundannahme ableitend) betrieben werden kann. Unter einer anderen Voraussetzung muß demnach Letztbegründung möglich sein. Als voraussetzungsabhängig wäre sie allerdings keine *Letzt*begründung - sie kann nur *absolut unmöglich* oder *absolut* (stets) *möglich* sein. Da die Unmöglichkeits-These sich bereits selbst aufgehoben hat (s. soeben), bleibt nur das zweite: Aussagen über rechtliches Sollen *sind* letztbegründbar.

---

37 Daß die Grundlage sich damit als solche selbst aufhebt und zur bloßen Folge herabsinkt, versteht sich, ist aber in diesem Zusammenhang nicht von Bedeutung.

38 Zum folgenden ausführlicher *V. Hösle*, in: *C. Jermann* (Hrsg.), Anspruch und Wirklichkeit von Hegels Rechtsphilosophie, S. 11 (18 f.).

II. Untersuchung

Grundrechte sind in der Natur nicht zu finden, sondern geistige Gegenstände, die der Begriff durch denkende Vergegenwärtigung seiner selbst als bestimmender Tätigkeit erzeugt. Er erfaßt das Bestimmen der Natur, durch welches er zugleich *über* sie bestimmt (und das zunächst scheinbar bestehende
Abhängigkeitsverhältnis umkehrt) - und nennt es "Freiheit". Der Begriff
"Grundrecht" erscheint in dieser logischen Entwicklung erst später, denn er
setzt die Freiheit voraus, die die Grundrechte schützen sollen. Sind "Freiheit"
und "Grundrechte" mithin durch den Begriff aus diesem selbst erzeugte Gegenstände, liegt auf der Hand, daß auch alle (weiteren) theoretischen Aussagen über "Grundrechte" im Begriff ihren einheitlichen Grund haben. Der Begriff ist die allgemeine Form, die allen durch ihn erzeugten Inhalt in sich enthält und zur Einheit verbindet.

Es ist deshalb nicht annehmbar, wenn die Wissenschaft von den Grundrechten angesichts der wachsenden Unterschiedenheit, Vereinzelung und anschei-
nenden Gegensätzlichkeit ihrer theoretischen Aussagen immer öfter den
Standpunkt einnimmt, eine einheitliche Grundrechtstheorie sei heute nicht
mehr erreichbar.[39] Dasselbe gilt für die allgemeinere Feststellung, es verstei-
ge "sich heute niemand mehr zu der These, Jurisprudenz sei erst dann Wissenschaft, wenn sie imstande sei, alle ihre Erkenntnisse aus einem einzigen Gedanken oder Grundsatz zu deduzieren"[40], eine Feststellung, die hiermit
widerlegt sei. Die Rechts- und zumal die Staatsrechtswissenschaft ist - wie
jede Wissenschaft - auf eine innere, systematische Einheit ihrer Denk- und
Argumentationsformen angewiesen. Ohne solche Einheit wäre die Staatsrechtswissenschaft gerade *keine* (wirkliche) Wissenschaft, sondern bestenfalls
eine "Sammlung von Richtigkeiten"[41]. Wissenschaft erschöpfte sich, womit
sich heute anscheinend manche begnügen wollen, im vordergründig geordneten *Wissen* - wesentlich um Präjudizien, wenn man den Blick auf der Grundrechtsdogmatik behält.

Zur Untersuchung. Der Erste Teil legt die Krise der gegenwärtigen Grundrechtstheorie offen (deren Unterschiedensein in einander zum Teil auch wider-
sprechende Einzelauffassungen keineswegs verkannt wird - die eine oder andere unumgängliche Typisierung sei nachgesehen). Ausgangs- und Mittel-
punkt ist dabei die "Drittwirkung" der Grundrechte, die C.-W. Canaris einmal als "eines der immerwährenden, kaum je abschließend zu lösenden

---

[39] *K.-H. Ladeur*, KJ 1986, S. 197 (206); auch *H. Bethge*, Der Staat 24 (1985), S. 351 (382),
scheinen "Grundrechtsarbeiten allgemeinen Zuschnitts ... unschreibbar geworden"; s. ferner den
Tagungsbericht von *S. Kadelbach*, DVBl. 1994, S. 627 f.

[40] *M. Baldus*, Die Einheit der Rechtsordnung, S. 196.

[41] *V. Hösle*, Hegels System, Band 1, S. 34.

Grundlagenprobleme" bezeichnet hat.[42] Die praktische Bedeutung dieses wissenschaftlichen Problems könnte heute gering scheinen, weil, wie W. Rüfner[43] jüngst festgestellt hat, "die Auffassung, daß das Privatrecht von den Grundrechten unbeeinflußt bleibe, nicht mehr vertreten" wird. Außerdem seien, so R. Alexy, die drei in Rechtsprechung und Schrifttum anzutreffenden Drittwirkungs-Modelle[44] "als rechtsprechungsbezogene Konstruktionen *ergebnisäquivalent*".[45]

Allerdings konnte Alexy, als er im Jahre 1985 von einer "Ergebnisäquivalenz" jener drei "Drittwirkungs"-Lehren ausging, noch nichts von dem vier Jahre später ergangenen, mittlerweile berühmt-berüchtigten "Gentechnik-Beschluß" des VGH Kassel[46] wissen, der aus verfassungsrechtlicher Sicht[47] beim besten Willen nur auf dem Boden einer Theorie der *unmittelbaren* "Drittwirkung" zu halten ist, nicht aber, wenn man Private als höchstens "mittelbar" grundrechtsgebunden ansieht.[48] Auch abgesehen von der "praktischen Relevanz" einer theoretischen Behandlung der "Drittwirkung" kann nicht ernsthaft nach einer Rechtfertigung hierfür gefragt werden, denn eine theoretische Untersuchung "schuldet dieser Frage keinesfalls insoweit eine Antwort, als sie Theorie sein will - für jeden wissenschaftlich Interessierten liegt eine Rechtfertigung schon in dieser Absicht".[49] Und für den (keinesfalls nur) theoretischen Ertrag gilt - soviel kann vorweggenommen werden: Nur über eine Klärung der Frage, welche Bedeutung das Verhältnis Privater zueinander für die Theorie der Grundrechte hat, läßt sich überhaupt eine einheitliche Grundrechtsdogmatik begründen, den "Fragmenten der allgemeinen Grundrechtslehren ... der innere Zusammenhang"[50] geben.

---

[42] *C.-W. Canaris*, AcP 184 (1984), S. 201 (202); *W. Rüfner* (HbStR V, § 117, Rn. 58) stellt fest, daß über "die Konstruktion der Bindung [Privater] ... und deren Inhalt ... noch keine völlige Klarheit" bestehe; s. ferner z. B. *H. v. Mangoldt/F. Klein/C. Starck*, Das Bonner GG, Art. 1, Rn. 194 ("fundamentale verfassungsrechtliche Frage").

[43] *W. Rüfner*, HbStR V, § 117, Rn. 58; ebenso *I. v. Münch*, in: *I. v. Münch/P. Kunig*, GG, Vorb. Art. 1-19, Rn. 29; *U. Preis*, Grundfragen der Vertragsgestaltung im Arbeitsrecht, S. 150; weitere Nachweise bei *H.-G. Suelmann*, Die Horizontalwirkung des Art. 3 II GG, S. 14.

[44] Dazu eingehend im Ersten Teil.

[45] *R. Alexy*, Theorie der Grundrechte, S. 483 (Hervorhebung durch den Verfasser).

[46] Veröffentlicht z. B. in NJW 1990, S. 336 ff.

[47] Also unter Zugrundelegung der - vertretbaren - Auslegung des einfachen Rechts, die das Gericht in Wahrnehmung der ihm hierfür unzweifelhaft zukommenden Kompetenz vorgenommen hat; näher im Ersten Teil unter II. 2.

[48] Dazu *M. Rose*, DVBl. 1990, S. 279 (282); *R. Wahl/J. Masing*, JZ 1990, S. 553 (558 Fn. 47) und unter II. 2. im Ersten Teil. Zur Unterscheidung zwischen "unmittelbarer" und "mittelbarer Drittwirkung" genauer im Ersten Teil unter I. 1. a) aa).

[49] *A. Merkl*, Vorwort zu: Die Lehre von der Rechtskraft (1923).

[50] Dessen Fehlen *D. Suhr* des öftern mit Nachdruck beanstandet hat (hier zitiert aus EuGRZ 1984, S. 529).

Gefragt wird im Ersten Teil, inwieweit die derzeit angebotenen Lehren zur "Drittwirkung" der Grundrechte sowohl in sich schlüssig sind als auch in einem weiteren grundrechtsdogmatischen Rahmen konsequent bleiben, sprich, ob die von Bundesverfassungsgericht und Schrifttum verwendeten Argumentationsformeln ein *System* bilden. Nur dann wären einzelne dogmatische Aussagen wissenschaftlich begründet - daß in Wahrheit alles aus dem Begriff folgt und in ihm seine Einheit hat, muß in der wissenschaftlichen Darstellung auch zum Ausdruck kommen. Wirklich oder scheinbar legitime "praktische Erwägungen" sind als solche ungenügend und müssen deshalb unberücksichtigt bleiben, falls sie nicht selbst Ausdruck systematischer Erkenntnis sind. Wer bei der Fallbearbeitung dogmatisch begründete *Schlüsse* ziehen will, benötigt dafür eine in sich schlüssige theoretische *Grundlage* - ohne sie gibt es nichts zu schließen. - Bemerkt sei noch: Wenn im Ersten Teil von "Grundrechten" gesprochen wird, geschieht dies im Einklang mit herkömmlicher Ausdrucksweise, die dort noch nicht in Frage gestellt wird. Unter "Staat" wird der dem Einzelnen entgegengesetzte Staatsapparat in allen Erscheinungsformen verstanden. Der Erste Teil bleibt auf dem Boden hergebrachter Terminologie und Denkweise und muß dort bleiben, um innere Brüche nachweisen zu können.

Wenn in den beiden folgenden Teilen dann das Ziel verfolgt wird, u. a. über eine Klärung der "Drittwirkungs"-Frage eine einheitliche, also *in sich zusammenhängende* Grundrechtsdogmatik bzw. -theorie[51] zu entwickeln, kann und wird es nicht darum gehen, die einzelnen Denkfiguren bis in ihre feinsten Verästelungen und die ihnen zugeordneten "Fallgruppen" hinein zu verfolgen; wo dies doch geschieht, dient es lediglich der Veranschaulichung.

Deutlich hat in dieser Einführung werden sollen: Die Untersuchung wird methodisch nicht bei "reiner Rechtswissenschaft" in dem gewöhnlich gemeinten Sinn stehenbleiben können, sondern sie muß *auf eben diese Betrachtung wiederum reflektieren*, d. h. über das Recht auch *philosophieren* - wobei "Philosophie(ren)" hier wie bei Hegel schlicht für den Gebrauch des "gesunden Menschenverstandes" steht, von Hegel auch als "spekulative Logik" bezeichnet.[52] So wird sich der Inhalt der vorgegebenen ("rechtswissenschaftlichen") Begriffe im Verlauf der Untersuchung verändern, vor allem erweitern. Daß Begriffe sich mithin *entwickeln*, bedeutet aber auch - erstens: Sie sind erst am Ende und nur *als ihre eigene* (fest-gehaltene) *Entwicklung* das, was sie in Wahrheit sind; Kritik an den gefundenen Ergebnissen kann deshalb schon im Ansatz nur dann berechtigt sein, wenn sie sich gegen jene am Ende stehenden,

---

[51] Welche Begriffe wenn überhaupt, so doch nur schwer zu unterscheiden, keinesfalls aber zu trennen sind, vgl. dazu etwa *E.-W. Böckenförde*, NJW 1974, S. 1529 ff.

[52] Vgl. *G. W. F. Hegel*, Grundlinien der Philosophie des Rechts, eigenhändige Bemerkung zu § 7.

in sich selbst gegliederten Begriffe wendet (und nicht gegen die schon hier ohne weiteres eingeräumte Mangelhaftigkeit, weil Unvollständigkeit einzelner Zwischen-"Ergebnisse"). Zweitens: In Frage gestellte rechtswissenschaftliche Begriffe werden nicht einfach abgelehnt, sondern schlicht zu ihrem Grund zurückgedacht und in der Vermittlung mit ihm erhalten. Jeder wichtige juristische Begriff hat eine tiefere Bedeutung, als uns gewöhnlich bewußt ist. Und weil die tiefere zugleich die wahrere Bedeutung ist, droht die Qualität juristischer Arbeit zu leiden, wo diese sich nur an der Oberfläche orientiert. Rechtswissenschaft und Rechtsphilosophie lassen sich bei näherem Zusehen gar nicht *trennen*, sondern lediglich *unterscheiden* als Momente einer beide Disziplinen umfassenden, einheitlichen Rechtsbetrachtung: der wahren, weil ganzen Wissenschaft vom Recht.

Erster Teil

Das ungelöste Problem der "Drittwirkung" als Krisenzeichen

Die Annahme einer Bedeutung der Grundrechte für Rechtsbeziehungen Privater untereinander begründen Vertreter aller drei "Drittwirkungs"-Theorien[1] wesentlich mit dem Hinweis, der grundrechtlich geschützten Freiheit der Bürger drohten nicht (mehr[2]) nur Gefährdungen von seiten des Staates, sondern auch von seiten anderer Bürger(gruppen).[3] Soweit allerdings die Verfassung nur bestätige, "was eine relativ fortschrittliche Zivilgesetzgebung bereits vorweggenommen" habe, bestehe auch "kein Anlaß, sich um die Drittwirkung Gedanken zu machen"[4]. Systematisch orientiertes Interesse an grundrechtlicher "Drittwirkung" ist bislang kaum auszumachen.[5]

I. Grundrechte und Privatrecht

Die "Drittwirkung"[6] der Grundrechte wird gemeinhin unter dem Schlagwort "Grundrechte und Privatrecht" diskutiert.[7] Es geht dabei um die Frage, "welche Wirkung die Grundrechte im Privatrecht haben"[8], bzw. um "die Gel-

---

[1] Zu ihnen im einzelnen unter I. 1. und 3.

[2] Auf eine "gewandelte historische Situation" weist etwa *H. C. Nipperdey*, FS Molitor, S. 17 (26) hin.

[3] S. nur *E. Denninger*, in: Alternativkommentar zum GG, vor Art. 1, Rn. 32; *F. Gamillscheg*, AcP 164 (1964), S. 385 (406); *K. Hesse*, HbVerfR I, S. 92; *H. v. Mangoldt/F. Klein/ C. Starck*, Das Bonner GG, Art. 1, Rn. 199; *T. Maunz/R. Zippelius*, Deutsches Staatsrecht, § 19 I. 2.; *H. C. Nipperdey*, FS Molitor, S. 17 (26); *B. Pieroth/B. Schlink*, Grundrechte, Rn. 196; *W. Rüfner*, HbStR V, § 117, Rn. 78.

[4] So, stellvertretend für viele, *W. Rüfner*, HbStR V, § 117, Rn. 62.

[5] Immerhin wird die "Drittwirkung" neuerdings in einen Zusammenhang mit der grundrechtlichen Schutzpflicht gestellt (dazu unter II.); die ausschließlich der "Drittwirkungs"-Problematik gewidmete Schrift von *F. Eckhold-Schmidt* (Legitimation durch Begründung) bleibt rein kritisch und liefert keinen weiterführenden systematischen Ansatz.

[6] Manche sprechen lieber von der "horizontalen Wirkung der Grundrechte", vgl. *H.-G. Suelmann*, Die Horizontalwirkung des Art. 3 II GG, S. 14 (m. w. N.).

[7] S. statt vieler die jeweils unter diesem Titel erschienenen Abhandlungen von *H. C. Nipperdey*, FS Molitor, S. 17 ff., und von *C.-W. Canaris*, AcP 184 (1984), S. 201 ff.

[8] *W. Rüfner*, HbStR V, § 117, Rn. 54.

tung der Grundrechte ... im Privatrechtsverkehr der Bürger untereinander"[9].
Bei dem Versuch, das Phänomen "Drittwirkung" zu fassen, ist im Schrifttum
eine terminologische Vielfalt[10] entstanden, die bereits darauf hindeutet, daß
die *gedankliche Erfassung*, der *Begriff* jener besonderen "Wirkung" bislang
nicht recht hat gelingen wollen - was im folgenden zu zeigen ist.

1. Die eigentlichen "Drittwirkungs"-Theorien

Von den beiden - hier sogenannten - eigentlichen "Drittwirkungs"-Theo-
rien, die sich auch selbst als solche verstehen,[11] spricht sich die eine für eine
"mittelbare", die andere für eine "unmittelbare Drittwirkung"[12] der Grundrechte aus. Beide Auffassungen stimmen in der Annahme überein, daß den
Grundrechten für das Verhältnis Privater zueinander eine Funktion zukomme
und dementsprechend eine "Wirkung" eigne, die von der als "klassisch" verstandenen Abwehrfunktion der Grundrechte gegenüber dem Staat verschieden
sei bzw. mit dieser nicht begründet werden könne.[13] In dieser Annahme erschöpft sich nach dem Selbstverständnis der beiden Lehren aber auch die Gemeinsamkeit.

a) Die Theorie der "mittelbaren Drittwirkung"

Um eine Theorie immanent kritisieren zu können, die wie diejenige der
"mittelbaren Drittwirkung" Bestandteil eines "Meinungsstreites" ist und sich
großenteils in ihm und durch ihn definiert, muß man sich zuvor in zweifacher
Hinsicht Klarheit verschaffen: erstens hinsichtlich ihrer These und deren näherer Ausführung, und zweitens hinsichtlich der Gründe, aus denen sie in der
Absicht der Abgrenzung von der (oder den) anderen Theorie(n) aufgestellt

---

9 *I. v. Münch*, in: *I. v. Münch/P. Kunig*, GG, Vorb. Art. 1-19, Rn. 28; kritisch zu dieser
Formulierung *K. Stern*, Staatsrecht III/1, S. 1512: "Grundrechte gelten als Rechtsnormen ...
oder sie gelten nicht".

10 *B. Pieroth/B. Schlink* etwa verwenden offenbar die Ausdrücke "Bindung", "Wirkung" und
"Geltung" synonym (s. Grundrechte, Rnn. 186-198); s. auch den nachfolgenden Text bei
Fn. 24.

11 Nicht als solche versteht sich bekanntlich die Lehre von *J. Schwabe*, dessen "drittwirkungs"-bezogene Hauptschrift unter dem programmatischen Titel "Die sogenannte Drittwirkung
der Grundrechte" erschienen ist; zu *Schwabes* Auffassung näher unten I. 3.

12 Die Hauptvertreter dieser beiden Ansichten sind bekanntlich *G. Dürig* ("mittelbare Drittwirkung", grundlegend in: FS Nawiasky, S. 157 ff.) und *H. C. Nipperdey* ("unmittelbare Drittwirkung", z. B. in: FS Molitor, S. 17 ff.).

13 S. für die Lehre von der "unmittelbaren Drittwirkung" nur *H. C. Nipperdey*, FS Molitor,
S. 17 (22 ff.); für diejenige von der "mittelbaren" statt aller *B. Pieroth/B. Schlink*, Grundrechte,
Rn. 82 f.

worden ist, aus denen sie also ihren Anspruch auf Richtigkeit ableitet; dazu in den folgenden beiden Abschnitten.

aa) "Mittelbare Drittwirkung"

Nach der Lehre von der lediglich "mittelbaren Drittwirkung" der Grundrechte, der auch das Bundesverfassungsgericht in ständiger Rechtsprechung folgt,[14] sind Private nicht grundrechtsverpflichtet in dem Sinn, daß etwa Art. 5 Abs. 1 Satz 1 GG, in dessen Formulierung man wegen Art. 1 Abs. 3 GG immer (vereinfachend) "gegenüber dem Staat" hineinlesen muß, auch folgendermaßen gelesen werden könnte: "Jeder hat *gegenüber jedem anderen Bürger* das Recht, seine Meinung ... frei zu äußern und zu verbreiten".[15] Stattdessen soll die grundrechtlich verbürgte Freiheit nach der allgemein als grundlegend angesehenen Abhandlung Dürigs über "Grundrechte und Zivilrechtsprechung" aus dem Jahre 1956[16] durch die *"wertausfüllungsfähigen und wertausfüllungsbedürftigen Generalklauseln"*[17] des Zivilrechts in dieses Eingang finden, da und insofern die "Einzelgrundrechte ... Erscheinungsformen eines in Art. 1 Abs. 1 und 2 Abs. 1 GG deklaratorisch anerkannten, der Verfassung vorgegebenen *Wertsystems*" seien, "das gegen spezifische Gefährdungen aus der Staatsrichtung durch verschiedenwertige positivrechtliche Grundrechte geschützt" werde.[18] Dürig möchte ausdrücklich "an der grundsätzlichen *Eigenständigkeit und Eigengesetzlichkeit des Zivilrechts gegenüber dem verfassungsrechtlichen Grundrechtssystem* festhalten";[19] das Verhältnis von Grundrechts- und Privatrechtsordnung versteht er als regelrecht "dualistisch"[20], weshalb eine "unmittelbare Drittwirkung" der Grundrechte ausgeschlossen sei. Die Annahme einer "mittelbaren Drittwirkung" hingegen trage erstens der Eigenständigkeit des Privatrechts Rechnung und wahre "andererseits die selbstverständlich nötige *Einheit des Gesamtrechts in der Rechtsmoral"*[21].

---

14 S. etwa BVerfGE 7, S. 198 (204 f.); 25, S. 256 (263); 34, S. 269 (280); 52, S. 131 (173); 81, S. 242 (254); BVerfG NJW 1987, S. 827.

15 Besonders deutlich wird dies in der Kritik, die an dem bekannten "Gentechnik-Beschluß" des VGH Kassel geübt worden ist (dazu unten II. 1. und 2.).

16 FS Nawiasky, S. 157 ff.; auf diese Abhandlung kann man sich - zumindest was *Dürig* angeht - auch getrost konzentrieren, da er selbst (in: *T. Maunz/G. Dürig*, GG, Art. 3, Rn. 505) noch 17 Jahre später schreibt, die damals gemachten Ausführungen gälten "Satz für Satz auch noch heute".

17 *G. Dürig*, FS Nawiasky, S. 157 (176).

18 *G. Dürig*, a. a. O.

19 *G. Dürig*, a. a. O., S. 164.

20 *G. Dürig*, a. a. O.

21 *G. Dürig*, a. a. O., S. 176 f.

Damit ist die Position der Lehre von der "mittelbaren Drittwirkung" hinreichend beschrieben - zumindest wenn man als "Einbruchstellen" für grundrechtliche "Wertentscheidungen" nicht nur die klassischen "Generalklauseln" der §§ 133 und 157[22], 138, 242 oder 826 BGB, sondern generell "offene Gesetzesbegriffe"[23] ansieht. Ob das Dürigsche "Wertsystem" in der Rechtsprechung des Bundesverfassungsgerichts als ebensolches, oder ob es als "objektive Wertordnung" oder in Gestalt der "Grundrechte als objektiver Normen" auftaucht,[24] oder ob endlich in der Literatur auf das "im Grundgesetz zum Ausdruck gebrachte *Menschenbild*"[25] verwiesen wird, bedeutet sachlich keinen Unterschied.[26] Entscheidend und festzuhalten ist, daß den Grundrechten lediglich die "Kraft" zugemessen wird, *unterverfassungsgesetzliche* ("einfachrechtliche") Norm(aussag)en zu *modifizieren*, nicht aber auch die, in Konflikten Privater untereinander originär eigene Aussagen zu treffen.

bb) Argumente gegen eine "unmittelbare Drittwirkung"

Die Argumente, die zur Stützung der These von der lediglich "mittelbaren Drittwirkung" der Grundrechte vorgebracht werden, sind über die Jahrzehnte hinweg dieselben geblieben und erschöpfen sich im wesentlichen in drei Begründungsansätzen, die - bei Zusammenfassung der Auslegungskriterien "Wortlaut" und "Systematik" - ohne weiteres in die vier klassischen juristischen canones der Auslegung eingeordnet werden können (zu denen bekannt-

---

22 Herangezogen etwa von BVerfG NJW 1987, S. 827.

23 *H. v. Mangoldt/F. Klein/C. Starck*, Das Bonner GG, Art. 1, Rn. 200.

24 Alle drei Bezeichnungen finden sich in dem bekannten "Lüth"-Urteil des Bundesverfassungsgerichts (E 7, S. 198 ff.) auf derselben Seite (205); eine erschöpfende Zusammenstellung der in der verfassungsgerichtlichen Rechtsprechung anzutreffenden Terminologie findet sich bei *R. Alexy*, Der Staat 29 (1990), S. 49 (51). In BVerfGE 7, S. 198 ff. sah das Bundesverfassungsgericht (auf S. 204) noch "keinen Anlaß", "die Streitfrage der 'Drittwirkung' der Grundrechte in vollem Umfang zu erörtern"; in BVerfGE 52, S. 131 (173) hat es sich aber ausdrücklich gegen die Annahme einer Grundrechtsverpflichtung Privater ausgesprochen. - In der Tradition des "Lüth"-Urteils etwa BVerfGE 25, S. 256 (263); 34, S. 269 (280); aus der neueren Rechtsprechung z. B. BVerfG NJW 1987, S. 827; BVerfGE 81, S. 242 (254); weitere Nachweise bei *H.-G. Suelmann*, Die Horizontalwirkung des Art. 3 II GG, S. 45, Fn. 210.

25 *H. v. Mangoldt/F. Klein/C. Starck*, Das Bonner GG, Art. 1, Rn. 199.

26 Ein solcher ist in Wahrheit auch nicht auszumachen, wenn *C.-W. Canaris* (AcP 184 [1984], S. 201 [223 f.]), ohne die grundsätzliche Bedeutung der "Generalklauseln" für die "Wirkung der Grundrechte im Privatrecht" zu leugnen (a. a. O., S. 224 u. 240), betont, daß auch ganz präzise gefaßte Tatbestände wie z. B. § 888 Abs. 2 ZPO oder § 74 HGB einzelne Grundrechte (dort: die Berufsfreiheit) entsprechend einer diesen entspringenden Schutzpflicht verwirklichten; er übersieht dabei, daß es unter grundrechtstheoretischen Gesichtspunkten unerheblich ist, ob der Gesetzgeber zufällig die fragliche Generalklausel für bestimmte Fälle bereits konkretisiert (oder ihre "eigentliche" Aussage modifiziert) hat oder nicht. Und eine Differenzierung zwischen Generalklauseln und der Einschränkung der Privatautonomie durch "rechtliche Unmöglichkeit", wie *Canaris* sie vorschlägt (a. a. O., S. 235), dürfte in bezug auf *grundrechtstheoretische* Fragen wenig hilfreich sein.

lich außer "Wortlaut" und "Systematik" noch die "historische" sowie die "objektiv-teleologische Auslegung" gehören[27]).

(1) Wortlaut und Systematik des Grundgesetzes

Eine wichtige Stütze der eigenen Position sehen die Befürworter einer bloß "mittelbaren Drittwirkung" zunächst in Wortlaut und Systematik des Grundgesetzes.

Hingewiesen wird vor allem auf den Wortlaut des Art. 1 Abs. 3 GG, der als Adressaten der Grundrechte unbezweifelbar nur staatliche Institutionen nennt;[28] entsprechend werde "in Art. 1 I 2 GG die Verpflichtung zur Achtung und zum Schutz der Menschenwürde ausdrücklich 'aller staatlichen Gewalt' und nicht etwa 'jedermann' auferlegt".[29] Einen weiteren Anhaltspunkt sieht etwa Canaris in "Art. 3 I GG, da diese Vorschrift nur von der Gleichheit 'vor dem Gesetz'" spreche, worin sich ebenfalls die reine Staatsgerichtetheit der Grundrechte ausdrücke.[30]

Bestärkt sieht man sich in der Einschätzung, daß Art. 1 Abs. 3 GG die Frage der Grundrechtsbindung - was die *Regel* betrifft - abschließend entscheide, durch den unmittelbar privatrechtliche Rechtsfolgen ("Abreden ... sind nichtig", "Maßnahmen sind rechtswidrig") anordnenden Art. 9 Abs. 3 Satz 2 GG, aus dem ein Gegenschluß gezogen wird.[31]

Canaris mißt ferner der "Systematik der Gesetzesvorbehalte" eine wesentliche Bedeutung zu, da die "Einschränkbarkeit der Grundrechte durch Privatrechtssubjekte, insbesondere durch Rechtsgeschäft, ... im Grundgesetz überhaupt nicht geregelt" sei, obwohl, wie er weiter meint, "das grundsätzlich erforderlich wäre, wenn [das Grundgesetz] ... Geltung unmittelbar zwischen Privatrechtssubjekten beanspruchen würde."[32]

Schließlich weist das Bundesverfassungsgericht im "Lüth"-Urteil darauf hin, daß der besondere Rechtsbehelf zur Wahrung der Grundrechte, die Ver-

---

[27] Zu den canones der Auslegung s. nur *K. Larenz*, Methodenlehre, S. 320 ff.

[28] *C.-W. Canaris*, AcP 184 (1984), S. 201 (204); *ders.*, AcP 185 (1985), S. 9; *H. D. Jarass/B. Pieroth*, GG, Art. 1, Rn. 24; *H. v. Mangoldt/F. Klein/C. Starck*, Das Bonner GG, Art. 1, Rn. 196; *B. Pieroth/B. Schlink*, Grundrechte, Rnn. 186 u. 188; *J. Pietzcker*, FS Dürig, S. 345 (347); *E. Stein*, Staatsrecht, § 42 V. 7.

[29] *C.-W. Canaris*, a. a. O., S. 203 f.

[30] *C.-W. Canaris*, a. a. O., S. 204.

[31] *B. Pieroth/B. Schlink*, Grundrechte, Rn. 188; *W. Schmidt*, Staats- und Verwaltungsrecht, Rn. 54.

[32] *C.-W. Canaris*, a. a. O.

fassungsbeschwerde, (damals noch lediglich einfachgesetzlich[33]) nur gegen Akte der öffentlichen Gewalt eröffnet sei.[34]

(2) Historische Argumente

Daß die Grundrechte "in erster Linie dazu bestimmt" seien, "die Freiheitssphäre des einzelnen vor Eingriffen der öffentlichen Gewalt zu sichern", ergibt sich für das Bundesverfassungsgericht "aus der geistesgeschichtlichen Entwicklung der Grundrechtsidee wie aus den geschichtlichen Vorgängen, die zur Aufnahme von Grundrechten in die Verfassungen der einzelnen Staaten geführt haben."[35] Es skizziert diese "Entwicklung" nicht näher; gerade angesichts der ganz allgemein gehaltenen Formulierung, die das Gemeinte als bekannt voraussetzt, kann aber kein Zweifel daran bestehen, daß hier auf die gängige Vorstellung von den Grundrechten als "politische[r] Errungenschaft des Bürgertums aus seinem Kampf mit der Krone"[36] angespielt werden soll, welche sich vor allem darin manifestierte, daß Eingriffe in "Freiheit und Eigentum" nur noch auf von der Volksvertretung - in der das Bürgertum vertreten war - beschlossener gesetzlicher Grundlage erfolgen durften.[37]

Aus der unmittelbaren Entstehungsgeschichte des Grundgesetzes wird in der Literatur der schriftliche Bericht des Vorsitzenden des für die Grundrechte maßgeblichen Grundsatzausschusses im Parlamentarischen Rat, H. v. Mangoldt, besonders hervorgehoben. Gerne zitiert[38] werden vor allem die Sätze: "Vielmehr sahen die Beteiligten ihre Aufgabe darin, die Grundrechte im Sinne der alten *klassischen Grundrechte* zu gestalten. ... In den Grundrechten sollte also das Verhältnis des Einzelnen zum Staate geregelt werden, der Allmacht des Staates Schranken gesetzt werden".[39]

(3) Teleologische Argumente

Schließlich lassen sich noch zwei eher teleologische Argumente gegen eine "unmittelbare Drittwirkung" der Grundrechte ausmachen.

---

33 S. heute Art. 93 Abs. 1 Nr. 4a GG, eingefügt durch das 19. ÄndG v. 29.1.1969 (BGBl. I, S. 97).

34 BVerfGE 7, S. 198 (205); zust. *B. Schmidt-Bleibtreu/F. Klein*, GG, Vorb. v. Art. 1, Rn. 6.

35 BVerfGE 7, S. 198 (204 f.).

36 *B. Schlink*, EuGRZ 1984, S. 457 (458).

37 *B. Schlink*, EuGRZ 1984, S. 457 (458); s. dazu etwa auch *K. A. Bettermann*, Freiheit unter dem Gesetz, S. 22; *E.-W. Böckenförde*, in: *ders.*, Recht, Staat, Freiheit, S. 273 (283 f.); *K. Stern*, Staatsrecht III/1, S. 116.

38 So von *B. Pieroth/B. Schlink*, Grundrechte, Rn. 188.

39 Parlamentarischer Rat, Schriftlicher Bericht, S. 5.

Das eine geht dahin, daß durch eine "Grundrechtsbindung aller gegenüber allen ... im Ergebnis ... *Sinn und Zweck* der Grundrechte ins Gegenteil" verkehrt würden, da "eine weitgehende Freiheitsbeschränkung ... das unvermeidliche Resultat" sein müsse.[40] Dabei wird allerdings gelegentlich zugestanden, daß eine "unmittelbare" Grundrechtsbindung Privater (und damit die von Privaten hinzunehmende "Freiheitsbeschränkung") nicht so weit reichen könne wie diejenige des Staates, da sich immerhin auf *beiden* Seiten des jeweils in Frage stehenden Rechtsverhältnisses Grundrechtsträger gegenüberstünden.[41] Demgegenüber sieht Dürig die Anerkennung einer "unmittelbaren Drittwirkung" dem gedanklichen Ansatz nach notwendig zu "einem *Zwang* zur Freiheit"[42] in dem Sinne führen, daß man das, worauf man nach den Freiheitsrechten ein *Recht* habe, auch tun *müsse*.[43] Oder aber "die These von der unmittelbaren Geltung der Grundrechte" müsse "dann doch so vielfältig modifiziert" werden, "daß die Lösung der Einzelfälle in Dezisionismus" ausarte.[44]

Zweitens wird befürchtet, daß, wie A. Bleckmann es pointiert hat, "wenn die Grundrechte die Individuen unmittelbar bänden, aus der Verfassung ... durch den Richter ein über den Gesetzen stehendes, umfassendes *Verfassungsprivatrecht* abgeleitet werden könnte, welches das BGB weitgehend ersetzen würde."[45] Dies müsse erstens zu einer unerträglichen Beeinträchtigung der Rechtssicherheit führen[46] und zweitens "gegen den in Art. 74 Nr. 1 GG verankerten Grundsatz verstoßen, daß das bürgerliche Recht durch Gesetze zu regeln" sei.[47] Gewaltenteilungsprinzip, der rechtsstaatlich und demokratisch begründete Vorbehalt des Gesetzes und der "gestaltende Charakter" der schwierigen Konkretisierungsaufgabe wiesen ihre Erfüllung damit "eindeutig primär der Legislative zu"[48].

---

[40] So B. *Pieroth/B. Schlink*, Grundrechte, Rn. 188; ähnlich z. B. *G. Dürig*, FS Nawiasky, S. 157 (163, 168 u. passim); *K. Hesse*, Grundzüge, Rn. 354; *J. Isensee*, Das Grundrecht auf Sicherheit, S. 35; *J. Pietzcker*, FS Dürig, S. 345 (346); *E. Stein*, Staatsrecht, § 42 V. 7.

[41] *K. Hesse*, Grundzüge, Rn. 354.

[42] *G. Dürig*, FS Nawiasky, S. 157 (168).

[43] S. *G. Dürig*, FS Nawiasky, S. 157 (159).

[44] So *G. Dürig* in: *T. Maunz/G. Dürig*, GG, Art. 3, Rn. 509.

[45] *A. Bleckmann*, Staatsrecht II - Die Grundrechte, S. 189 f. (Hervorhebung durch den Verfasser); ähnlich sieht *J. Isensee*, Das Grundrecht auf Sicherheit, S. 35, die Gefahr, daß "das hochdifferenzierte Privatrecht von lapidaren Verfassungsnormen überlagert und zermalmt wird"; s. ferner *K. Hesse*, Verfassungsrecht und Privatrecht, S. 25.

[46] *A. Bleckmann*, Staatsrecht II - Die Grundrechte, S. 190; *K. Hesse*, Grundzüge, Rn. 354; *H. Sendler*, NJW 1994, S. 709 (710).

[47] So *A. Bleckmann*, Staatsrecht II - Die Grundrechte, S. 190; ebenso *J. Dietlein*, Die Lehre von den grundrechtlichen Schutzpflichten, S. 43; *H. Goerlich*, Grundrechte als Verfahrensgarantien, S. 252; *G. Hermes*, Das Grundrecht auf Schutz von Leben und Gesundheit, S. 104; *K. Hesse*, Grundzüge, Rn. 355; *E. Stein*, Staatsrecht, § 42 V. 7.

[48] *G. Hermes*, Das Grundrecht auf Schutz von Leben und Gesundheit, S. 104.

cc) Kritik

(1) Widersprüchlichkeit der Wortlaut- und systematischen Argumente

Die vom Bundesverfassungsgericht im Anschluß an Dürig[49] entwickelte und vom überwiegenden Teil der Literatur akzeptierte Begründung einer "mittelbaren Drittwirkung" steht und fällt mit der vorausgesetzten "objektiven Wertordnung" bzw. dem "Wertsystem" der Grundrechte, welche(s) in der Lage ist, auf die Rechtsbeziehungen Privater "einzuwirken". Daß eine solche "objektive Wertordnung" überhaupt (im eigentlichen Wortsinn) *denkbar* ist, sei fürs erste[50] unterstellt. Zu erinnern ist hier zunächst nur an die *sachlichen Argumente*, mit denen die Theorie der "mittelbaren Drittwirkung" begründet und eine "unmittelbare Drittwirkung" abgelehnt wird.

Besonderes Gewicht wird erstens auf den *Gesetzeswortlaut* gelegt, insbesondere auf den Wortlaut des Art. 1 Abs. 3 GG.[51] Man muß sich dann aber an dieser Art der Argumentation auch fest- und sich selbst vorhalten lassen: Eine von den Grundrechten als solchen verschiedene "Wertordnung", die das Grundgesetz "in seinem Grundrechtsabschnitt ... aufgerichtet" habe,[52] taucht im Text der Verfassung an keiner Stelle auf.[53] Wenn man vom gegebenen Wortlaut - wohlgemerkt: bei Abwesenheit des klärenden Wortes "nur" - *konsequent* den Schluß auf das Fehlen aller nicht mehr im Gesetzestext auffindbarer Aussage zieht, gibt es auch keine "objektive Wertordnung"; womit die Möglichkeit entfällt, in einem konkreten zur Entscheidung stehenden Fall, für

---

49 Nur dieser - und nicht etwa der im "Lüth"-Urteil (E 7, S. 198 [205]) "fehlzitierte" *F. Klein* (in: *H. v. Mangoldt/F. Klein*, Das Bonner GG (Zweitbearb.), Vorbem. B III 4 vor Art. 1 GG, S. 93) - konnte zum damaligen Zeitpunkt nämlich als "Autorität" für die Behauptung der Existenz einer "Wertordnung" herhalten; *F. Klein* versteht (a. a. O.) unter dem von ihm in Anführungszeichen gesetzten Begriff "Wertsystem" lediglich eine - im Vergleich zum Weimarer Zustand - Effektivierung der Wirkkraft der Grundrechte *gegenüber dem Staat*. Für die - gänzlich anders formulierten - Grundrechte der Weimarer Verfassung findet sich der Begriff des "Wertsystems" allerdings schon bei *R. Smend*, Verfassung und Verfassungsrecht (1928), in: Staatsrechtliche Abhandlungen, S. 119 (264, 265).

50 S. unten (5).

51 *C.-W. Canaris*, AcP 184 (1984), S. 201 (204); *J. Dietlein*, Die Lehre von den grundrechtlichen Schutzpflichten, S. 54; *H. D. Jarass/B. Pieroth*, GG, Art. 1, Rn. 24; *H. v. Mangoldt/ F. Klein/C. Starck*, Das Bonner GG, Art. 1, Rn. 196 ("[Mangel der Drittgerichtetheit] findet *deutlich Ausdruck* in Art. 1 Abs. 3"); *B. Pieroth/B. Schlink*, Grundrechte, Rn. 186 ("*deutliche* Aussage gegen eine ['unmittelbare'] 'Drittwirkung' der Grundrechte") u. 188 ("*gewichtiges* Argument"); *J. Pietzcker*, FS Dürig, S. 345 (347); *E. Stein*, § 42 V. 7 (in Art. 1 Abs. 3 GG werde "*klargestellt*, daß die Grundrechte grundsätzlich *nur* gegen den Staat gerichtet sind") (Hervorhebungen jeweils durch den Verfasser).

52 So ausdrücklich das Bundesverfassungsgericht in seinem für die gesamte Lehre von der "mittelbaren Drittwirkung" grundlegenden "Lüth"-Urteil (E 7, S. 198 [205]).

53 Worauf etwa auch *E.-W. Böckenförde*, NJW 1974, S. 1529 (1539), mit Nachdruck hinweist; ebenso *A. Bleckmann*, DVBl. 1988, S. 938 (939).

den der Gesetzgeber (noch) keine spezielle, die beiderseitigen Interessen angemessen berücksichtigende Regelung getroffen hat (wie etwa, um ein Beispiel zu nennen, in § 90a HGB für das Verhältnis von Prinzipal und Handelsvertreter), die Grundrechte "mittelbar" auf das Privatrecht oder besser: auf die Rechtsbeziehungen Privater zueinander "einwirken" zu lassen. Das Wortlautargument aus Art. 1 Abs. 3 GG wird noch weiter entkräftet, wenn man - mit A. Bleckmann - dagegenhält, die Bestimmung erhalte "einen ausreichenden Sinn ... auch dadurch, daß angesichts des Streits in der Weimarer Republik es erforderlich schien, die Justitiabilität der Grundrechte und die Bindung zumindest aller Staatsgewalten, vor allem des Gesetzgebers, im Grundgesetz ausdrücklich festzulegen."[54]

Der Gegenschluß aus Art. 9 GG ist deshalb nicht zwingend, weil mit gleichem Recht behauptet werden kann, der Verfassunggeber sei lediglich in einer seit jeher besonders heiklen Frage ausnahmsweise konkret geworden, in der Konkretisierung komme aber gerade der allgemeine Grundsatz zum Ausdruck, daß es eine (unmittelbare) "Drittwirkung" der Grundrechte durchaus gebe.[55]

Bei der Berufung auf die "Systematik der Gesetzesvorbehalte" und das Fehlen von Bestimmungen über die "Einschränkbarkeit der Grundrechte durch Privatrechtssubjekte"[56] wird unterschlagen, daß das allgemeine und Hauptfreiheitsrecht des Art. 2 Abs. 1 GG sich seinem Wortlaut nach ("soweit er nicht die Rechte anderer verletzt") durchaus Einschränkungen seitens nichtstaatlicher Rechtssubjekte zugänglich zeigt. Dem hat Dürig zwar folgende Lesart entgegengehalten: "Das Grundgesetz hat bei Anerkennung des allgemeinen Freiheitsrechts die Rechte der 'anderen' ... als bereits in der Privatrechtsordnung normiert hingenommen, und Grundrechte ... dem Staat gegenüber nur insoweit anerkannt, als sie nicht die 'Rechte anderer' verletzen. Das Grundgesetz denkt also die Grundrechte von vornherein *vermindert* um die den anderen gegenüber bestehenden subjektiven privaten Rechte und *setzt voraus*, daß die Menschenrechte im Verhältnis der einzelnen untereinander bereits in der Privatrechtsordnung aktualisiert sind".[57] Aber das überzeugt nicht: Die Grundrechte stünden so zur beliebigen Disposition des (Privatrechts-)Gesetzgebers und weder vor- noch nachkonstitutionelles Recht könnte für grundrechtswidrig erklärt werden.[58] Daß das nicht die Auffassung des Grundgesetzes ist, ergibt sich deutlich aus Art. 123 Abs. 1[59] und Art. 1 Abs. 3 GG. Außerdem ließe Dürigs Interpretation die Erwähnung der "Rechte

---

[54] *A. Bleckmann*, DVBl. 1988, S. 938 (942).

[55] In diesem Sinn etwa *H.-G. Suelmann*, Die Horizontalwirkung des Art. 3 II GG, S. 74.

[56] *C.-W. Canaris*, AcP 184 (1984), S. 201 (204).

[57] *G. Dürig*, FS Nawiasky, S. 157 (173 f.).

[58] Darauf weist auch *H.-G. Suelmann* hin (Die Horizontalwirkung des Art. 3 II GG, S. 73).

[59] Vgl. dazu *H. D. Jarass/B. Pieroth*, GG, Art. 123, Rn. 5.

anderer" gegenüber der "verfassungsmäßigen Ordnung" überflüssig werden, was zumindest näherer Begründung bedürfte. Nicht einsichtig ist weiterhin, warum die Möglichkeit der Selbstbeschränkung grundrechtlicher Freiheit durch Rechtsgeschäft, die Privatautonomie also, neben der Freiheitsverbürgung des Art. 2 Abs. 1 GG noch besonders erwähnt werden müßte.

Schließlich spricht auch der Hinweis nicht gegen eine "unmittelbare Drittwirkung" der Grundrechte, der besondere Rechtsbehelf der Verfassungsbeschwerde sei nur gegen Akte der öffentlichen Gewalt eröffnet:[60] Daß in derselben Angelegenheit gegen unterschiedliche Rechtssubjekte unterschiedliche und zum Teil auch ganz unterschiedlich ausgestaltete Rechtsbehelfe gegeben sind, ist eine Alltäglichkeit - man braucht nur an das (Bau-)Nachbarrecht zu denken.

(2) Unschlüssigkeit der historischen Argumentation

In der Absicht, eine ausschließliche Staatsgerichtetheit der Grundrechte des Grundgesetzes zu begründen, wird nachdrücklich betont, die Grundrechte seien ihrem historischen Ursprung, der "geistesgeschichtlichen Entwicklung ihrer Idee" nach Abwehrrechte des Einzelnen gegenüber dem Staat. Übersehen wird dabei, daß die historischen Umstände, die "früher" möglicherweise für eine ausschließliche Staatsgerichtetheit von Grundrechtsbestimmungen gesprochen haben,[61] also die Existenz der "Krone" als eines Staatsträgers "von Gottes Gnaden" und die zu beobachtenden Versuche, deren Allmacht allmählich u. a. "grundrechtliche" Schranken zu ziehen, heute nicht mehr gegeben sind. Eine Theorie muß *heute* richtig sein, und deshalb kann es auch nur darum gehen, genau hinzusehen, *was heute ist*, um daraus im Wege des logischen Beweisens, d. h. *durch den Begriff* des Heute die richtige Theorie zu entwickeln. "Das *in der Zeit erscheinende* Hervortreten und Entwickeln von Rechtsbestimmungen zu betrachten, diese *rein geschichtliche* Bemühung, sowie die Erkenntnis ihrer verständigen Konsequenz, die aus der Vergleichung derselben mit bereits vorhandenen Rechtsverhältnissen hervorgeht, hat in ihrer eigenen Sphäre ihr Verdienst und ihre Würdigung ... , insofern ... die Entwicklung aus historischen Gründen sich nicht selbst verwechselt mit der Entwicklung aus dem Begriffe und die geschichtliche Erklärung und Rechtfertigung nicht zur Bedeutung einer *an und für sich gültigen* Rechtfertigung ausgedehnt wird."[62] Denn: "Es geschieht der geschichtlichen Rechtfertigung, wenn sie das äußerliche Entstehen mit dem Entstehen aus dem Begriffe verwechselt, daß sie dann bewußtlos das Gegenteil dessen tut, was sie beabsich-

---

60 BVerfGE 7, S. 198 (205).

61 Gegen eine solche Deutung etwa *D. Grimm*, recht 1988, S. 41 ff., bes. S. 43.

62 *G. W. F. Hegel*, Grundlinien der Philosophie des Rechts, § 3 Anm. (S. 35).

tigt. Wenn das Entstehen einer Institution unter ihren bestimmten Umständen sich vollkommen zweckmäßig und notwendig erweist und hiermit das geleistet ist, was der historische Standpunkt erfordert, so folgt, wenn dies für eine allgemeine Rechtfertigung der Sache selbst gelten soll, vielmehr das Gegenteil, daß nämlich, weil solche Umstände nicht mehr vorhanden sind, die Institution hiermit vielmehr ihren Sinn und ihr Recht verloren hat."[63] Die Theorie der Grundrechte "aus dem Begriff" unserer Zeit zu entwickeln, wird erst in den beiden folgenden Teilen versucht. Auf die Unschlüssigkeit der (bloß[64]) "historischen" Argumentation[65] war aber hier schon hinzuweisen.

Nicht überzeugend ist schließlich auch die unmittelbar entstehungsgeschichtliche Argumentation. Selbst wenn man einmal zugestehen will, daß die beiden weiter oben zitierten Sätze v. Mangoldts aus seinem Bericht zur Entstehungsgeschichte des Grundrechtsteils des Grundgesetzes für sich genommen eine deutliche Sprache sprechen,[66] so wird derselbe v. Mangoldt doch einen Abschnitt zuvor in einer anderen Richtung mindestens ebenso deutlich: "Wenn in Weimar in den Grundrechten ... der Versuch gemacht worden ist, ... Grundsätze für die künftige kulturelle und soziale Lebensordnung aufzustellen, so konnte ... in diesem Grundgesetz der Rahmen nicht soweit gespannt werden."[67] Hierauf folgt das Bekenntnis v. Mangoldts zu den Grundrechten des Grundgesetzes als "klassischen Grundrechten". Über die Grundrechte *als solche* hinausgehende "Grundsätze" für eine "Lebensordnung", womit im Zusammenhang der gewählten Begrifflichkeit nichts anderes gemeint sein kann als mit der Rede von der "objektiven Wertordnung" bzw. den etwa von K. Hesse synonym sogenannten "*Grundelemente[n] objektiver Ordnung* des Gemeinwesens"[68], wollte der Grundgesetzgeber ganz offenbar durchaus *nicht* aufstellen.[69]

(3) "Eigengesetzlichkeit des Zivilrechts" und "Einheit der Rechtsordnung"

Nicht einsichtig machen kann die Lehre von der "mittelbaren Drittwirkung" weiter, wie angesichts der angenommenen "Eigenständigkeit und Eigengesetzlichkeit des Zivilrechts gegenüber dem verfassungsrechtlichen Grundrechtssy-

---

63 A. a. O. (S. 37).

64 Zu einer anderen Weise der Geschichtsbetrachtung s. den Zweiten Teil unter I. 2. f).

65 Die auch *H. C. Nipperdey* zu Recht beanstandet (FS Molitor, S. 17 [25]).

66 S. dazu aber auch den Zweiten Teil unter I. 1.

67 Parlamentarischer Rat, Schriftlicher Bericht, S. 5.

68 *K. Hesse*, Grundzüge, Rn. 279.

69 Ob er demgegenüber "Grundsätze für eine Lebensordnung" - in einem tieferen Sinn verstanden - nicht durchaus "aufgestellt" *hat*, ist eine andere Frage, die erst im Zweiten und Dritten Teil zu beantworten sein wird.

stem"[70] die "Einheit der Rechtsordnung" zu denken sein könnte, die von manchen Autoren ausdrücklich[71], von den meisten unausgesprochen[72] als Grund einer "Einwirkung" der Grundrechte auf private Rechtsbeziehungen angesehen wird. Die Berufung auf jene Einheit ist in juristischen Diskussionen überaus beliebt, in allen Rechtsgebieten wird mit ihr argumentiert.[73] Daß es sie gibt, wird stets als selbstverständlich vorausgesetzt. Warum es sie gibt, wird in aller Regel lediglich mit Bekräftigungen oder argumenta ad absurdum[74] "begründet". Kaum hilfreich ist auch das zitierte Wort Dürigs von der "selbstverständlich [!] nötige[n] *Einheit des Gesamtrechts in der Rechtsmoral*"[75]; nicht nur strenge Rechtspositivisten dürften mit dem nicht näher erläuterten Begriff "Rechtsmoral" wenig anfangen können. Vor allem aber legt das Heranziehen der "Moral" als der letzten Verankerungsmöglichkeit einer "Einheit des Gesamtrechts" die Annahme nahe, Einheit sei etwas, was von außen an das Recht herangetragen werden müsse, nicht in der Rechtsordnung selbst begründet liege; so wird die Stiftung der Einheit zu etwas Subjektivem, Beliebigen, eben: "Moralischen"[76] - womit gerade *keine* (objektive) Einheit erreicht ist. Die Frage, wie eine *innere* Einheit zu denken sein könnte, wird heute nicht mehr wirklich gestellt.[77] Die "Selbstverständlichkeit" der Rechtsordnung als Einheit - und eben nicht als "grundsätzlich"[78] unverbunden ne-

---

[70] *G. Dürig*, FS Nawiasky, S. 157 (164).

[71] S. etwa *W. Rüfner*, HbStR V, § 117, Rn. 60.

[72] Auf diese Implikation weist auch *T. Ramm* hin (Die Freiheit der Willensbildung, S. 40 f.).

[73] Erinnert sei hier nur beispielhaft an das Postulat, das Strafrecht müsse sich hinsichtlich der Reichweite des von ihm gewährleisteten Vermögensschutzes an den Vorgaben des Zivilrechts (insbesondere der §§ 134, 138, 817 Abs. 1 S. 2 BGB) orientieren, s. dazu etwa *J. Wessels*, Strafrecht BT-2, § 13 II. 4. a); s. ferner etwa *K. Stern*, Staatsrecht III/2, S. 1147.

[74] S. z. B. *W. Rüfner*, GedS Martens, S. 215 (216): "auf die Dauer unerträglich", "wie ohne weiteres einleuchtet", "[die] Rechtsordnung geriete anderenfalls in einen sie zerstörenden Selbstwiderspruch".

[75] *G. Dürig*, FS Nawiasky, S. 157 (177).

[76] Es sei denn, der Verweis auf die "Moral" sollte im Sinne *I. Kants* zu einem "Begriff des Rechts" führen, "sofern er sich auf eine ihm korrespondierende Verbindlichkeit bezieht (d. i. ... [dem] moralische[n] Begriff desselben)" (Die Metaphysik der Sitten, S. 337). Auch dann müßten aber diese Verbindlichkeit und die Beziehung auf sie näher erläutert werden.

[77] *K. Engisch* hat die "Einheit der Rechtsordnung" einmal "in ihren verschiedenen Beziehungen als im positiven Rechte verwirklicht" dargestellt (Die Einheit der Rechtsordnung, S. 41 f.). Er hat es allerdings versäumt, ausdrücklich dasjenige anzugeben, worin diese Einheit gründen soll, wenn ihm auch wohl das "Rechtsgefühl" der selbstverständliche Einheitsstifter zu sein scheint (a. a. O., S. 61). So ist *Engisch* letztlich doch dabei stehengeblieben, das "Prinzip der 'Einheit der Rechtsordnung'" als bloßes "Axiom ... [und] Postulat juristischer Arbeit" zu begreifen (a. a. O., S. 69 f.); begriffsgeschichtlich wird die "Einheit der Rechtsordnung" neuerdings untersucht von *M. Baldus*, Die Einheit der Rechtsordnung (1995); zu *Engisch* s. dort S. 178 ff.

[78] So überdies *G. Dürig*, FS Nawiasky, S. 157 (164), der mit diesem Wort entweder seine Aussage zur "Drittwirkung" relativiert (wenn das Zivilrecht nur "grundsätzlich" seinen "eigenen Gesetzen" folgt, ist es dann ausnahmsweise *doch* möglich, daß Private grundrechtsverpflichtet sind?) oder - wenn es nur "Füllsel" sein soll - sich den Weg zu einer "Einheit der Rechtsordnung" selbst verbaut.

ben- oder übereinanderstehende Normenkomplexe - wird nicht begründet, sondern nur behauptet. Das wird vollends deutlich, wenn man sich der Warnungen vor jener "Rechtsunsicherheit" entsinnt, die bei Anerkennung Privater als Grundrechtsadressaten notwendig entstehen müsse, da der Richter in diesem Fall seine Entscheidungen sämtlich *unmittelbar aus der Verfassung* abzuleiten haben würde.[79] Damit wird nämlich logisch vorausgesetzt, daß das, was in zivilrechtlichen Gesetzen steht, vor allem aber die in "grundrechtliche Schranken" zu weisende *Privatautonomie selbst*, rein gar nichts mit der *Verwirklichung* grundrechtlich geschützter Freiheit zu tun hat. Denn sonst wäre es ja denkbar, daß die Grundrechtsverpflichtung Privater sich nicht neben oder über, sondern *im* Privatrecht aktualisierte.[80] Und in der Tat wird jene logische Voraussetzung auch gar nicht beachtet, vielmehr z. B. die Freiheit, sich in Verträgen privatrechtlich zu *verpflichten* (mit der Folge der Durchsetzbarkeit mittels staatlichen Zwangs), durchaus als grundrechtlich (insbesondere durch Art. 2 Abs. 1 GG) geschützt angesehen[81] - ein weiterer deutlicher Mangel der Theorie der "mittelbaren Drittwirkung". Diese innere Widersprüchlichkeit zeigt sich meist schon in den Formulierungen: Was bedeutet es, wenn gesagt wird, Gewaltenteilungs- und Rechtsstaatsprinzip wiesen die Aufgabe, die Rechtsbeziehungen zwischen Privaten zu konkretisieren, "eindeutig primär der Legislative zu"[82]? "Primär" heißt gerade nicht "ausschließlich". Ist also "gelegentlich" doch eine "unmittelbare Drittwirkung" denkbar? Falls hingegen gemeint ist, der Richter dürfe erst *nach* einer "ersten" Konkretisierung durch den Gesetzgeber selbst weiter konkretisieren, wäre immerhin grob anzugeben, wieweit die Umsetzung grundrechtlicher Aussagen in einfache Ge-

---

[79] *A. Bleckmann*, Staatsrecht II - Die Grundrechte, S. 190; *G. Hermes*, Das Grundrecht auf Schutz von Leben und Gesundheit, S. 104; *K. Hesse*, Grundzüge, Rn. 355; *E. Stein*, Staatsrecht, § 42 V. 7.

[80] Nicht vorstellen kann sich dies *F. Bydlinski*, ÖZöR XII (1962/63), S. 423 (443), der nach Leugnung der Tauglichkeit der Grundrechte als Maßstäbe für das durch Abwägung zu findende Urteil den Richter gleichwohl "nicht ganz unberaten lassen" und ihn statt an die Grundrechte "eng an die in der Rechtsgemeinschaft anerkannten Normen vom rechtsethisch Richtigen binden" will, auf welche die "Sammelbegriffe 'gute Sitten' und 'Treu und Glauben' verweisen". Wenn nämlich die staatlich gesetzte Rechtsordnung *überhaupt* auf von ihr als ihre Grundlage (auf die *Bydlinski* ja "zurück" greifen will) vorausgesetzte "anerkannte Normen vom rechtsethisch Richtigen" verweist und sie gleichzeitig eine Einheit darstellt, ist nicht einzusehen, daß die Verfassung und in ihr vor allem die fundamentalen Rechte des Einzelnen formulierenden Grundrechte als oberste Normen, (Prüfungs-)Maßstäbe und damit dogmatische Grundlage des einfachen Rechts einen solchen "Verweis" *nicht* enthalten sollen - womit sich dann wiederum die Frage stellt, wie dieser "Verweis" dogmatisch zu fassen ist. Mit der Rede vom "rechts*ethisch* Richtigen" gibt *Bydlinski* zugleich zu verstehen, daß seiner Ansicht nach die "richtige" richterliche Entscheidung erstens nichts mit den *Grund*-"Rechten" und zweitens nichts mit dem "Recht" überhaupt zu tun hat, sondern vielmehr mit "Ethik" zu begründen ist, was nicht weiter führt als *G. Dürigs* Wort von der "Einheit des Gesamtrechts in der Rechtsmoral".

[81] BVerfGE 81, S. 242 (254); *C.-W. Canaris*, JZ 1987, S. 993 (994); *H. D. Jarass/B. Pieroth*, GG, Art. 2, Rn. 4; zahlreiche weitere Nachweise bei *W. Höfling*, Vertragsfreiheit, S. 6 Fn. 34.

[82] *G. Hermes*, Das Grundrecht auf Schutz von Leben und Gesundheit, S. 104.

setze gediehen sein muß, damit der Richter seinerseits eingreifen darf - anders gesagt: Genügt § 242 BGB oder nicht? Und wenn ja, was ist dann für die Wahrung des Rechtsstaatsprinzips gewonnen?

(4) Das Problem der Wert-Ordnung

Ähnliche Probleme ergeben sich aus der Annahme einer "Ordnung" grundrechtlicher "Werte" und dem argumentativen Umgang mit dieser dogmatischen Figur.

Daß man den "allgemeinen Gleichheitssatz", der also auch den Gesetzgeber auf "Gleichbehandlung" der Bürger verpflichtet, ganz unpositivistisch[83] in Art. 3 Abs. 1 GG hineinliest,[84] mag angesichts der Ausführungen v. Mangoldts in seinem bereits mehrfach erwähnten Bericht über die Entstehungsgeschichte des Grundrechtsteils (zunächst[85]) hingenommen werden.[86] Jedenfalls zu denken gibt aber, daß der derart im Grundrechtsteil - als der Grundlage (oder Folge?) des "Wertsystems" - angesiedelte "allgemeine Gleichheitssatz" in der "Wertordnungs"- und damit vor allem "Drittwirkungs"-Rechtsprechung des Bundesverfassungsgerichts keinerlei Bedeutung erlangt hat[87] (und zumindest nach der Logik der Dürigschen Auffassung auch gar nicht erlangen kann[88]). Das damit angesprochene Problem ist: Woher soll man wissen, was überhaupt zu der streitentscheidenden "Wertordnung" wesentlich dazugehört und was nicht? Wie die "Werte", wenn man sie als solche aufgewiesen hat, überhaupt in eine durch Abstufungen sich auszeichnende *Ordnung* bringen,

---

[83] Was auch nicht durch die - zugegeben geistreiche - Interpretation zu verdecken ist, "vor dem Gesetz" meine, daß die Gleichheit dem Gesetz *vorausliege* (so etwa *H. v. Mangoldt/ F. Klein/C. Starck*, Das Bonner GG, Art. 3, Rn. 2).

[84] S. nur BVerfGE 13, S. 348 (355); gegen solches "Hineinlesen" aber *R. Thoma*, DVBl. 1951, S. 457 ff.

[85] S. unten im Dritten Teil unter VI. 3. a).

[86] S. Parlamentarischer Rat, Schriftlicher Bericht, S. 8; *v. Mangoldt* bemerkt dort mit Bezug auf die zunächst am 30. November 1948 in den Gleichheitsartikel eingefügten Sätze: "Das Gesetz muß Gleiches gleich, es kann Verschiedenes nach seiner Eigenart behandeln. Jedoch dürfen die Grundrechte nicht angetastet werden", das Folgende: "Wenn im Hauptausschuß trotzdem die beiden Sätze gestrichen wurden, so kann das nur auf ein Mißverständnis zurückzuführen sein".

[87] S. dazu *H. D. Jarass*, AöR 110 (1985), S. 363 (371); s. außerdem - speziell zur Bedeutung des "allgemeinen Gleichheitssatzes" für die "Drittwirkung" - *J. Salzwedel*, FS Jahrreiss, S. 339 (347).

[88] Wenn *G. Dürig*, FS Nawiasky, S. 157 (160 Fn. 5), in bezug auf "Drittwirkungs"-Konstellationen ausführt, auch Art. 3 GG liefere "unabdingbare ... Wertmaßstäbe für die wertausfüllungsbedürftigen Generalklauseln" und schaffe "auf diesem Umweg gegebenenfalls ... konkrete Nichtigkeitsgründe", paßt das nicht zu seiner Grundannahme, die Freiheitsrechte gingen der Gleichheit vor (a. a. O., S. 158 f.). Denn danach müßte sich derjenige, der andere im privaten Verkehr ungleich behandelt, mit seiner "Freiheit", eben dieses tun zu dürfen, gerade durchsetzen. - Zum Problem des Verhältnisses von Freiheit und Gleichheit näher im Dritten Teil unter VI. 3.

die es erlaubt, aus ihr für den Privatrechtsverkehr auch Rechtsfolgen abzuleiten?[89] Wie paßt es namentlich zusammen, wenn Dürig als "geistiger Vater" der Lehre von der "mittelbaren Drittwirkung" einerseits annimmt, das von ihm vorausgesetzte "Wertsystem" werde "durch *verschiedenwertige* ... Grundrechte geschützt"[90], anderseits aber meint, die aus diesem "Wertsystem" primär abzuleitende "Drittwirkung" trete entsprechend der jeweils bestehenden *Machtunterschiede* "in einer beinahe stufenlosen Skala" auf und es sei "eine Illusion zu folgern, es gäbe formale Kategorien der *Intensität* der Einwirkung der Grundrechte auf das Privatrecht"[91]? Wenn die Grundrechte ein in sich abgestuftes "Wertsystem" bilden, kann es nicht auf das Vorhandensein oder Nichtvorhandensein privater "Macht", sondern es muß gerade auf die unterschiedliche *"Wertigkeit"* der miteinander in Konflikt geratenden Grundrechte ankommen.[92] Wenn also z. B., aus welchen Gründen auch immer, das Eigentum höher zu "werten" ist als die Berufs- oder die Meinungsfreiheit, dann hat der Arbeitnehmer trotz der überlegenen Macht des Unternehmers eben notwendig das Nachsehen. Und womit, muß man schließlich fragen, rechtfertigt sich der Vorwurf, eine "unmittelbare Drittwirkung" der Grundrechte führe zu unerträglicher Rechtsunsicherheit,[93] wenn Dürig seinerseits nur eine (schon im Ausdruck einen Widerspruch in sich bildende) "stufenlose Skala" anzubieten hat?

(5) Denkbarkeit der "objektiven Wertordnung"

Wie aber wäre die "objektive Wertordnung" und vor allem deren Einsatz bei der richterlichen Rechtsfindung *überhaupt* zu denken?

Wenn das Bundesverfassungsgericht im "Lüth"-Urteil ausführt, das Grundgesetz habe "in seinem Grundrechtsabschnitt *auch* eine objektive Wertordnung aufgerichtet", die u. a. auch das bürgerliche Recht "beeinflusse",[94] so läßt sich dem nichts weiter entnehmen, als daß diese "Wertordnung" als ein nicht näher erklärtes "etwas" erstens aus dem dem Staat abwehrrechtlich entgegentretenden Grundrechtsabschnitt *deduziert* und sodann in andere als solchermaßen abwehrrechtliche Rechtsbeziehungen *induziert* werden muß und

---

[89] Kritisch insoweit auch: *H. Bethge*, Zur Problematik von Grundrechtskollisionen, S. 268 f.; *B. Schlink*, EuGRZ 1984, S. 457 (462); *W. Schild* in: *H.-D. Klein* (Hrsg.), Systeme im Denken der Gegenwart, S. 180 (181).

[90] *G. Dürig*, FS Nawiasky, S. 157 (176) (Hervorhebung durch den Verfasser).

[91] *G. Dürig* in: *T. Maunz/G. Dürig*, GG, Art. 3, Rn. 511.

[92] Zum Problem des Wertdenkens überhaupt s. etwa *C. Schmitt*, "Die Tyrannei der Werte", in: Säkularisation und Utopie, S. 37 ff., besonders deutlich z. B. S. 60.

[93] S. oben bb) (3).

[94] BVerfGE 7, S. 198 (205) (Hervorhebung durch den Verfasser).

kann. Daraus folgt: Es muß in den Grundrechten ein die "Wertordnung" konstituierendes "etwas" geben, das man de- und auch wieder induzieren kann.[95] Ohne dieses "etwas" gibt es auch keine "Wertordnung", in und mit der trotz mangelnder Grundrechtsverpflichtung Privater eine wie immer geartete "mittelbare Drittwirkung" begründet werden könnte.

In der Literatur wird das gesuchte "etwas" mit Ausdrücken wie "objektive Prinzipien"[96], "Rechtsprinzipien"[97] oder "Prinzipien höchster Abstraktionsstufe"[98] bezeichnet. Nach H. D. Jarass beispielsweise ergibt sich ein derartiges "Prinzip" durch "Ablösung der in der Grundrechtsgarantie enthaltenen Wertentscheidung von der konkreten verfassungsrechtlichen Ausgestaltung des Grundrechts als Abwehrrecht des Individuums."[99] Die Wertentscheidung, deretwegen das Grundrecht einen Abwehranspruch gewährt, wird von diesem Anspruch getrennt und dann in andere Richtungen hin aktualisiert.[100] Es ist leicht zu erkennen, daß damit lediglich die oben bereits erwähnte notwendige, aber noch ganz abstrakte Voraussetzung der Ausführungen im "Lüth"-Urteil benannt ist.

Den - soweit ersichtlich - einzigen nennenswerten Versuch, den Inhalt jener "Prinzipien" näher zu bestimmen, hat R. Alexy unternommen. Um diesen Inhalt zu gewinnen, will er von der konkreten grundrechtlichen Gewährleistung in dreifacher Hinsicht abstrahieren. Dies sei an dem auch von Alexy selbst verwendeten Beispiel der in Art. 5 Abs. 1 Satz 1 Alt. 1 GG geschützten Meinungsfreiheit kurz verdeutlicht.

Zu abstrahieren ist nach Alexy erstens vom Träger des Rechts ("Jeder"), so daß man eine "nicht-relationale" Pflicht des Staates erhalte, "Eingriffe in Meinungsäußerungen zu unterlassen".[101] Sodann müsse, damit das grundrechtliche Prinzip sich auch wirklich auf alle Positionen im Rechtssystem inhaltlich umfassend auswirken könne, noch vom Adressaten des Rechts (dem Staat) sowie bestimmten Eigenarten seines Gegenstandes (Unterlassung von staatlichen Eingriffen) abstrahiert werden.[102] Durch diese dreifache Abstraktion erhalte man als "Prinzip höchster Abstraktionsstufe" ein schlichtes "Gesolltsein der Meinungsfreiheit".[103]

---

95 Ebenso *H. D. Jarass*, AöR 110 (1985), S. 363 (366).

96 *K. Hesse*, HbVerfR I, S. 94.

97 *H. D. Jarass*, AöR 110 (1985), S. 363 (366).

98 *R. Alexy*, Theorie der Grundrechte, S. 479.

99 *H. D. Jarass*, a. a. O.

100 A. a. O.

101 *R. Alexy*, a. a. O., S. 478.

102 *R. Alexy*, a. a. O., S. 479.

103 *R. Alexy*, a. a. O.; ebenso *ders.*, Der Staat 29 (1990), S. 49 (57).

Alexy selbst sieht in der Aufstellung einer derart verstandenen "objektiven Wertordnung in Gestalt oberster objektiver Prinzipien" sowohl Vor- als auch Nachteile. Ein wesentlicher Vorteil liege in der "Flexibilität" der "Prinzipien", da sie "als Ausgangspunkte dogmatischer Begründungen ... in allen Bereichen des Rechtssystems verwendbar" seien,[104] also auf alle Rechtsbereiche "Einfluß nehmen" könnten. Dieser "Vorteil" ist allerdings wenig wert: Kurz darauf erklärt Alexy die beiden durch das Auffinden des mysteriösen "etwas" gerade zu klärenden "Fragen, in welcher Form der Einfluß stattfindet und welchen Inhalt er hat", für weiterhin unbeantwortet (und diskutiert im Anschluß daran, ohne sich über das "Ob" wirkliche Klarheit verschafft zu haben, ohne weiteres das "Wie" des Einflusses).[105] Den Nachteil erkennt Alexy darin, daß die Annahme "objektiver Prinzipien höchster Abstraktionsstufe" zu "einer der obskursten Formen der juristischen Begründung" einlade, nämlich "der 'Deduktion' oder der 'Ableitung' konkreten Gehalts aus abstrakten Prinzipien"[106].

Wie obskur die "Wertordnungs"-Lehre immer sein mag - eines scheint jedenfalls gewiß: Alexys "Gesolltsein der Meinungsfreiheit" bezeichnet durchaus *kein* im Verhältnis zu Art. 5 Abs. 1 Satz 1 Alt. 1 GG *abstraktes Prinzip*. Man kann - vielleicht - das Wort "Meinungsfreiheit" aussprechen, ohne sich dabei etwas zu denken. In der (Rechts-)Wissenschaft geht es allerdings nicht um *Worte*, sondern um *Begriffe*, d. h. um *Gedankeninhalte*. Wenn man "Meinungsfreiheit" *denkt*, erhält man: "Jeder kann ungehindert seine Meinung sagen". Fügt man jetzt noch das "Gesolltsein" hinzu - welches, da es sich um "*Rechts*prinzipien" handeln soll, nur ein rechtliches sein kann -, ergibt sich: "Es ist rechtens, daß jeder ungehindert seine Meinung sagen kann". Oder eben: "Jeder hat das Recht, seine Meinung ... frei zu äußern". Alexy formuliert lediglich den Wortlaut des Art. 5 Abs. 1 Satz 1 Alt. 1 GG verkürzend um; ein von dem Grundrecht "*ablösbares* Prinzip" oder eine von ihm zu "*trennende* Wertentscheidung"[107] ist auch damit nicht gezeigt.[108] Mit etwas nicht Vorhandenem kann man aber auch keine "Wertordnung aufrichten", die

---

[104] *R. Alexy*, Theorie der Grundrechte, S. 479.

[105] *R. Alexy*, a. a. O., S. 480.

[106] *R. Alexy*, a. a. O., S. 479.

[107] Wie auch *H. D. Jarass*, AöR 110 (1985), S. 363 (366), sie für denkbar hält.

[108] Darauf hatte vor *Alexys* Klärungsversuch bereits *C.-W. Canaris*, AcP 184 (1984), S. 201 (225), hingewiesen; daß das "Einwirkenlassen" der "grundrechtlichen Wertentscheidungen" auf das Zivilrecht in den typischen "Drittwirkungs"-Fällen in Wahrheit nichts anderes ist als eine *unmittelbare* Anwendung der Grundrechte, hat schon *W. Leisner*, Grundrechte und Privatrecht, S. 369, zutreffend erkannt; ebenso *E.-W. Böckenförde*, Der Staat 29 (1990), S. 1 (15); *J. Hager*, JZ 1994, S. 373 ff. (passim).

etwas anderes darstellte als die Grundrechte selbst.[109] Hat man als dogmatischen Anknüpfungspunkt aber (weiterhin) nur diese, ist auch die Kritik berechtigt, die Dürigsche Lehre werde notwendig inkonsequent, wenn sie als solchen ausschließlich staatsgerichteten Grundrechten gleichwohl die normative Kraft zumesse, "durch die Generalklauseln" hindurch Rechtsbeziehungen unter Privaten durch Beschränkung bürgerlicher Freiheit zu gestalten, die als "an sich" bestehend vorgestellt wird.[110]

(6) Ergebnis

Die Kritik hat gezeigt, daß die Lehre von der "mittelbaren Drittwirkung" nicht nur an einer Reihe innerer Widersprüche leidet, sondern auch ihr dogmatisches "Generalwerkzeug" der "objektiven Wertordnung" nicht darstellen kann; sie ist daher als nicht hinreichend begründet abzulehnen.

b) Die Theorie der "unmittelbaren Drittwirkung"

Den Befürwortern einer "unmittelbaren Drittwirkung" ist gemeinsam, daß sie - mit Unterschieden in den Einzelheiten - die Annahme einer Grundrechtsverpflichtung Privater auch dort für möglich und teilweise für geboten halten, wo das Grundgesetz sich nicht (wie in Art. 9 Abs. 3 Satz 2) positiv dazu bekennt. Während die Lehre von der nur "mittelbaren Drittwirkung" der Grundrechte die Frage zu beantworten hatte, wie sich *trotz Ablehnung* einer Grundrechtsverpflichtung Privater eine "Drittwirkung" begründen und darstellen läßt, muß die zweite "Drittwirkungs"-Lehre zeigen, *daß* sich die These, Private seien ebenfalls Adressaten der (oder doch zumindest einiger) Grundrech-

---

[109] Wenn also beispielsweise *K. Hesse*, Grundzüge, Rn. 357, nachdem er sich kurz zuvor "mit Händen und Füßen" gegen die Anerkennung Privater als grundrechtsverpflichtet gewehrt hat, meint, falls im konkreten Fall einfachgesetzliche Regelungen fehlten, entfalteten "die Grundrechte als Elemente objektiver Ordnung des Gemeinwesens ihre Bindungswirkung unmittelbar gegenüber ... Inhabern wirtschaftlicher oder sozialer Macht", dann macht er sich damit in Wahrheit zum Fürsprecher einer "*un*mittelbaren Drittwirkung"; kritisch auch *A. Bleckmann*, DVBl. 1988, S. 938 (939); *H.-G. Suelmann*, Die Horizontalwirkung des Art. 3 II GG, S. 91; *G. Hermes*, Das Grundrecht auf Schutz von Leben und Gesundheit, S. 107; rechtsstaatliche Bedenken gegenüber der "Wertordnungs"-Rechtsprechung und -Lehre äußert *H. Goerlich*, Wertordnung und Grundgesetz, S. 140 ff.

[110] S. BAGE 4, S. 274 (279): "[Dürig] geht denkgesetzlich unrichtig vor."; ähnlich *E.-W. Böckenförde*, Zur Lage der Grundrechtsdogmatik, S. 35 f.; *F. Eckhold-Schmidt*, Legitimation durch Begründung, S. 69 f.; *F. Gamillscheg*, AcP 164 (1964), S. 385 (420). - Dasselbe gilt für *H. H. Rupp*, AöR 101 (1976), S. 161 (171), wenn er nach Ablehnung einer "Drittwirkung" der Grundrechte das Verhältnis von Grundrechtsnormen zu Rechtsnormen des Zivilrechts zu einem "Problem der objektiv-rechtlichen Normenkongruenz" erklärt. Denn *reine Abwehr*rechte gegenüber dem *Staat* könnten auch im einfachen Recht immer nur helfen, Ingerenzen des *Staates* in die bereits vorausgesetzten und tatsächlich bestehenden Verhältnisse Privater zueinander abzuwehren.

te, konsistent begründen läßt; was, da man sich nicht auf nebelhafte "Wertordnungen" o. ä. zurückziehen kann, für die "Drittwirkung" - als *allgemeine* grundrechtsdogmatische Denkform - zugleich heißt: daß sie sich *überhaupt* begründen läßt. Denn nach dem jeweiligen Wortlaut der Grundrechte in Verbindung mit dem des Art. 1 Abs. 3 GG ist nur die Bindung der Staatsgewalt sicher; die Aussagekraft der absoluten Fassung der einzelnen Grundrechtsbestimmungen ("Jeder hat das Recht usw.") als solcher ist zu stark durch die zusätzliche Formulierung des Art. 1 Abs. 3 GG relativiert, die nicht von vornherein als für die Frage der Grundrechtsverpflichtung unbeachtlich abgetan werden kann.[111]

Nicht untersucht wird im folgenden, ob Private grundrechtsverpflichtet *sind*, sondern nur, ob die bisher unternommene Begründung solcher Verpflichtung gelungen ist - falls nicht, ist damit die Gegenthese keineswegs bewiesen.

aa) Historische Argumente

Auch zur Begründung einer "unmittelbaren Drittwirkung" werden historische Erwägungen angestellt. Die allgemeine Entwicklungsgeschichte der Grundrechte zeige, daß diese gerade "mit 'allseitiger Tendenz' entstanden" seien.[112] Man beruft sich für diese Annahme vor allem auf die französische Erklärung der Menschen- und Bürgerrechte vom 26. August 1789, nach deren Art. 4 die Freiheit darin bestehen sollte, "alles tun zu können, was anderen nicht schadet." Es heißt darin weiter: "Somit hat die Ausübung der natürlichen Rechte jedes Menschen keine Grenze als die, die den anderen Mitgliedern der Gesellschaft den Genuß derselben Rechte sichert. Diese Grenzen können nur durch das Gesetz bestimmt werden."[113] Im Grundrechtsabschnitt des Grundgesetzes nun, der Ergebnis einer vergleichbaren historischen Situation, nämlich der Reaktion auf den Allmachtsanspruch einer unkontrollierten Staatsgewalt, auf die Grundrechtsfeindlichkeit des Nationalsozialismus sei, sieht T. Ramm insbesondere angesichts der "juristische[n] Präzision der einzelnen Bestimmung", der Bindung von Gesetzgebung, Verwaltung und Rechtsprechung an die Grundrechte sowie der durch Art. 3 Abs. 2 GG herbeige-

---

[111] Dies wird von den Verfechtern einer "unmittelbaren Drittwirkung" auch regelmäßig zugegeben, s. z. B. *W. Leisner*, Grundrechte und Privatrecht, S. 287; auch *F. Gamillscheg* (AcP 164 [1964], S. 385 [405]) räumt ein, die von ihm vorgenommene Auslegung werde vom Wortlaut lediglich "erlaubt"; verkannt wird die Bedeutung des Verhältnisses von absolut gefaßter Grundrechtsformulierung und Art. 1 Abs. 3 GG von *A. Bleckmann*, Staatsrecht II - Die Grundrechte, S. 189 und DVBl. 1988, S. 938 (940).

[112] *W. Leisner*, Grundrechte und Privatrecht, S. 332 m. S. 3 ff.; ebenso *M. Koll*, Die Grundlagen der Wandlung des materiellen Verfassungsbegriffs, S. 71 u. *T. Ramm*, Die Freiheit der Willensbildung, S. 42 ff., 51.

[113] Zitiert nach *T. Ramm*, a. a. O., S. 42.

führten Umgestaltung des Familienrechts den Kreis sich schließen. Die "augenfällige Parallelität zwischen dem Grundrechtsteil des GG und der französischen Menschen- und Bürgerrechtserklärung vom 26. 8. 1789" zwinge "zu der Annahme, daß hier wie dort die Grundrechte die gesamte Rechts- und Gesellschaftsordnung" umspannten,[114] also auch die Einzelnen verpflichteten. Und W. Leisner, der sich um die Erforschung der Entwicklungsgeschichte der Grundrechte bekanntlich besonders verdient gemacht hat, stellt unter Berufung auf die oben wiedergegebenen Sätze aus der "Déclaration" von 1789 fest: "Der Grundsatz, daß so *dieselben* 'Droits naturels', die in der Déclaration zum Ausdruck kommen ... , auch die Grundlage nicht hoheitsrechtlicher Ansprüche bilden, stellt einen nur dadurch von der modernsten Form der 'Drittwirkung' verschiedenen Zustand her, daß die Verfassung noch keine ... selbständig-normative Bedeutung erlangt hat."[115]

Allein: Gerade *weil* der "Déclaration" eine selbständige normative Bedeutung fehlte, führt der Vergleich mit ihr weder "zwingend" zur Anerkennung einer Grundrechtsverpflichtung Privater unter der Geltung des Grundgesetzes noch legt er sie auch nur nahe. Wenn - wie nach der "Déclaration" - die "Grenzen" der "natürlichen Rechte" der Einzelnen in ihrem Verhältnis zueinander nur durch ins Detail gehende einfache Gesetze festgelegt werden können, hat vor deren Erlaß keiner gegenüber dem anderen eine (grund)rechtliche Handhabe. Erst das einfache Gesetz *entfaltet überhaupt normative Wirkungen* in den Rechtsbeziehungen Privater untereinander, so daß jener historische Vergleich nicht für eine "unmittelbare", sondern eher für eine "mittelbare Drittwirkung" sprechen würde - wenn solche einfachen historischen Analogieschlüsse nicht überhaupt fragwürdig wären. Was hierzu bereits bemerkt wurde,[116] gilt auch für die zur Begründung einer "*un*mittelbaren Drittwirkung" vorgebrachten historischen Argumente. Wenn beispielsweise W. Leisner aus der nach dem Ende des Kaiserreichs plötzlich bestehenden völligen Ungebundenheit des Pouvoir constituant lediglich die (historische) "*Möglichkeit* einheitlicher Regelung *aller* menschlichen Bezüge"[117] herausliest, anstatt zu fragen, was *begrifflich*, d. h. mit *Notwendigkeit* daraus folgen könnte,[118] geht er den eingeschlagenen Weg nicht zu Ende und muß im Anschluß an die Zusammenfassung seiner entwicklungsgeschichtlichen Argumente selbst einräumen, daß er für seine Untersuchungsergebnisse einen Wahrheitsanspruch letztlich nicht erheben kann: "Bei der Weite der Problemlage *kann* nur erreicht werden, daß dies als die 'beste' Lösung erscheint. ... [Insgesamt] rechtfertigen

---

114 *T. Ramm*, a. a. O., S. 50 f.

115 *W. Leisner*, Grundrechte und Privatrecht, S. 26.

116 S. oben I. 1. a) cc) (2).

117 *W. Leisner*, Grundrechte und Privatrecht, S. 55 (erste Hervorhebung durch den Verfasser).

118 Wie dies hier im Zweiten und Dritten Teil geschehen wird.

4*

die erwähnten Gründe die Feststellung, daß die Drittwirkung 'näher beim Grundgesetz steht', als eine 'grundsätzliche Staatsrichtung'."[119]

bb) Erst-recht-Schluß: Wenn sogar der Staat ...

Weiter wird geltend gemacht, wenn gemäß Art. 1 Abs. 3 GG *sogar der Staat* an die Grundrechte gebunden sei, könne[120] bzw. müsse[121] dies für Private *erst recht* gelten. Denn der Staat handle, so F. Gamillscheg, immerhin "um des Wohles der Allgemeinheit willen"[122], "im Gemeininteresse", während der Einzelne lediglich "im eigennützigen Interesse" handle.[123]

Diese ethische Überordnung der "Allgemeinheit" über den Einzelnen erinnert in ihrer Undifferenziertheit ein wenig an das nationalsozialistische "völkische Rechtsdenken",[124] wenn Gamillscheg aus der Überordnungsthese auch nur logisch-konstruktive statt ideologisch-destruktiver Schlußfolgerungen zieht. Aber sein Erst-recht-Schluß überzeugt auch sonst nicht: Das Gewicht der Gemeinwohlorientierung des Staates wird im Text der Verfassung selbst unmittelbar dadurch relativiert, daß Grundrechte gegenüber dem Staat für *erforderlich* gehalten werden - gegenüber (den jeweils) anderen Einzelnen hingegen zunächst einmal nicht (das wäre gerade zu begründen). So kommt Gamillscheg mit dem formalen Gemeinwohlargument über eine Gleichordnung von Staat und Einzelnem als möglichen Freiheitsgegnern nicht hinaus. Soll der Erst-recht-Schluß jetzt noch gelingen, muß er den Zweck der Grundrechtsformulierungen in sich selbst thematisieren. Gamillschegs Argument wäre demnach nur dann schlüssig, wenn das Schutzbedürfnis bzw. das entsprechende "Gefahrenmoment", aus dem die Erforderlichkeit von Grundrechten gefolgert wird, in den Beziehungen Einzelner zueinander in *höherem* Maße vorhanden wäre als im Verhältnis des Einzelnen zu den Staatsorganen. Die ungeheure faktische Macht, die bei den Staatsorganen konzentriert ist und wegen derer man gemeinhin - dogmatisch wie immer geartete - Sicherungen für erforderlich hält, kann aber nur von wenigen Privaten in begrenzten Bereichen annähernd, aber angesichts des - in Militär und Polizeibehörden auch institutionalisierten - Gewaltmonopols des Staates nie vollständig erreicht und

---

[119] *W. Leisner*, Grundrechte und Privatrecht, S. 335.

[120] Wie *H. C. Nipperdey* in RdA 1950, S. 121 (125) zunächst meinte (aufgegeben in *L. Enneccerus/H. C. Nipperdey*, AT I, S. 97).

[121] So *F. Gamillscheg*, AcP 164 (1964), S. 385 (406 f.).

[122] *F. Gamillscheg*, a. a. O., S. 406.

[123] *F. Gamillscheg*, a. a. O., S. 407.

[124] S. dazu *B. A. Braczyk*, ARSP 79 (1993), S. 99 (102 f.); *T. Ramm* hält *Gamillscheg* vor, die Annahme einer prinzipiellen Überordnung des Staates über das Individuum widerspreche dem Grundgesetz (Die Freiheit der Willensbildung, S. 41).

schon gar nicht übertroffen werden; ein Erst-recht-Schluß ist deshalb nicht gerechtfertigt.[125]

Die letzte Überlegung führt aber gedanklich bereits zum nächsten Argument der Befürworter einer "unmittelbaren Drittwirkung".

cc) "Soziale Macht"

Eine "unmittelbare Drittwirkung" der Grundrechte wird nämlich vor allem mit dem Vorhandensein "sozialer Macht" begründet, durch die der Einzelne gegenüber Privaten ähnlich hilflos werden könne wie durch staatliche Macht.[126] Durch das "Analogon"[127] soziale Macht wird die "unmittelbare Drittwirkung" zugleich begründet und begrenzt;[128] F. Gamillscheg spricht ausdrücklich von einer "*Analogie* der Anwendung der Grundrechte" in entsprechend strukturierten Rechtsbeziehungen Privater[129], und H. C. Nipperdey meint, es verlange "der Schutzzweck, daß die Grundsatznorm [das Grundrecht] uneingeschränkt *dort anwendbar* ist, wo es sich um das Verhältnis des einzelnen zu *sozialen Gewalten* handelt."[130] In diesem Satz von Nipperdey zeigt sich bereits der Widerspruch, an dem sowohl seine als auch Gamillschegs Begründung einer "unmittelbaren Drittwirkung" begrifflich scheitern müssen - ganz abgesehen von dem, was im vorigen Abschnitt über eine Vergleichbarkeit von Staat und sozialen Gewalten bemerkt wurde. Wenn Nipperdey die Grundrechte als "Grundsatznormen für die gesamte Rechtsordnung"[131] und Gamillscheg sie als "objektive Normen höchsten Ranges"[132] bezeichnet, verträgt es sich hiermit nicht, wenn die Grundrechte in Rechtsbezie-

---

[125] Ablehnend auch *R. Richardi* in: Münchener Handbuch zum Arbeitsrecht, Band 1, § 10, Rn. 9.

[126] *F. Gamillscheg*, AcP 164 (1964), S. 385 (407): "Der Begriff soziale Macht, soziale Gewalt ist der Schlüssel des Problems der Drittwirkung"; *H. C. Nipperdey* in: Die Grundrechte IV/2, S. 752 f.

[127] *F. Gamillscheg*, a. a. O., S. 407.

[128] *F. Gamillscheg*, a. a. O., S. 407 u. 413 ff.; *H. C. Nipperdey* in: Die Grundrechte IV/2, S. 754; letzterer erörtert auch die Zulässigkeit des freiwilligen "Grundrechtsverzichts" unter dem Stichwort der "Drittwirkung" der Grundrechte (a. a. O., S. 754 f.), vermengt aber ähnlich wie *Gamillscheg* mit dieser Problematik wieder das den Einzelinteressen vorgehende "Interesse aller" (i. S. v. "öffentlichem Interesse"), was, wie gezeigt, in dieser Einfachheit nicht akzeptiert werden kann; zum "Grundrechtsverzicht" s. Dritter Teil, IV. a. E.

[129] *F. Gamillscheg*, AcP 164 (1964), S. 385 (413; Hervorhebung durch den Verfasser); s. auch *dens.*, Die Grundrechte im Arbeitsrecht, S. 31: "Die rechtliche Brücke zwischen Staatsrichtung und Drittrichtung ist die *Analogie*"; ebenso läßt sich *W. Leisner*, Grundrechte und Privatrecht, S. 286, interpretieren, dem es um eine "direkte oder … mittelbare *Übertragung des Normgehalts* der Freiheitsrechte ins Privatrecht" zu tun ist (Hervorhebung durch den Verfasser).

[130] *H. C. Nipperdey* in: Die Grundrechte IV/2, S. 752 f. (erste Hervorhebung durch den Verfasser).

[131] *H. C. Nipperdey*, Grundrechte und Privatrecht, S. 14.

[132] *F. Gamillscheg*, AcP 164 (1964), S. 385 (413).

hungen Privater zueinander *analog* angewendet werden sollen. Denn ein Grundsatz im Sinne einer ranghöchsten Bestimmung bildet entweder die *Spitze* der Pyramide des aus ihm Abgeleiteten - dann kann man ihn nicht *analog* anwenden -, oder er ist kein *Grundsatz.* Das heißt: Entweder sind Private (aus welchen Gründen auch immer) *generell* - abstrakt - grundrechtsverpflichtet und das Kriterium der "sozialen Macht" dient lediglich zur näheren Bestimmung des *Inhalts* des jeweils streitbefangenen Rechtsverhältnisses - dann stünde die Lösung der entscheidenden Frage, nämlich der nach dem "Ob" einer Grundrechtsverpflichtung weiterhin aus, man hätte lediglich ein Kriterium für das "Wie (intensiv)" geliefert. Oder man wendet einige[133] Grundrechte in einigen Fällen analog an, womit sich zugleich das Eingeständnis verbindet, daß eine Analogie *erforderlich* ist, das (wegen der "*Grund*satzqualität" der Grundrechte unzulässigerweise) analog angewendete Grundrecht also Private *eigentlich* gerade *nicht* bindet.

Der angesprochene Widerspruch zeigt sich etwa auch bei F. Brecher[134], der das betriebliche Arbeitsverhältnis (als Paradebeispiel für "sozial vermachtete" Rechtsbeziehungen) und den nichtgewerblichen Einzelbarkauf einer Konsumware als zwei "Enden einer Typenreihe" ansieht und meint, bei letzterem sei im Unterschied zu ersterem "kein Raum für eine *direkte* Grundrechtswirkung".[135] Wenn man - wie hier im Hinblick auf "direkte" oder "indirekte" Grundrechtswirkungen gegenüber Privaten - das Vorhandensein einer Typen-*Reihe* annimmt, muß man auch angeben, was diese Reihe zusammenhalten soll; andernfalls hängt die Behauptung in der Luft. Eine Typenreihe ist die Entfaltung eines "konkret-allgemeinen Begriffs".[136] "Konkret-allgemein" bedeutet, daß die konkreten Bedeutungen und Ausgestaltungen eines scheinbar abstrakten Begriffs (z. B. "Vertrag", "Eigentum") stets mitgedacht werden, wenn man ihn verwendet.[137] Das Moment des Abstrakten (von den Besonderheiten der konkreten Ausgestaltungen Abstrahierten) ist im so gewonnenen (wirklichen) Begriff aber selbstverständlich "aufgehoben" (also weiterhin vorhanden, wenngleich als *nur* abstrakt untergegangen). Will man sich nicht in jedem einzelnen Fall aufs neue nach dem "Ob überhaupt" einer "Drittwir-

---

[133] Daß man nur "eine ganze Reihe von [Grundrechten]" (*H. C. Nipperdey*, Grundrechte und Privatrecht, S. 14) als für den Privatrechtsverkehr unmittelbar bindend anerkennen will, muß den Systematiker auf den ersten Blick ebenfalls bedenklich stimmen. Dieses Bedenken kann freilich nur dann konstruktiv (und so eventuell ausgeräumt) werden, wenn man sich darauf einläßt, dem Begriff "*Grund*-Recht" einmal wirklich auf den "Grund" zu gehen - dazu jedoch erst im Zweiten (und Dritten) Teil.

[134] FS Nipperdey, Band 2, S. 29 (41).

[135] A. a. O.

[136] *K. Larenz*, Über Gegenstand und Methode des völkischen Rechtsdenkens, S. 53; zum konkret-allgemeinen Begriff s. ferner *dens.*, Methodenlehre, 1. Aufl., S. 356 ff.; *dens.*, Methodenlehre, S. 457 ff., besonders S. 460 unten; *D. Leenen*, Typus und Rechtsfindung; kritisch neuerdings *J. Kokert*, Der Begriff des Typus bei Karl Larenz (1995).

[137] In Wahrheit ist jeder Begriff konkret, wie in der Einleitung deutlich geworden ist.

kung" fragen (lassen müssen), muß man das Vorhandensein gerade dieses abstrakten Moments (im wahrsten Wortsinn "ein für alle Mal") begründen. Und eben dies tut Brecher ebensowenig wie Gamillscheg und Nipperdey.[138] Daß die Befürworter einer "unmittelbaren Drittwirkung", ob ausdrücklich eingestanden oder nicht, die Grundrechte gegenüber Privaten analog anwenden wollen, bedeutet überdies, daß die "Wirkung" der Grundrechte in der "Drittrichtung" durch die mittels Analogie zu findende Norm *vermittelt* wird, weshalb solche "Wirkung" - wäre sie anzuerkennen - gar keine "unmittelbare", sondern ebenso wie nach der bekämpften Gegenmeinung nur eine *mittelbare* sein könnte.

Nicht überzeugen kann schließlich auch der in diesem Zusammenhang vorgebrachte Hinweis auf das Sozialstaatsprinzip, etwa wenn gesagt wird, das in Art. 2 Abs. 1 GG garantierte Recht auf freie Entfaltung der Persönlichkeit stoße an durch das Sozialstaatsprinzip als Bestandteil der "verfassungsmäßigen Ordnung" gezogene Grenzen.[139] Bei Zugrundelegung der herkömmlichen, die juristische Diskussion gewöhnlich bestimmenden Auffassung des Staates als (bloßem) Staats*apparat*[140] besagt das Sozialstaatsprinzip nicht mehr, als daß der Staat korrigierend in das "eigentlich" freie Spiel der gesellschaftlichen Kräfte einzugreifen hat. Damit läßt sich eine von vornherein bestehende Grundrechtsverpflichtung Privater gerade nicht begründen.

Mit dem Argumentations-Topos "soziale Macht" als solchem kann also ein Grundrechtsverständnis nicht begründet werden, wonach etwa Art. 5 Abs. 1 Satz 1 Alt. 1 GG so zu lesen wäre: "Jeder hat *gegenüber jedem anderen Bürger* das Recht, seine Meinung ... frei zu äußern und zu verbreiten"; genau das wäre aber - wie eben gezeigt - zur Gewinnung einer in sich zusammenhängenden und folgerichtigen Grundrechtsdogmatik notwendig. Demgegenüber hat

---

138 Über deren Auffassungen auch der ebenfalls eine "unmittelbare Drittwirkung" anerkennende *E. Steindorff*, Persönlichkeitsschutz im Zivilrecht, S. 12 f., nicht hinausgeht. - Unklar *Th. Maunz/R. Zippelius*, Deutsches Staatsrecht, § 19 I. 2., die vorschlagen, prinzipiell von einer unmittelbar verpflichtenden Wirkung der Grundrechte auch im Verhältnis der Bürger untereinander auszugehen, "aber" den Grundrechtsschutz dort zurückzuziehen, wo er angesichts privatautonomer Selbstbestimmung des Bürgers nicht vonnöten sei. Nicht überzeugend ist *R. Zippelius'* Versuch, eine "unmittelbar verpflichtende Wirkung der Grundrechte auch im Verhältnis der Bürger untereinander" mit dem Verweis auf die Menschenwürdegarantie (Art. 1 GG) zu begründen (Recht und Gerechtigkeit in der offenen Gesellschaft, S. 234 f., 240 f., 252 f.); die Formulierungen in Art. 1 Abs. 1 Satz 2 und Abs. 3 GG sprechen eher gegen seine These als dafür. - *J. Hagers* Argumente für eine "unmittelbare Wirkung der Grundrechte gegenüber rechtsgeschäftlichen Vereinbarungen" (JZ 1994, S. 373 ff.) setzen die Grundrechtsverpflichtung Privater bereits voraus, etwa wenn er meint, man könne § 138 BGB nicht "die Kraft beimessen ... , den guten Sitten einen Inhalt zu geben, der von dem verfassungsrechtlich garantierten Minimum zu Lasten des betroffenen Bürgers abwiche" (S. 377); daß ein solches Minimum "in der Horizontalen" *unmittelbar von der Verfassung selbst* garantiert wird, ist gerade zu zeigen. -

139 BAGE 1, S. 185 (193); *H. C. Nipperdey*, Grundrechte und Privatrecht, S. 8 f.; ebenso übrigens auch *G. Dürig*, FS Nawiasky, S. 157 (159 Fn. 3).

140 Hierzu und zur Notwendigkeit, diese Auffassung weiterzudenken, näher im Zweiten Teil.

die Verengung des Blickwinkels auf die Analogievoraussetzung "soziale Macht" teilweise zu einer gänzlichen Identifizierung der Frage nach einer möglichen Grundrechtsverpflichtung Privater mit jener Analogievoraussetzung geführt,[141] weshalb nicht wenige Autoren die Suche nach einem gangbaren Weg zur Begründung der "Drittwirkung" vorzeitig aufgegeben haben mögen.[142]

dd) Die Konstruktion der "unmittelbaren Drittwirkung"

Ebenso wie Begründungen von (grund)rechtstheoretischen Aussagen wie der, "die" bzw. "bestimmte" Grundrechte seien auch für Private "unmittelbar" verbindlich, auf ihr Gelingen oder Scheitern hin untersucht werden können, läßt sich auch die dogmatische *Konstruktion*, mit der eine solche Aussage veranschaulicht und gedanklich handhabbar gemacht werden soll, auf Stimmigkeit überprüfen.

(1) H. C. Nipperdey

Mit dem Fehlschlagen der Begründung einer Grundrechtsverpflichtung Privater geht bei H. C. Nipperdey einher, daß auch die von ihm vorgestellte Konstruktion einer "Dritt-" oder, wie er auch formuliert,[143] "absoluten Wirkung" der Grundrechte einem ernsthaften Belastungsversuch nicht standhält.

Da die von Nipperdey postulierte "Wirkung" der Grundrechte gegenüber Privaten - wie im vorigen Abschnitt gezeigt - eigentlich auf einem Analogieschluß beruht, ist seine Annahme folgerichtig, die Grundrechte seien in erster Linie "echte (klassische) Grundrechte", nämlich "subjektive öffentliche Rechte des einzelnen gegenüber dem Staat".[144] "Grundrecht" bedeute daneben aber auch "die im Grundgesetz enthaltene Verfassungsbestimmung", was es als "nicht unrichtig" erscheinen lasse, "von der absoluten Wirkung von 'Grundrechten' zu sprechen".[145] Nimmt man diese Differenzierung normlogisch als

---

[141] Etwa bei *H. Bethge*, Zur Problematik von Grundrechtskollisionen, S. 396.

[142] S. etwa *H. Bethge*, Zur Problematik von Grundrechtskollisionen, S. 256 ff., der von der als "Gemeinplatz" bezeichneten allgemeinen Einsicht, daß die "Freiheit des einen ihre Grenze an der Freiheit des anderen habe", in das "Problem von Grundrechtskollisionen" gleichsam "springt", ohne zuvor Private für grundrechtsverpflichtet erklärt zu haben; damit bleibt der "Gemeinplatz" irgendwo im Luftraum über dem Boden der Verfassung schweben, und eine Verbindung zur "Problematik von Grundrechtskollisionen" wird nicht hergestellt: Ohne einen normativen Drang der Grundrechte verschiedener Privater *gegeneinander* kann es nicht zu *Kollisionen* kommen.

[143] FS Molitor, S. 17 (24 und öfter).

[144] *H. C. Nipperdey*, Grundrechte und Privatrecht, S. 13.

[145] *H. C. Nipperdey* in: Die Grundrechte IV/2, S. 747 Fn. 24.

Unterscheidung von Geltungsanordnung und Inhalt, ist nicht ersichtlich, wie die von ihrem ursprünglichen Inhalt getrennte Geltungsanordnung weiteren normativen Inhalt hervorbringen soll.[146] Die Geltungsanordnung als solche kann dies selbstverständlich nicht. Nipperdey verwandelt die Geltungsanordnungen deshalb auch kurzerhand in "Ordnungssätze" oder "objektive Normen für die gesamte Rechtsordnung", die auch den Privatrechtsverkehr unmittelbar bänden.[147] So versucht er sich mit dem jeweils einzelnen Grundrecht in dieselbe nur scheinbar schützende Bucht zu retten, an deren Untiefen auch die Lehre von der nur "mittelbaren Drittwirkung" mit ihrer "objektiven Wertordnung" Schiffbruch erleiden mußte: Beide geben nicht an, wie das von der subjektiven Qualität der Grundrechte verschiedene "Objektive" zu denken und wo es im letzten Grunde herzunehmen ist.[148]

(2) A. Bleckmann

A. Bleckmann, der sich bereits als entschiedener Gegner einer "unmittelbaren Drittwirkung" der Grundrechte vorgestellt hat,[149] macht sich gleichwohl für gewisse Fallkonstellationen zu ihrem ebenso vehementen Fürsprecher. Bleckmann meint nämlich, man werde "von einer auch unmittelbaren Drittwirkung der Grundrechte dann ausgehen müssen, wenn dies zu ihrem Schutz dringend erforderlich" sei, "selbst eine weite Auslegung des bürgerlichen Rechts aber einen solchen Schutz nicht" gestatte.[150]

Die konstruktiven Klippen, an denen Nipperdeys Ansatz scheitern mußte, meidet Bleckmann, für den im Unterschied zu Nipperdey "die Drittwirkung sogar die Primärfunktion der Grundrechte darstellt".[151] Danach wären Private "grundsätzlich" Adressaten der Grundrechte, und man müßte nunmehr "durch Rückgriff auf die Verfassung beweisen, daß im Verhältnis zwischen den Privatleuten [dort, wo einfachgesetzliche Regelungen existieren,] diese unmittelbare Wirkung der Grundrechte auf eine nur mittelbare Wirkung zurückgestuft wird."[152]

Daß Bleckmann die "Primärfunktion" der Grundrechte mit bereits verworfenen[153] historischen Argumenten sowie mit der absoluten Fassung der

---

[146] Sehr kritisch insoweit auch *F. Eckhold-Schmidt*, Legitimation durch Begründung, S. 89.

[147] *H. C. Nipperdey*, FS Molitor, S. 17 (23).

[148] Daß Nipperdeys "Ordnungssätze" und die "objektive Wertordnung" einander wesentlich entsprechen, sieht auch *E. Grabitz*, Freiheit und Verfassungsrecht, S. 49.

[149] S. oben a) bb) (3).

[150] *A. Bleckmann*, DVBl. 1988, S. 938 (943).

[151] *A. Bleckmann*, a. a. O., S. 942.

[152] *A. Bleckmann*, a. a. O.; zu seinem Versuch eines solchen Beweises s. oben a) bb) (3); *Bleckmann* folgend *H.-G. Suelmann*, Die Horizontalwirkung des Art. 3 II GG, S. 113 f.

[153] S. oben b) aa).

Grundrechtsbestimmungen begründet,[154] was - wie eingangs der Darstellung der Lehre von der "unmittelbaren Drittwirkung" schon angeklungen ist - ebenfalls nicht akzeptiert werden kann,[155] ändert nichts an der rein "technischen" Tauglichkeit der Konstruktion für eine Theorie, die von der Grundrechtsverpflichtung Privater ausgeht und vor dem "Problem" steht, daß zumeist - aber eben nicht immer - schon einfache Gesetze vorhanden sind, die die Konflikte zwischen Privaten regeln. Nur müßte klarer als bei Bleckmann[156] an der formalen Grundrechts*verpflichtung* Privater auch dort festgehalten werden, wo die Grundrechts*wirkung* durch das einfache Recht vermittelt wird. Denn sonst wäre jeweils zu fragen, *was* denn durch das eine Grundrechtsverpflichtung gerade *ausschließende* einfache Recht eigentlich vermittelt werden soll, oder anders ausgedrückt: woher die *Maßstäbe* für die die "Grundrechtsinhalte" vermittelnde Auslegung des einfachen Rechts kommen sollen.

Da aber eine bloße, theoretisch nicht sicher gegründete Konstruktion zur Lösung der "Drittwirkungsfrage" nicht hinreicht, muß die Suche nach ihrer vollständigen und damit erst adäquaten Beantwortung weitergehen.

2. Liberale Grundrechtstheorie

Eine sich als liberal verstehende Lehre lehnt die Annahme einer "objektiven Wertordnung" wie von der herrschenden Meinung vorgestellt zutreffend ab, wozu man sich allerdings wie z. B. B. Schlink eher auf Erkenntnisse von Entscheidungs- und Spieltheorie sowie normativer Wirtschaftswissenschaft als auf das hier gefundene Ergebnis begreifenden Denkens stützt[157]. Als einzige Funktion der Grundrechte verbleibt damit diejenige, "staatliche Eingriffe von den grundrechtlich geschützten Freiheitsbereichen abzuwehren und dem Staat, der dem Freiheitsgebrauch der Bürger Schranken zieht, Maßstäbe vorzugeben."[158] Ein solches Grundrechtsverständnis führt notwendig zum sogenannten "Eingriffs- und Schrankendenken" als (allein) maßgeblicher grundrechtsdogmatischer Denkkategorie. In der Konsequenz dieser Auffassung liegt es

---

[154] *A. Bleckmann*, a. a. O., S. 940 ff.

[155] Auch *W. Leisner*, Grundrechte und Privatrecht, S. 287, der an der argumentativen "Ausbeutung" des absolut gefaßten Wortlauts der Grundrechte eigentlich ein Interesse haben müßte, meint: "Mit rein textlichen Argumenten läßt sich ... eine Entscheidung nicht treffen."

[156] S. die terminologisch uneinheitlichen und damit stets zumindest mehrdeutigen Formulierungen in Staatsrecht II - Die Grundrechte, S. 189 f.

[157] *B. Schlink*, EuGRZ 1984, S. 457 (462).

[158] *B. Schlink*, a. a. O., S. 457.

auch, eine Prüfungsstufe der "Verhältnismäßigkeit im engeren Sinne" abzu-lehnen,[159] bei der die widerstreitenden Interessen ja insbesondere auch an-hand ihrer "Wertigkeit" gegeneinander abgewogen werden.[160]

Als eigenen[161] Beitrag zur Beantwortung der "Drittwirkungs"-Frage bietet die liberale Theorie die Übertragung des grundrechtlichen Eingriffs- und Schrankendenkens auf den Bürger-Bürger-Konflikt an.[162] In diesem Angebot liegt allerdings gleichsam die logische Selbst-Exekution der liberalen Grund-rechtstheorie. Denn wenn die Grundrechte als solche nur Abwehrrechte ge-genüber dem Staat sind, müßte doch begründet werden, warum sie auf einmal einem Bürger die Verfolgung eines bestimmten Zwecks gegenüber einem an-deren Bürger verbieten können sollen, wie B. Schlink meint.[163] Solche Be-gründung sucht man allerdings vergebens. Es wird auch nicht besser, wenn H. H. Klein eine "analoge Anwendung des den Grundrechten zugrundeliegen-den Rechtsgedankens"[164] vorschlägt. Abgesehen davon, daß dieser Vorschlag methodisch fragwürdig ist (*analoge* Anwendung eines *Rechtsgedankens*), ist der Weg zu einer Analogie - die angesichts des *Grund*-Rechtscharakters der fraglichen Verfassungsbestimmungen ohnehin mehr als zweifelhaft wäre[165] - schon aufgrund der eigenen Prämisse versperrt, der Verfassungsgesetzgeber habe Art. 1 Abs. 3 GG abschließend gemeint.[166]

Auch die liberale Grundrechtstheorie liefert demnach kein Modell für kon-sistentes grundrechtliches Denken.

---

[159] *B. Schlink*, a. a. O., S. 461.

[160] S. dazu etwa *C. Degenhart*, Staatsrecht I, Rn. 331.

[161] *B. Schlink*, a. a. O., S. 464) hält außerdem noch den sogleich (unter 3.) zu behandelnden Lösungsweg *J. Schwabes* für gangbar.

[162] *B. Schlink*, Abwägung im Verfassungsrecht, S. 216; *ders.*, EuGRZ 1984, S. 457 (464); ebenso der Sache nach *E.-W. Böckenförde*, Der Staat 29 (1990), S. 1 (28 f.), der die "substan-tiellen Rechtsgehalte", von denen jede Rechtsordnung lebe, im Verhältnis Privater zueinander zwar "nicht als Grundrechtskonkretisierung mit Verfassungsrang, sondern als Grundsätze von Teilrechtsordnungen" verwirklicht sehen will, in denen sich "sach- und problembezogen *mate-rialer Grundrechtsgehalt* und Menschenwürdebezug" ausforme (Hervorhebung durch den Ver-fasser). Wenn aber der "materiale Grundrechtsgehalt" im Bürger-Bürger-Verhältnis "ausge-formt" wird, ist das sachlich nichts anderes als die *Anwendung* des betreffenden Grundrechts. Wenn dies nicht eingestanden wird, droht der Vorwurf eines Rückgriffs auf "Naturrecht", was in der heute tonangebenden Staatsrechtslehre als eine Art "Todsünde" gilt. Unklar *ders.* in: Zur Lage der Grundrechtsdogmatik, S. 36, wo von "unmittelbarer materiellrechtlicher Drittwirkung" die Rede ist, was wohl bedeutet, daß *Böckenförde* eine *formelle* Grundrechtsverpflichtung Priva-ter nicht anerkennt.

[163] *B. Schlink*, Abwägung im Verfassungsrecht, S. 216.

[164] *H. H. Klein*, Die Grundrechte im demokratischen Staat, S. 60.

[165] S. oben 1. b) cc).

[166] So nämlich auch *H. H. Klein*, Die Grundrechte im demokratischen Staat, S. 59 f.

3. Problemlösung ohne "Drittwirkung"?

Verneint wird die Existenz eines grundrechtsdogmatisch eigenständigen "Drittwirkungs"-Problems von J. Schwabe. Seiner Ansicht nach ist die "Drittwirkung" der Grundrechte lediglich eine unselbständige Folge der Grundrechtsbindung des Staates. Zur Begründung verweist Schwabe darauf, daß die von Privaten zu duldenden Freiheitsbeschränkungen durch andere Private stets staatlich sanktioniert seien, und so sieht er auch solche Beschränkungen wesentlich "von der staatlichen Rechtsmacht herrühren"[167]. "Im Rechtsstaat erhält der von Privaten ausgelöste und beschwerende, weil zu duldende Eingriff seine Bedeutung daher, daß er von der Rechtsordnung getragen ist - und also notfalls von der staatlichen Vollstreckungsgewalt durchgesetzt wird."[168]

Hieran muß nicht nur die Gleichsetzung von "beschwerend" und "zu dulden" befremden (Sind nicht zu duldende, aber gleichwohl stattfindende Eingriffe nicht beschwerend?). Sondern: Die *entscheidende Frage*, die sich die "Drittwirkungs"-Theoretiker stellen, ist gerade die, *was* der eine Private vom anderen zu erdulden *hat*; oder, anders ausgedrückt, ob die Grundrechte eine Rolle bei der Ermittlung dessen spielen, was der Staat *nicht* mehr sanktionieren und was er *nicht* mehr durchsetzen darf, und wenn ja, wie diese Rolle beschaffen ist.[169] *Wenn* der Staat sanktionieren und durchsetzen darf, also in genau den Fällen, auf die Schwabe entscheidend abhebt, kann er die Grundrechte des "verlierenden" Privaten von vornherein nicht verletzen;[170] so kommt es nach Schwabes Ansatz niemals zu der grundrechtlichen Kontrolle staatlichen Verhaltens, die ein dogmatisches "Drittwirkungs"-Problem angeblich gar nicht entstehen läßt.

Man könnte die Auseinandersetzung mit Schwabes Ansicht hier beenden.[171] Sie verdient aber deshalb eingehendere Betrachtung, weil sich in ihr ein Problem zeigt, das für eine Theorie grundrechtlicher Freiheitsverbürgungen ent-

---

167 *J. Schwabe*, Die sogenannte Drittwirkung der Grundrechte, S. 26; Zustimmung findet *Schwabes* Ansicht etwa bei *W. Rüfner*, HbStR V, § 117, Rn. 59; *C. Steinbeiß-Winkelmann*, Grundrechtliche Freiheit und staatliche Freiheitsordnung, S. 156 ff. - Der Grundgedanke dieser Auffassung findet sich, allerdings ohne den *Schwabe*schen Erklärungsanspruch, schon bei *H. Kelsen*, Reine Rechtslehre, S. 82: "*Durch das Gesetz delegiert*, setzen die Parteien für ihr gegenseitiges Verhalten konkrete Normen, Normen, die ein gegenseitiges Verhalten statuieren und deren Verletzung erst den von dem richterlichen Urteil festzustellenden Tatbestand bildet, an den in diesem Urteil die Unrechtsfolge der Exekution geknüpft wird" (Hervorhebung durch den Verfasser).

168 *J. Schwabe*, Die sogenannte Drittwirkung der Grundrechte, S. 16 f.

169 Kritisch gegenüber *Schwabe* deshalb auch *A. Bleckmann*, DVBl. 1988, S. 938 (939 f.).

170 Worauf auch *R. Eckhoff*, Der Grundrechtseingriff, S. 296, zutreffend hinweist.

171 Und sich etwa *G. Dürig* in: *T. Maunz/G. Dürig*, GG, Art. 3, Rn. 506, darin anschließen, daß *Schwabes* theoriebildende Grundthese einen "Gemeinplatz" darstelle, der die "Schneidigkeit", mit der er die bisherigen "Drittwirkungs"-Lehren abblitze, kaum rechtfertige.

scheidend ist und das diese deshalb lösen muß: das Problem der begrifflichen Erfassung von Freiheit.

Freiheit wird nach Schwabe einerseits durch Rechtsimperative, d. h. durch Gebote und Verbote beschränkt, anderseits durch Erlaubnisse an Bürger, etwas zu tun, was die Freiheit anderer Bürger beschneidet.[172] Zu den freiheitsbeschränkenden Erlaubnissen rechnet Schwabe auch das Notwehrrecht.[173] Wenn aber für jedes gefährdende bzw. verletzende Verhalten gegenüber einem anderen, selbst für die Notwehrhandlung, eine einfachrechtliche Erlaubnisnorm erforderlich ist, hebt sich dieses Erfordernis selbst auf: Auch der durch Notwehr abgewehrte Angriff bedürfte einer solchen Erlaubnisnorm. Da es aber ein Gesetz, das etwa den Mordversuch erlaubte, nicht gibt, würde sich die Notwehr gegen etwas von vornherein gar nicht Erlaubtes richten und könnte deshalb grundrechtlich geschützte Freiheit gar nicht einschränken. Gleiches hätte für die entsprechenden Verbote (also etwa die gemeinhin als Verbotsnormen aufgefaßten §§ 211, 212 StGB) zu gelten, die Handlungen "verböten", für die gar keine Eingriffserlaubnis erteilt worden ist. Man käme dazu, daß alle einfachrechtlichen Normen, die im Verhältnis Privater zueinander Ge- oder Verbote aussprechen bzw. Eingriffe erlauben, lediglich deklaratorisch sind. Damit wären alle entsprechenden Fragen, wenn man sich nicht außerhalb des positiven Rechts begeben will, bereits auf Grundrechtsebene entschieden, was das genaue Gegenteil von Schwabes Ansatz bedeutete.

Eine offene Flanke zeigt Schwabe auch, wenn er der herrschenden Meinung vorhält, ihre grundrechtsdogmatische Unterscheidung zwischen öffentlichem (="unmittelbare" Grundrechtswirkung [gegenüber dem Staat]) und privatem Recht (="mittelbare" Grundrechtswirkung [gegenüber Privaten als "Dritten"]) sei undurchführbar; da schon die "Rechtsimperative" selbst als "Primärnormen" - im Unterschied zu den die Reaktion auf eine Nichtbefolgung dieser Normen festlegenden "Sekundärnormen" - bürgerliche Freiheit beschränkten, jene Rechtsimperative sich aber in dem schlichten und undifferenzierten "Du sollst (nicht)" erschöpften, sei eine Zuordnung der Freiheitsbeschränkungen zu den Kategorien "öffentliches" und "Privatrecht" nicht möglich.[174]

Auch wenn Schwabe mit diesem Vorhalt an einen beachtenswerten Punkt[175] rührt, ist doch nicht recht klar, was er daraus für die eigene Ansicht ableiten will. Abgesehen davon, daß er mit den Begriffen "Primär-" und "Sekundär-

---

[172] *J. Schwabe*, Die sogenannte Drittwirkung der Grundrechte, S. 28.

[173] *J. Schwabe*, Die sogenannte Drittwirkung der Grundrechte, S. 41.

[174] *J. Schwabe*, Die sogenannte Drittwirkung der Grundrechte, S. 30 f.; *ders.*, DVBl. 1971, S. 689 (690); *ders.*, AöR 100 (1975), S. 442 (443 f.); *ders.*, AcP 185 (1985), S. 1 f.

[175] S. dazu den Dritten Teil unter V.

norm" nicht konsistent argumentiert,[176] deutet die von Schwabe gesehene "absolute Identität der grundrechtlichen Argumentation in öffentlich-rechtlichen Streitigkeiten ... und im selben Streitfall auf der Ebene des Privatrechts"[177] gerade darauf hin, daß in den klassischen "Drittwirkungs"-Fällen in Wahrheit nicht das Verhältnis des Bürgers zum Staat, sondern das Verhältnis der Bürger zueinander, sei es nun in straf-, verwaltungs- oder privatrechtlicher Einkleidung, das Grund-Verhältnis ist, das die "grundrechtliche Argumentation" bestimmt.[178]

Schwabe hingegen sieht auch die Primärnorm "Du sollst mir ein Auto liefern" als staatlich gesetzt an und ist sicher, daß dieser Leistungsbefehl an den Schuldner "nicht auf irgendeine Weise von der Privatautonomie herrührt".[179] Damit gerät er aber - immer vor dem Hintergrund der im Ansatz und "so weit wie möglich" positivistischen Staats- und Rechtsauffassung der herrschenden Staatsrechtslehre, deren Boden er keineswegs verläßt - in unüberwindliche demokratietheoretische Schwierigkeiten. Denn immerhin geht alle Staatsgewalt *vom Volk* aus (Art. 20 Abs. 2 Satz 1 GG). Der Staat als Apparat wird von den Einzelnen geschaffen. Diese setzen direkt - bei Volksbegehren und Volksentscheid - oder durch Repräsentanten das staatliche Recht. Damit ist nicht zu vereinbaren, daß sie nicht die rechtliche Macht haben sollen, in Verträgen Primärnormen zu setzen. Der Staats-Vertrag "Verfassung" ist ja - wenn man innerhalb der herrschenden Staatsrechtslehre konsequent bleibt[180] - auch nicht mehr als ein Vertrag zwischen den Einzelnen.[181] Es ist undenkbar, daß der Staat die Privatautonomie erst schafft, wenn er selbst ihr Produkt ist.[182] Schwabes "Primärnorm" ist bei *vertraglicher* Verpflichtung demnach von Privaten gesetzt; nur die Sekundärnorm ist staatlich oder: Nur die Durchsetzung erfolgt durch den Staat.[183] Ferner: Die sich im Rahmen der ihr selbst gesetzten Grenzen haltende Durchsetzung - und nur sie interessiert hier - kann ein Grundrecht von vornherein *nur dann verletzen*, wenn die *Primärnorm* unrechtlich ist. Es kommt folglich doch ausschließlich auf das an, was die *Bürger* als *Inhalt* dessen setzen, was sich durch Unterzeichnung einer Urkunde,

---

[176] So sieht er etwa (in: DVBl. 1973, S. 788) die Sanktionsnorm "Du sollst wegen einer von dir begangenen Persönlichkeitsverletzung Schadensersatz leisten" als "Primärnorm" an.

[177] *J. Schwabe*, DVBl. 1971, S. 689 (690).

[178] Ähnlich schon *W. Leisner*, Grundrechte und Privatrecht, S. 369.

[179] *J. Schwabe*, Die sogenannte Drittwirkung der Grundrechte, S. 20.

[180] Dazu noch näher im Zweiten Teil unter I. 2. a).

[181] Dies hat in der jüngsten Zeit am prägnantesten *G. Haverkate*, Verfassungslehre, S. 34, (neu)formuliert: "Der Staat ist ein Kunstwerk - eine 'Erfindung'. Man kann einen Staat schaffen, originär, gegen alle Tradition."; *C.-W. Canaris*, JZ 1987, S. 993 (994), sieht eine "enge Verbindung [der Privatautonomie] zum *Demokratieprinzip*"; das Bestehen einer "Zuständigkeitsvermutung ... zugunsten des Individuums" betont *T. Ramm*, JZ 1991, S. 1 (5).

[182] Dazu, wie (und wohin) dies weiterzudenken ist, im Zweiten Teil unter I. 2.

[183] Das wird *Schwabe* regelmäßig entgegengehalten, s. etwa *W. Höfling*, Vertragsfreiheit, S. 51; *J. Pietzcker*, FS Dürig, S. 345 (349).

Handschlag oder schlichtes "Ja" als "Vertrag" darstellt, bzw. unter welchen *Umständen* und aus welchen *Motiven* heraus sie dies tun. Nur wenn auch der Bürger im Rechtsverkehr unter seinesgleichen grundrechtsverpflichtet ist, läßt sich demnach in "bürgerlichen" Rechtsbeziehungen grundrechtlich argumentieren.

Mit Blick auf den Deliktsbereich, namentlich die sogenannten (quasi)negatorischen Unterlassungsansprüche[184], meint Schwabe, "auch wenn ein Abwehrrecht eines Privaten ... nach Maßgabe der Grundrechte zu knapp ausgestaltet wäre", dürfe das "die Erkenntnis nicht hindern, daß das Nicht-Abwehrbare in Wahrheit erlaubt" sei, "folglich im Prinzip das Grundrecht stets dann gegen den Staat effektiv werden" könne, "wenn das grundrechtlich abgesicherte Schutzgut gegen staatlich erlaubte Beeinträchtigungen durch Dritte nicht verteidigt werden" könne.[185] Nun gibt es selbstverständlich Lebensbereiche, die der Gesetzgeber bereits in mehr oder weniger großem Umfang "durchordnet" hat, in denen tatsächlich - wiederum mehr oder weniger - genau festgelegt ist, was der Einzelne gegenüber seinem Mitbürger tun darf und was nicht. Aber man braucht nur an den einleitend erwähnten "Gentechnik-Beschluß" des VGH Kassel[186] zu denken und sich klar zu machen, daß das Problem der Gentechnik bzw. des Erlaubtseins ihrer Anwendung im Verhältnis zu den potentiell Gefährdeten beispielhaft für diejenigen Probleme steht, die der sich immer stärker beschleunigende technische Fortschritt uns in immer schärferer Form aufgeben wird, um zu sehen, daß Schwabes Auffassung einen entscheidenden "Haken" hat: Wenn der Gesetzgeber von der (insbesondere technischen) Entwicklung überholt worden ist, hat er in einer bestimmten (und irgendwann für eine zu treffende gerichtliche Entscheidung relevanten) Frage weder etwas erlaubt noch etwas verboten. Er ist einfach nur untätig geblieben. Durch Nichtverbieten greift der Staat aber nicht selbst ein.[187] Zurechnen kann man ihm das Verhalten eines Privaten nur dann, wenn man sämtliche (Freiheits-)Rechte der Bürger als vom Staat abgeleitet auffaßt. Daß dies bei Zugrundelegung der herrschenden Auffassung vom Staat nicht angeht (es sei denn, man griffe etwa auf "Naturrecht" oder ähnliches zurück, was aber von all denen, deren Ansichten im Ersten Teil kritisiert werden, entschieden zurückgewiesen werden würde), wurde bereits bei der Behandlung

---

[184] S. dazu etwa *D. Medicus*, Schuldrecht II, § 153 I., II.

[185] *J. Schwabe*, Probleme der Grundrechtsdogmatik, S. 213; ebenso *D. Murswiek*, Die staatliche Verantwortung für die Risiken der Technik, S. 92.

[186] NJW 1990, S. 336 ff.

[187] Auch aus der Perspektive des "Angreifers" läßt sich nicht etwa argumentieren, § 823 Abs. 1 oder Abs. 2 Satz 1 BGB stellten "Eingriffe" in seine "Freiheit" dar (selbst wenn man diese völlig formal und damit inhaltsleer versteht): Es geht ja gerade darum, *ob* ihm etwa ein Grundrecht als "sonstiges Recht" oder als "Schutzgesetz" entgegentritt.

des Problemkreises "(staatlich oder vertraglich gesetzte) Primärnorm und Privatautonomie" bemerkt.

Um also in dem angesprochenen Ausschnitt des Deliktsbereichs gegenüber dem Staat mit Grundrechten argumentieren zu können, müßte man zeigen, daß diese über die Errichtung eines rechtlichen Schutzschilds gegen den Staat hinaus diesem zusätzlich auch Schutzpflichten zugunsten potentiell gefährdeter Bürger auferlegen.[188] Die Schutzpflicht-Problematik wird erst unter II. näher erörtert. Hier ist aber bereits hinreichend deutlich geworden, daß Schwabes Versuch, die Begründung für eine "Drittwirkung" der Grundrechte "wesentlich zu vereinfachen"[189], kaum zu wirklicher Klärung beigetragen hat.[190]

4. "Drei-Ebenen-Modell"

R. Alexy hat gegenüber den beiden eigentlichen "Drittwirkungs"-Lehren[191] und der Ansicht J. Schwabes geltend gemacht, "daß jede der drei Konstruktionen einige Aspekte der für Drittwirkungsfälle kennzeichnenden komplizierten rechtlichen Relationen treffend" hervorhebe "und erst dadurch inadäquat" werde, "daß sie die von ihr erfaßten Aspekte für die vollständige Lösung" halte. Eine adäquate Lösung könne nur ein Modell bieten, das *alle* diese Aspekte erfasse.[192]

Alexy unterscheidet drei Ebenen, auf denen sich seiner Ansicht nach die "Drittwirkung" konstruktiv zu vollziehen hat, nämlich "die der Pflichten des Staates, die der Rechte gegenüber dem Staat und die der rechtlichen Relationen zwischen Privatrechtssubjekten".[193]

---

[188] Zutreffend gegen *Schwabe* auch *R. Alexy*, Theorie der Grundrechte, S. 417: "Damit aber ist die *Pflicht*, ... Eingriffe zu unterbinden, der konstruktive Angelpunkt"; ebenso *R. Eckhoff*, Der Grundrechtseingriff, S. 295.

[189] *J. Schwabe*, Die sogenannte Drittwirkung der Grundrechte, S. 9.

[190] I. E. ebenso *F. Eckhold-Schmidt*, Legitimation durch Begründung, S. 78 ff. Seine Kritik an *Schwabe* ist teils berechtigt - so wenn er ihm vorhält, daß er dem Staat Ungleichbehandlungen unter Privaten anders als Freiheitsbeeinträchtigungen nicht zurechnen wolle, da der Staat erstere lediglich "in Kauf nehme", obwohl doch beides gleichermaßen im Belieben des Einzelnen stehe (S. 79 gegen *J. Schwabe*, Die sogenannte Drittwirkung der Grundrechte, S. 149) -, teils unberechtigt - etwa wenn er *Schwabe* einen Zirkelschluß darin nachweisen zu können glaubt, daß dieser seine Auffassung mit der Grundvoraussetzung einer ausschließlichen Staatsgerichtetheit der Grundrechte begründe; denn den Wortlaut des Art. 1 Abs. 3 GG als Ausgangsbasis (aber eben auch *nur* als solche) der Argumentation zu nehmen, ist methodisch durchaus korrekt; insgesamt geht *Eckhold-Schmidts* Kritik trotz ihrer Ausführlichkeit über das vorstehend im Text Vorgetragene nicht hinaus.

[191] S. oben 1. a) und b).

[192] *R. Alexy*, Theorie der Grundrechte, S. 485.

[193] A. a. O.

Auf der ersten Ebene sieht Alexy die Theorie der "mittelbaren Drittwirkung" angesiedelt; daß die Grundrechtsnormen als objektive Prinzipien oder objektive Wertordnung für alle Bereiche des Rechts gälten, schließe ein, daß der Staat verpflichtet sei, sie sowohl bei der Zivilgesetzgebung als auch bei der Zivilrechtsprechung zu beachten.[194] Wie gezeigt,[195] ist hiermit allerdings lediglich eine Paraphrase des Art. 1 Abs. 3 GG erreicht.

Die zweite Ebene wird von einer "explizit *rechtsprechungsbezogene[n]* Konstruktion"[196] besetzt. Man erhält diese laut Alexy dadurch, daß "man ein Recht des Bürgers gegenüber dem Zivilgericht darauf annimmt, daß dieses dem grundrechtlichen Prinzip, das für die vom Bürger geltend gemachte Position spricht, im gebotenen Maße Rechnung trägt";[197] dieses "Rechnung-Tragen" könne sowohl in Zurückhaltung bei der Erteilung von richterlichen Verhaltensanweisungen ("Leistungsbefehlen") als auch in der Gewährung von Schutz gegenüber beeinträchtigenden privaten Handlungen bestehen.[198]

Hier wird erstens, ähnlich wie dies auch bei J. Schwabe[199] zu beobachten ist, der Sinn von Rechtsprechung verkannt. Wie Schwabe sieht auch Alexy im verurteilenden Spruch des Zivilrichters einen Eingriff in die grundrechtliche Freiheit des Verurteilten. Der Sinn des Urteils ist aber der, daß lediglich *festgestellt* wird, was rechtens *ist*, welchen *Inhalt* also, oder, wenn man es lieber so formulieren will, welche *Grenze* die (jeweilige) grundrechtliche Freiheit hat.[200] Auf der Grundlage dieser Feststellung, die im Leistungsbefehl immer mitgedacht ist (das Urteil, das eine Leistungsklage abweist und so vielleicht grundrechtlichen Schutz versagt, ist ohnehin stets Feststellungsurteil[201]), befiehlt der Richter dem Verurteilten, etwas zu tun (oder zu unterlassen). Darin liegt ein wesentlicher Unterschied zu einem Befehl der Exekutive oder des Gesetzgebers, dessen Sinn in aller Regel gerade nicht darin besteht, einen rechtlichen status quo *festzustellen*, sondern ihn - in den fraglichen Fällen zum Nachteil des (einen) Bürgers - zu *verändern*.

Mehr noch als durch dieses Mißverständnis von "Rechtsprechung" wird Alexys "Drei-Ebenen-Modell" auch auf der zweiten Ebene dadurch fragwürdig, daß das "grundrechtliche Prinzip", dem die Rechtsprechung hier Rechnung zu tragen habe, sachlich der "objektiven Wertordnung" entspricht.[202]

---

[194] *R. Alexy*, a. a. O.

[195] Unter 1. a) cc) (5).

[196] *R. Alexy*, Theorie der Grundrechte, S. 488.

[197] A. a. O.

[198] A. a. O., S. 487 f.

[199] S. etwa *J. Schwabe*, AöR 100 (1975), S. 442 (443 ff.).

[200] Zutreffend insoweit *G. Lübbe-Wolff*, Die Grundrechte als Eingriffsabwehrrechte, S. 172; s. zur Rechtsprechung aber auch den Dritten Teil unter II. und unter IV.

[201] *O. Jauernig*, Zivilprozeßrecht, § 59 III.

[202] *Alexy* setzt beides ausdrücklich gleich, s. Theorie der Grundrechte, S. 485.

Damit lautet die auf der zweiten Ebene getroffene Aussage eigentlich schlicht: "Der Bürger hat gegenüber der Rechtsprechung ein Recht darauf, daß diese seine Grundrechte achtet." Damit ist man über den Wortlaut des Art. 1 Abs. 3 GG immer noch nicht hinaus, für eine Klärung der "Drittwirkungs"-Frage ist weiterhin nichts gewonnen.

Auf der dritten Ebene sieht Alexy schließlich eine "unmittelbare Dritt-wirkung" angesiedelt. Sie besteht nach ihm "darin, daß aus grundrechtlichen Gründen bestimmte Rechte und Nicht-Rechte, Freiheiten und Nicht-Freihei-ten, Kompetenzen und Nicht-Kompetenzen in der Bürger/Bürger-Relation be-stehen, die ohne diese Gründe nicht bestehen würden." Alexy fährt fort: "Be-stimmt man den Begriff der unmittelbaren Drittwirkung auf diese Weise, so folgt sowohl aus der Theorie der mittelbaren als auch aus der der durch den Staat vermittelten Drittwirkung eine unmittelbare Drittwirkung."[203] Aller-dings müßte auch hier zunächst erklärt werden, was "grundrechtliche Gründe" eigentlich *sind*. Und daß aus den beiden im zweiten Satz genannten Theorien nicht mehr folgt, als bereits in Art. 1 Abs. 3 GG zu lesen steht, sollte bereits hinreichend deutlich geworden sein.

K. Stern liegt deshalb wohl im Ergebnis nicht ganz falsch mit seiner Ein-schätzung, wirkliche Unterschiede zu den herkömmlichen Auffassungen seien in Alexys Modell "schwer zu erkennen".[204]

II. "Schutz durch Eingriff"

Fälle, in denen man versucht sein kann zu fragen, ob neben dem Staat auch Private grundrechtsverpflichtet sind, werden in Teilen der Literatur seit eini-ger Zeit in einer dogmatischen Konstruktion erfaßt, die derjenigen Schwabes insofern vergleichbar ist, als sie jede "Drittwirkung" in dem (eigentlichen) Sinn, daß die Grundrechte im Verhältnis der Einzelnen zueinander mehr "zu sagen haben", als den einfachen Gesetzen als solchen entnommen werden kann, leugnet bzw., wenn sie konsequent bleiben will, leugnen muß.[205] Mit der Einsicht, daß jeweils der einen Seite nur dadurch etwas gegeben werden könne, daß der anderen etwas genommen werde, geht die Gewißheit einher, daß es in den Fällen, in denen Private aggressives Verhalten anderer Privater abwehren wollten, "um den Schutz der einen durch den Eingriff bei ande-

---

[203] A. a. O., S. 490.

[204] *K. Stern*, Staatsrecht III/1, S. 1559.

[205] Die "Drittwirkungs"-Lehre und die nachfolgend im Text zu behandelnde Lehre von den grundrechtlichen Schutzpflichten werden vielfach gegeneinander ausgespielt, s. etwa *W. Höf-ling*, Vertragsfreiheit, S. 52 ff.; *U. Preis*, Grundfragen der Vertragsgestaltung im Arbeitsrecht, S. 45 (m. w. N.).

ren"[206] gehe. Zwei Fälle aus der Rechtsprechung, an denen sich die "Schutz-durch-Eingriff"-Lehre in kritischer Absicht orientiert, mögen der Auseinandersetzung mit dieser Sicht als Anschauungsmaterial dienen.

1. Die Steine des Anstoßes

Der erste Fall lag dem bereits mehrfach erwähnten "Gentechnik-Beschluß" des VGH Kassel[207] zugrunde - nicht zu Unrecht offenbar hatte W. Graf Vitzthum noch kurz vor der Entscheidung gemeint, nach den Auseinandersetzungen um die Wiederbewaffnung, die Notstandsverfassung, die Kernenergie und die Nachrüstung werde "vor unseren Augen der Streit um die Gentechnik zur fünften Groß-Herausforderung" für das Grundgesetz.[208]

Um ihre (insbesondere gesundheitliche) Sicherheit besorgte Bürger klagten auf Aufhebung der einem deutschen Chemie-Unternehmen erteilten und auf ihren Widerspruch hin für sofort vollziehbar erklärten Genehmigung zur Errichtung und zum Betrieb einer gentechnischen Anlage auf einem in räumlicher Nachbarschaft besagter Bürger liegenden Betriebsgelände und begehrten zunächst beim VG Frankfurt, nach dessen Ablehnung des Antrags[209] beim VGH Kassel die Wiederherstellung der aufschiebenden Wirkung ihres Widerspruchs. Der VGH gab dem Antrag mit der Begründung statt, die in Frage stehende gentechnische Anlage sei "genehmigungsbedürftig, aber nicht genehmigungsfähig"[210]. Errichtung und Betrieb der Anlage wurden damit für verboten erklärt, obwohl der VGH ein einfaches Gesetz, das dieses Verbot ausgesprochen hätte, nicht ausmachen konnte;[211] er hielt ein solches auch gar nicht für nötig: Bei einer Konkurrenz der Grundrechte aus Art. 5 Abs. 3, 12 und 14 GG (des Chemie-Unternehmens) einerseits und Art. 2 Abs. 2 GG anderseits kehre sich - so der VGH - das Verhältnis von prinzipieller Forschungs-, Berufs- und Gewerbefreiheit und damit einhergehender besonders begründungsbedürftiger Beschränkung angesichts der überragenden Bedeutung des Rechts auf Leben und körperliche Unversehrtheit um mit der Folge, daß die Nutzung einer Technologie wegen ihrer weitreichenden Auswirkun-

---

[206] *R. Wahl/J. Masing*, JZ 1990, S. 553; ebenso bereits *J. Isensee*, Das Grundrecht auf Sicherheit, S. 42 f.; *G. Hermes*, Das Grundrecht auf Schutz von Leben und Gesundheit, S. 247.

[207] NJW 1990, S. 336 ff.

[208] *W. Graf Vitzthum*, FS Dürig, S. 185.

[209] Abgedruckt in NVwZ 1989, S. 1097 ff.

[210] VGH Kassel NJW 1990, S. 336 (337).

[211] Wozu man sich, wenn selbst die allgemein-ordnungsrechtliche Generalklausel für nicht einschlägig erklärt werden soll, auf den Standpunkt stellen muß, die "wissenschaftstheoretisch begründete Ungewißheit", ob Menschen durch gentechnische Anlagen wie die den Gegenstand des damaligen Rechtsstreits bildende gefährdet werden könnten, sei "mit der 'Gefahr', aber auch mit dem 'Gefahrenverdacht' im traditionellen Sinne inkommensurabel", so etwa *K.-H. Ladeur*, NVwZ 1992, S. 948 (949).

gen auf den Menschen einer besonderen Zulassung durch den Gesetzgeber bedürfe.[212] Zu folgern sei dies aus der Schutzpflicht des Gesetzgebers, die auch auf dem Gebiet der Gentechnologie jedenfalls für die durch Art. 2 Abs. 2 GG geschützten Rechtsgüter u. a. der Antragsteller bestehe.[213] Der VGH[214] beruft sich für seine Ansicht, wonach es Betätigungen Privater gibt, die nur durch eine Entscheidung des Parlaments in Gestalt eines förmlichen Gesetzes zugelassen werden können, vor allem auf den "Kalkar"-Beschluß des Bundesverfassungsgerichts[215], nach dem für die Zulassung der friedlichen Nutzung der Kernenergie eine solche Entscheidung notwendig war.[216]

Der zweite Fall oder, genauer gesagt, die bereits mehrfach gerichtlich beurteilte Fallkonstellation, in der das Problem eines möglichen "Schutzes durch Eingriff" auftritt, betrifft Warnungen staatlicher Stellen vor als schädlich angesehenen Aktivitäten einzelner Bürger oder Bürgergruppen, ohne daß für diese Warnungen eine ausdrückliche einfachgesetzliche Ermächtigung bestünde.[217] Jeweils wird ein Eingriff in das einschlägige Grundrecht des von der Warnung Betroffenen bejaht, um sodann vor allem aus Kompetenzzuweisungen an die warnende staatliche Stelle diesen "Eingriff" zu rechtfertigen, so daß die Unterlassungsklage des potentiellen Schädigers im Ergebnis abgewiesen wird. Nimmt man den ehernen Grundsatz eines rechtsstaatlichen Grundrechtsverständnisses ernst, wonach kein Grundrechtseingriff ohne Gesetz erfolgen darf, kann man aus bloßen Kompetenzzuweisungen keine Eingriffsermächtigung ableiten, da solche Zuweisungen nur festlegen, wer im Verhältnis der Staatsorgane welche Aufgabe überhaupt erfüllen darf, nicht aber, was ihm gegenüber dem Bürger dabei erlaubt ist.

Jeweils scheint also ein "Grundrechtseingriff ohne Gesetz" vorzuliegen. Die folgenden Ausführungen konzentrieren sich auf die Entscheidung des VGH Kassel und die daran geübte Kritik, da der VGH seinen Beschluß am pointiertesten und, wenn man so will, "ehrlichsten" begründet und die Problematik so bereits auf ihren eigentlichen Kern zurückgeführt hat.[218]

---

212 VGH Kassel, a. a. O., r. Sp.
213 VGH Kassel, a. a. O., l. Sp.
214 A. a. O., S. 339.
215 BVerfGE 49, S. 89 ff.
216 S. nur den Leitsatz 2 des genannten Beschlusses.
217 S. dazu etwa BVerwG NJW 1989, S. 2272; BVerfG NJW 1989, S. 3269; NJW 1991, S. 1770 ff.; OVG Münster NVwZ 1991, S. 176.
218 Auch *R. Wahl/J. Masing*, JZ 1990, S. 553 (554), meinen, die in Frage stehende Problematik werde in der Entscheidung des VGH Kassel "in zugespitzter Weise offenbar"; zu dem Parallelproblem staatlicher Informationstätigkeit, dem gegenüber der "Gentechnik-Konstellation" keine systematischen Besonderheiten eignen, s. etwa die Abhandlung von *U. Di Fabio*, JZ 1993, S. 689 ff. (m. umfassenden Nachweisen in Fn. 1).

Bevor die gegen den Beschluß vorgebrachte Kritik dargestellt und bewertet wird, sei allerdings noch darauf hingewiesen, daß die vom VGH angenommene Umkehrung des Regel-Ausnahme-Verhältnisses von grundsätzlichem Erlaubt- und nur durch ein einfaches Gesetz erreichbarem Verbotensein, die "Aufstellung" also eines *verfassungsunmittelbaren* "präventiven Verbots mit Erlaubnisvorbehalt"[219], keinesfalls etwas in der Rechtsprechung bis dahin Unbekanntes oder völlig Außergewöhnliches darstellt. Als Beleg hierfür braucht man noch nicht einmal den "Kalkar"-Beschluß des Bundesverfassungsgerichts anzuführen (dazu näher unter 2.).

Fast gleichzeitig mit dem Gentechnik-Beschluß des VGH Kassel hatte das Bundesverwaltungsgericht darüber zu entscheiden, ob eine Künstlerin ihre Tätigkeit (Anfertigung von Scherenschnitten) in einer Fußgängerzone ohne Sondernutzungserlaubnis ausüben dürfe oder nicht.[220] Der VGH Mannheim hatte der klagenden Künstlerin Recht gegeben, da nach seiner Auffassung die generelle Anwendung des straßenrechtlichen präventiven Verbots mit Erlaubnisvorbehalt auf die beabsichtigte künstlerische Betätigung das Grundrecht der Klägerin aus Art. 5 Abs. 3 Satz 1 GG verletze. Nur bei konkreter Gefährdung der Grundrechte anderer sei die Pflicht zur Einholung einer Erlaubnis zu rechtfertigen.[221] Das Bundesverwaltungsgericht ist dieser Ansicht in Fortführung seiner Rechtsprechung[222] entgegengetreten. Es hat (erneut) ausgeführt, "daß das behördliche Kontrollverfahren der Sondernutzungserlaubnis ein mit Art. 5 Abs. 3 S. 1 GG zu vereinbarendes, den Anforderungen des Verhältnismäßigkeitsgrundsatzes standhaltendes Mittel" sei, "um die verschiedenen grundrechtlich geschützten Belange der Straßenbenutzer in Einklang zu bringen."[223] Da Art. 5 Abs. 3 Satz 1 GG keinen Gesetzesvorbehalt hat, können Bestimmungen über die Erforderlichkeit einer Sondernutzungserlaubnis keine konstitutive Begrenzung grundrechtlich geschützter Handlungsmöglichkeiten darstellen. Sie ziehen vielmehr nur die "immanenten Schranken" des Grundrechts nach, was eigentlich bedeutet: Das Bundesverwaltungsgericht erkennt hier ein verfassungsunmittelbares präventives Verbot mit Erlaubnisvorbehalt an.

In Art. 5 Abs. 3 Satz 1 GG ist auch die im Gentechnik-Beschluß des VGH Kassel berührte Forschungsfreiheit genannt. Wenn nun der "schlichte" Gemeingebrauch der Fußgänger, auf den sich das Bundesverwaltungsgericht in seiner Aufzählung der "grundrechtlich geschützten Belange" anderer u. a.

---

219 Daß der VGH Kassel ein solches "konstruiert" hat, wird auch von *R. Wahl/J. Masing*, JZ 1990, S. 553 (555), zutreffend erkannt.

220 BVerwG, Urteil v. 9.11.1989 - 7 C 81.88, abgedruckt in NJW 1990, S. 2011 ff.; der Beschluß des VGH Kassel datiert vom 6.11.1989.

221 Zitiert nach BVerwG NJW 1990, S. 2011 (2012).

222 BVerwGE 56, S. 63 (68); BVerwG DÖV 1981, S. 342; NJW 1987, S. 1836.

223 BVerwG NJW 1990, S. 2011 (2012).

bezieht[224] und der "nur" unter die allgemeine Handlungsfreiheit fällt, wenn also insbesondere der gewöhnlich als "schwach" angesehene Art. 2 Abs. 1 GG eine vorläufige Begrenzung des durch Art. 5 Abs. 3 Satz 1 GG gesicherten Handlungsbereichs rechtfertigen kann, ist derartiges bei Art. 2 Abs. 2 Satz 1 GG anscheinend erst recht vorstellbar. "Gentechnik-Beschluß" und "Straßenkunst-Urteil" behandeln jedenfalls dasselbe Problem und lösen es auf gleiche Art.

Man denke ferner an die Rechtsprechung des Bundesverfassungsgerichts, wonach die Veranstaltung privaten Rundfunks der Zulassung durch ein förmliches Gesetz bedarf, damit die mannigfaltigen Gefahren, die von einem unkontrollierten privaten Rundfunk für andere ausgehen, bereits im Vorfeld gebannt werden können.[225] Das verfassungsunmittelbare präventive Verbot mit Erlaubnisvorbehalt wird vom Bundesverfassungsgericht sachlich auch für Teilbereiche der - weit verstandenen - Religions(ausübungs)freiheit anerkannt.[226]

2. Grundrechtseingriff ohne Gesetz?

Das Schrifttum hat dem Kasseler Beschluß mit Ablehnung und Vorwurf geantwortet. Das Gericht habe ohne gesetzliche Ermächtigungsgrundlage in die Grundrechte des von der behördlichen Erlaubnis begünstigten Chemie-Unternehmens eingegriffen;[227] die für den Staat zugunsten der Antragsteller im Verfahren des vorläufigen Rechtsschutzes bestehende Schutzpflicht für deren Rechtsgüter "Leben" und "Gesundheit" könne einen Eingriff nicht rechtferti-

---

[224] BVerwG, a. a. O.

[225] S. dazu nur BVerfGE 57, S. 295 (320 ff.); ferner neuestens BVerfG NJW 1993, S. 1190 (1191), wo als relevante Gefahren u. a. die der Meinungsmanipulation sowie solche für Leben und Gesundheit (wegen möglicher Störungen des Funkverkehrs) genannt werden.

[226] S. wiederum BVerfG NJW 1993, S. 1190 f. Damit ist allerdings nicht zu vereinbaren, daß das Gericht im selben Zusammenhang dennoch von einem "Eingriff" in Art. 4 Abs. 1 in Verbindung mit Art. 4 Abs. 2 GG spricht, obwohl es doch die "Grenzen der Religionsausübungsfreiheit" als bereits "von der Verfassung selbst bestimmt" ansieht (S. 1190). Hieran wird erneut deutlich, daß das sogenannte "Eingriffs- und Schrankendenken" als solches nicht geeignet ist, die Unterscheidung von Grundrechtsinhalt und durch den Staat gezogenen Grundrechtsbegrenzungen adäquat zu fassen.

[227] E. Deutsch, NJW 1995, S. 3019 (3020); J. Dietlein, Die Lehre von den grundrechtlichen Schutzpflichten, S. 67 f. m. Fn. 262; C. Enders, AöR 115 (1990), S. 610 (620 und passim); J. Fluck, UPR 1990, S. 81 (84); W. Graf Vitzthum, VBlBW 1990, S. 48 (50); ders./T. Geddert-Steinacher, Der Zweck im Gentechnikrecht, S. 36 f.; G. Hirsch, NJW 1990, S. 1445 ff.; ders./ A. Schmidt-Didczuhn, Gentechnikgesetz, Einl., Rn. 18; A. Pohlmann, Neuere Entwicklungen im Gentechnikrecht, S. 116; P. Preu, JZ 1991, S. 265 (269); M. Rose, DVBl. 1990, S. 279 (280); H. H. Rupp, JZ 1990, S. 91 f.; R. Scholz, FS Sendler, S. 93 (98); H. Sendler, NVwZ 1990, S. 231 (235); R. Wahl/J. Masing, JZ 1990, S. 553 (554 und passim). - Zustimmung zum Beschluß des VGH aber bei V. Eiberle-Herm, NuR 1990, S. 204 ff.

gen, da sie ausschließlich im Verhältnis von Staat und schutzberechtigtem Bürger bestehe.[228]

Auffällig ist allerdings, daß keiner der Kritiker des VGH sich ernsthaft die Frage vorgelegt hat, ob der Ausspruch, bis zum Erlaß eines Gentechnik-Gesetzes sei die Nutzung der Gentechnologie verboten, überhaupt einen Eingriff in Grundrechte des potentiellen Nutzers darstellt. Richtig wird erkannt, daß das Verhalten desjenigen, "vor dem der Staat Schutz gewähren soll, ... seinerseits prima facie grundrechtlich geschützte Freiheitsbetätigung" ist.[229] "Prima facie" bedeutet aber: "dem ersten Anschein nach". Entsprechend der generellen Neigung der heutigen Staatsrechtslehre zur Aufstellung möglichst weit gefaßter abstrakter Schutzbereiche läßt man den selbst als solchen erkannten "Anschein" eines Eingriffs genügen, um eine Grundrechtsverletzung zu bejahen.

M. Rose will sich immerhin darauf einlassen, die Schutzbereiche der im Streitfall einschlägigen Grundrechte konfliktvermeidend gegeneinander abzugrenzen, zwischen den jeweils grundrechtlich geschützten Interessen also "praktische Konkordanz" herzustellen.[230] Er wirft dem VGH vor, dies nicht getan, sondern mit der Auflösung der Konkurrenz von Art. 5 Abs. 3, 12 und 14 GG einerseits sowie Art. 2 Abs. 2 GG anderseits im Sinne einer Umkehr der Freiheitsvermutung lediglich eine "abstrakte Wertabwägung" vorgenommen zu haben.[231] Dabei übersieht er allerdings, daß es im konkreten Fall *auch* um die Frage der grundsätzlichen Zulässigkeit der in die Grundelemente des Lebens überhaupt eingreifenden Gentechnik ging, jedenfalls: nach der vertretbaren Beurteilung des Gerichts gehen durfte. Zu dieser Frage gab es im Zeitpunkt der Entscheidung keine Äußerung des Parlaments in Gesetzesform.[232] Der VGH hat, was anscheinend niemand recht bemerkt hat, lediglich die Rechtsprechung des Bundesverfassungsgerichts zum Atomrecht für den von ihm zu entscheidenden Fall ausgewertet. Es soll hier nicht die ermüdende Diskussion darüber fortgeführt werden, ob die Gentechnik mit der Nutzung der Atomenergie vergleichbar ist oder nicht.[233] Daß die Annahme des VGH,

---

228 S. nur *P. Preu*, JZ 1991, S. 265 (266); *M. Rose*, DVBl. 1990, S. 279 (280); vorher bereits ebenso *J. Isensee*, Das Grundrecht auf Sicherheit, S. 43: "Die grundrechtliche Legitimität ersetzt nicht die Legalität. Selbst der Schutz des Lebens rechtfertigt keinen gesetzesfreien Eingriff"; dem VGH Kassel widersprechend auch VG Neustadt NVwZ 1992, S. 1008.

229 *P. Preu*, JZ 1991, S. 265 (266); *S. Huster* spricht von der "prima facie gewährleisteten Freiheit" (Rechte und Ziele, S. 87), und es ist ihm "eine 'natürliche Notwendigkeit', daß die Freiheitsrechte als prima facie-Rechte aufgefaßt werden müssen" (a. a. O., S. 467; s. auch S. 79).

230 *M. Rose*, DVBl. 1990, S. 279 (280).

231 *M. Rose*, a. a. O., S. 281.

232 Auch nicht im BImSchG, was selbst von den Kritikern des VGH z. T. zugestanden wird, s. etwa *C. Enders*, AöR 115 (1990), S. 610 (618).

233 Dagegen etwa *P. Preu*, JZ 1991, S. 265 (269).

eine Vergleichbarkeit sei gegeben, jedenfalls *vertretbar* ist, werden nur Ideologen bestreiten. Es nützt deshalb auch wenig, wenn dem Gentechnik-Beschluß entgegengehalten wird, es ließe sich zumindest mit guten Gründen vertreten, daß bei der Nutzung der Gentechnologie ein demjenigen der Nutzung der Kernenergie vergleichbares Risiko *nicht* bestehe[234]: Gerichte sind zu nichts anderem da, als vertretbare Entscheidungen zu fällen. Ob die durch Wertungen von tatsächlichen Umständen zustandegekommene Ansicht eines nicht an der Entscheidungsfindung Beteiligten ebenfalls vertretbar ist, ist für die grundrechtsdogmatische "Richtigkeit" der Entscheidung nicht maßgebend.

Soweit die Kritiker des VGH sich mit dessen Heranziehung des bundesverfassungsgerichtlichen "Kalkar"-Beschlusses[235] ihrerseits auseinandersetzen, werden nicht diejenigen Passagen des Beschlusses behandelt, auf die sich der VGH im entscheidenden Punkt beruft[236] (oder noch deutlicher hätte berufen können[237]), sondern andere, aus denen sich bei isolierter Betrachtung für die Möglichkeit einer Umkehrung der Freiheitsvermutung in der Tat nichts herleiten läßt.[238] Das Bundesverfassungsgericht hatte festgestellt: "Die normative Grundsatzentscheidung *für oder gegen* die rechtliche Zulässigkeit der friedlichen Nutzung der Kernenergie im Hoheitsbereich der Bundesrepublik Deutschland ist *wegen ihrer weitreichenden Auswirkungen auf die Bürger* ... eine grundlegende und wesentliche Entscheidung im Sinne des Vorbehalts des Gesetzes. Sie zu treffen ist allein der Gesetzgeber berufen."[239] Das bedeutet zweierlei. Erstens muß über die rechtliche Zulässigkeit einer Grundrechtsbetätigung eine staatliche ("Grundsatz"-)Entscheidung gefällt werden. Und zweitens kann diese Entscheidung über das "Ob" und die wesentlichen Modalitäten des "Wie" ausschließlich durch den Gesetzgeber getroffen werden. Lediglich die Entscheidung über ein "Nachfassen" in der Frage des "Ob" und "Wie" einer *weiterhin* gegebenen Zulässigkeit der Kernenergienutzung sieht das Gericht in der eigenen Verantwortung von Gesetzgeber und Regierung liegen, denen bei der Wahrnehmung dieser Verantwortung ein gerichtlich nur

---

[234] *P. Preu*, a. a. O.

[235] BVerfGE 49, S. 89 ff.

[236] So vor allem auf S. 130 f. des "Kalkar"-Beschlusses, s. VGH Kassel NJW 1990, S. 336 (339).

[237] Deutlicher als im Leitsatz 2 des "Kalkar"-Beschlusses kann man die Ansicht des VGH nicht formuliert finden (dazu sogleich im Text).

[238] *R. Wahl/J. Masing*, JZ 1990, S. 553 (557), zitieren lediglich eine Passage über die "Richtlinienfunktion" des objektivrechtlichen Gehalts der Grundrechte, während etwa *J. Fluck*, UPR 1990, S. 81 (83 f.), die vom VGH (NJW 1990, S. 336 [339]) im Anschluß an das Bundesverfassungsgericht (E 49, S. 89 [Leitsatz 2 und S. 130 f.]) getroffene Unterscheidung zwischen "normativer Grundsatzentscheidung" und "Nachfassen" des Gesetzgebers zwar anspricht, sich dann aber nicht weiter damit auseinandersetzt.

[239] BVerfGE 49, S. 89 ff. (Leitsatz 2 und S. 127; Hervorhebungen durch den Verfasser); bestätigt in BVerfGE 53, S. 30 ff. (Leitsatz 3 Satz 2).

höchst eingeschränkt zu kontrollierender Spielraum zukomme;[240] hier besteht
also in vielen Einzelfragen kein "Muß" einer rein gesetzgeberischen Entscheidung mehr.[241] Wenn folglich behauptet wird, der Beschluß des VGH versto-
ße gegen geltendes Verfassungsrecht,[242] so trifft dies jedenfalls dann nicht zu,
wenn man "geltendes Verfassungsrecht" als Verfassungsrecht in derjenigen
Form versteht, die es durch die Rechtsprechung des Bundesverfassungsgerichts gefunden hat. Wenn aus der Verfassung folgt, daß die Nutzung einer
bestimmten Technologie solange verboten ist, bis sie in einem förmlichen Gesetz erlaubt wird,[243] kann es keinen Grundrechts*eingriff* darstellen, wenn ein
Gericht eben dieses *feststellt* und, daran anknüpfend, die entsprechenden
Rechtsfolgen ausspricht.

Nicht gesagt ist bislang, ob die von Bundesverfassungsgericht und VGH
Kassel angenommene Umkehrung der Freiheitsvermutung überhaupt grund-
rechtstheoretisch begründbar ist. Sie wäre es, wenn man eine Grundrechtsverpflichtung Privater akzeptierte[244] und dies mit der sogenannten "Wesentlich-
keitslehre" kombinierte, wonach "in grundlegenden normativen Bereichen,
zumal im Bereich der Grundrechtsausübung, ... alle wesentlichen Entscheidungen [vom Gesetzgeber] selbst zu treffen" sind.[245] Denn dann müßten die
"wesentlichen" Fragen des Umgangs Privater miteinander, was in ihm erlaubt
und was verboten ist, zunächst vom Gesetzgeber geregelt werden.[246] Vorher
wüßte niemand, was er gegenüber dem anderen darf und was nicht. Um
Rechtsklarheit herzustellen, müßte man sich mit dem jeweiligen Gegenüber
(im doppelten Wortsinn) *vertrag*en.

Hingegen ist eine Umkehrung der Freiheitsvermutung gewiß nicht begründbar, wenn man Grundrechtsdogmatik als reine Form versteht und wenn man
Freiheit so begreift: "Wenn ein Verhalten nach einfachem Gesetzesrecht nicht

---

[240] BVerfGE 49, S. 89 (131 f.).

[241] Sich für seine Kritik am VGH Kassel auf die entsprechende Passage des "Kalkar"-Be-
schlusses zu berufen, trägt *P. Preu*, JZ 1991, S. 265 (270), für seine Kritik wenig ein, denn diese Passage setzt die "Grundsatzentscheidung" für die Nutzung der Kernenergie ausdrücklich voraus: "Erst die Zukunft wird erweisen, ob die Entscheidung [!] für die Anwendung der Brüter-
technik mehr zum Nutzen oder zum Schaden gereichen wird. [Es folgen die von *Preu* a. a. O.
für seine Auffassung in Anspruch genommenen Sätze]" (BVerfGE 49, S. 89 [131]).

[242] *M. Rose*, DVBl. 1990, S. 279 (281).

[243] Aus der Begründung des "Kalkar"-Beschlusses - "wegen ihrer weitreichenden Auswirkungen auf die Bürger" (a. a. O., S. 127) - ergibt sich deutlich, daß das Gericht eben jene Auswirkungen hinzunehmen keineswegs gewillt gewesen wäre, solange eine gesetzliche Regelung fehlte.

[244] *M. Rose*, DVBl. 1990, S. 279 (282), und *R. Wahl/J. Masing*, JZ 1990, S. 553 (558
Fn. 47), weisen darauf hin, daß der VGH Kassel "im Ergebnis" eine "unmittelbare Drittwirkung
der Grundrechte" bejaht habe.

[245] BVerfGE 49, S. 89 (126).

[246] Dazu, daß dies lediglich für (etwa durch technischen Fortschritt) *neu auftretende* "wesentliche Fragen" gelten kann, unten Zweiter Teil, I. 2. f) und Dritter Teil, II. und IV.

verboten ist, muß der Bürger darauf vertrauen können, daß es erlaubt ist."[247]
Die Frage ist nur: *Kann* man Grundrechtsdogmatik so betreiben? Anhand eines einfachen Beispiels mag noch einmal[248] gezeigt werden, daß eine Theorie, die Schutzbereiche von Grundrechten abstrakt bestimmt, sich notwendig selbst aufhebt.

Man werfe einen Blick auf die Rundfunkfreiheit des Art. 5 Abs. 1 Satz 2 GG. Ohne einfachgesetzliches Verbot müßte es einem jeden Interessenten erlaubt sein, auf jeder vorhandenen Frequenz ein Rundfunkprogramm auszustrahlen. Wenn zwei Private von diesem Recht gleichzeitig auf derselben Frequenz Gebrauch machen, wird die Sendung eines jeden und damit jeder von beiden in der Wahrnehmung seines Rechts gestört. Jedem stünde ein Notwehrrecht oder ein Anspruch auf polizeiliches oder ordnungsbehördliches Einschreiten gegen den anderen zu, was einen nicht auflösbaren Widerspruch bedeutete. Es *kann* also nicht jedem Bürger abstrakt das Recht zustehen, jede beliebige Frequenz für Rundfunksendungen zu benutzen.[249] Es gibt aber auch keine a priori bestehenden rechtlichen Maßstäbe dafür, welche Frequenz nach welchen Gesichtspunkten im welchem Umfang an wen zu vergeben wäre. Das bedeutet, daß mangels Einigung unter allen Interessenten und Betroffenen eine staatliche Entscheidung darüber notwendig wird, unter welchen Voraussetzungen und nach welchen Kriterien potentiellen Rundfunkveranstaltern die Nutzung einer Frequenz zugebilligt werden soll. Von der Handhabung der "Wesentlichkeitstheorie" hängt es dann ab, welche staatliche Stelle die Entscheidung zu treffen hat. Fällt diese Aufgabe danach dem Gesetzgeber zu, bedeutet das notwendig ein verfassungsunmittelbares präventives Verbot mit Erlaubnisvorbehalt für alle Interessenten. Selbst wenn nicht der Gesetzgeber zur Regelung der Interessenkollision berufen ist, ist nach dem Gesagten klar, daß es innerhalb des abstrakt bestimmten Schutzbereichs konkrete Verhaltensweisen gibt, die aus logischen Gründen nicht erlaubt sein können, obwohl sie nach einfachem Gesetzesrecht nicht verboten sind. Damit sackt den Kritikern des VGH Kassel aber der Grund ihrer grundrechtsdogmatisch motivierten Empörung - das Gericht propagiere generell die Zulässigkeit eines "Eingriffs ohne Gesetz" - unter den Füßen weg. Das Problem ist eben in der Tat, daß man, wie weiter oben schon angedeutet, bereits für den *Anschein* eines

---

247 *P. Preu*, JZ 1991, S. 265 (267). - Wer demgegenüber - wie neuerdings *H. H. Klein*, DVBl. 1994, S. 489 (491) - nur gemeinverträgliches Verhalten des Bürgers als vom Schutzbereich der Grundrechte umfaßt ansieht, kann nicht zugleich annehmen, es unterliege dem Gesetzesvorbehalt, wenn der "Staat rechtsgutgefährdendem Verhalten Privater handelnd entgegentreten" wolle (a. a. O.).

248 S. auch bereits die Auseinandersetzung mit der Auffassung *J. Schwabes* unter I. 3.

249 Es sei denn, man wollte, wie *K. Engisch* dies getan hat, für manche Bereiche der Rechtsordnung das Faustrecht proklamieren (Die Einheit der Rechtsordnung, S. 54 Fn. 4 [zu S. 53]).

Grundrechtseingriffs eine gesetzliche Grundlage fordert.[250] Dieser im Gewand einer Verteidigung des Rechtsstaates daherkommende Übereifer verstellt den Blick dafür, daß der "Gentechnik-Beschluß" des VGH Kassel der *grundrechtsdogmatischen Form* nach eine zulässige Entscheidung darstellt. Fragen kann man höchstens, ob die in ihm vorgenommene *inhaltliche Abwägung* vertretbar ist; derartige Fragen sind aber nicht Gegenstand dieser in erster Linie theoretisch-systematisch orientierten Untersuchung.

Nachdenklich stimmen müssen schließlich die unterschiedlichen Auswirkungen, die das "Schutz-durch-Eingriff"-Konzept - jene häufig sogenannte "Dreiecks"[251]-Konstruktion der "Drittwirkung" - im Zivil- und Öffentlichen Recht hat.

Im Zivilrecht sieht es nach der Rechtsprechung des Bundesverfassungsgerichts, die die Literatur im wesentlichen - jedenfalls in den Ergebnissen - akzeptiert hat, folgendermaßen aus:

Wenn einer von zwei vertragschließenden Privaten gegenüber dem anderen sein faktisches Übergewicht dazu ausnutzt, daß er vertragliche Regelungen in Wahrheit einseitig setzt, bewirkt dies für den anderen Vertragsteil Fremdbestimmung[252] mit der Folge, daß jener diesen in seinem grundrechtlich geschützten Rechtsgut beeinträchtigt.[253] Hilft dem faktisch Schwächeren kein zwingendes Vertragsrecht, bedeutet das nach dem Bundesverfassungsgericht dennoch "keineswegs, daß die Vertragspraxis dem freien Spiel der Kräfte unbegrenzt ausgesetzt wäre."[254] Vielmehr griffen ergänzend solche zivilrechtlichen Generalklauseln ein, die als Übermaßverbote wirkten, also vor allem die §§ 138, 242, 315 BGB.[255] Der vom Gesetzgeber (noch) nicht erfüllte Schutzauftrag der Verfassung richte sich "hier an den Richter, der den objektiven Grundentscheidungen der Grundrechte in Fällen gestörter Vertragsparität mit

---

[250] Besonders deutlich *P. Preu*, JZ 1991, S. 265 (266 u. 267): "Das Verhalten des anderen, vor dem der Staat Schutz gewähren soll, ist seinerseits *prima facie* grundrechtlich geschützte Freiheitsbetätigung." - "Wenn ein Verhalten nach einfachem Gesetzesrecht nicht verboten ist, muß der Bürger darauf vertrauen können, daß es erlaubt ist." (Hervorhebung durch den Verfasser); s. ferner etwa *G. Lübbe-Wolff*, Die Grundrechte als Eingriffsabwehrrechte, die einerseits die abstrakte und damit einer "Ideologie des ungebremsten *laissez faire*" (S. 99) verdächtige Bestimmung der grundrechtlichen Schutzbereiche damit verteidigt, daß der Schutzbereich als solcher ja nicht den wirklichen Inhalt der Grundrechte ausmache (S. 100), anderseits in den Fällen, in denen sich diese Einsicht praktisch bewähren müßte, "nicht ... die allgemeine Grundrechtsdogmatik, sondern die Lehre vom staatlichen Notrecht" für "zuständig" erklärt (S. 102).

[251] So die gängige Terminologie, s. etwa *J. Pietzcker*, FS Dürig, S. 344.

[252] BVerfGE 81, S. 242 (255).

[253] *G. Hermes*, NJW 1990, S. 1764 (1767).

[254] BVerfGE 81, S. 242 (255 f.).

[255] BVerfG, a. a. O., S. 256.

den Mitteln des Zivilrechts Geltung zu verschaffen" habe.[256] Dabei steht die Überzeugung des Bundesverfassungsgerichts im Hintergrund, "daß jede Begrenzung der Vertragsfreiheit zum Schutze des einen Teils gleichzeitig in die Freiheit des anderen Teils eingreift."[257] Gleichwohl darf der Zivilrichter danach - rechtstechnisch vermittelt durch die zivilrechtlichen Generalklauseln und damit genau besehen ohne eine der "Wesentlichkeitstheorie" genügende einfachgesetzliche Grundlage - die Fremdbestimmung des einen durch den anderen verhindern.

Dieses Recht wird den Verwaltungsrichtern des VGH Kassel abgesprochen. Nun erscheint es aber durchaus denkbar, daß ein Zivilgericht einer Unterlassungsklage der Nachbarn des potentiellen Betreibers der gentechnischen Anlage aus denselben inhaltlichen Erwägungen stattgegeben hätte, die auch der VGH angestellt hat, dogmatisch gestützt auf einen quasinegatorischen Anspruch aus § 823 Abs. 1 BGB - wobei entweder der "Lebens"- und "Gesundheits"-Schutz oder, je nach Auslegung dieser Begriffe und dogmatischer Beurteilung des Verhältnisses von Gefahr- und Risikobegriff,[258] die "kleine Generalklausel"[259] des "sonstigen Rechts" als Anknüpfungspunkt hätte dienen können; als "sonstiges Recht" wiederum hätte entweder das "allgemeine Persönlichkeitsrecht" oder eine weitere "Neuschöpfung" herangezogen werden können.[260] Das Zivilgericht hätte damit, ganz im Sinne des Bundesverfassungsgerichts, den "Grundentscheidungen der Grundrechte" auf methodisch nicht angreifbare Weise Rechnung getragen. Gerade weil dabei die Entscheidung nicht wirklich auf dem "eigentlichen" Zivilrecht, sondern auf jenen "Grundentscheidungen" beruht hätte, die auch der VGH beachten wollte, befremdet die in der Auffassung der Kritiker des VGH angelegte Ungleichbehandlung derselben Rechtsfrage je nach dem, ob sie in zivilrechtlicher/-prozessualer oder öffentlichrechtlicher/verwaltungsprozessualer Einkleidung auftritt.[261]

---

[256] BVerfG, a. a. O.; vgl. auch BVerfGE 89, S. 214 ff.

[257] BVerfG, a. a. O., S. 255.

[258] Dazu etwa *K.-H. Ladeur*, NVwZ 1992, S. 948 (949); *ders.*, Das Umweltrecht der Wissensgesellschaft, S. 69 ff.

[259] S. dazu *D. Medicus*, Schuldrecht II, § 135 III. 1.

[260] Ein derartiges methodisches Vorgehen wird gefordert von *A. Bleckmann*, DVBl. 1988, S. 938 (943). - Bejaht man eine Grundrechtsverpflichtung Privater, kommt man - was dogmatisch ehrlicher und zudem einfacher wäre - zum selben Ergebnis über § 823 Abs. 2 BGB (der ebenfalls die quasinegatorische Unterlassungsklage gewährt, s. nur *Palandt-Bassenge*, BGB, § 1004, Rn. 2), indem man die Grundrechte als Schutzgesetze im Sinne dieser Vorschrift ansieht, s. *C.-W. Canaris*, AcP 184 (1984), S. 201 (202). Zulässig wäre dies allerdings wohl nur hinsichtlich quasinegatorischer Ansprüche, da der Gesetzgeber eine "große Generalklausel" für Ansprüche auf Schadensersatz hat verhindern wollen, vgl. *D. Medicus*, Schuldrecht II, § 135.

[261] Kritisch deshalb auch *J. Hager*, JZ 1994, S. 373 (375, 378); s. auch *J. Pietzcker*, FS Dürig, S. 345 (350). - Ähnliche Fragen wie bei der Gentechnik ergeben sich etwa beim neuerdings vieldiskutierten Problem "Elektrosmog"; zu zivilrechtlichen Abwehrmöglichkeiten *K. Fritz*, BB 1995, S. 2122 ff.

Daß das Gericht im übrigen die Frage nach einem möglichen gesetzgeberischen Unterlassen entgegen einer bestehenden Schutzpflicht nicht erst analog Art. 100 Abs. 1 GG dem Bundesverfassungsgericht zur Beurteilung vorlegen konnte, wie einige Autoren dies gefordert haben,[262] folgt bereits aus dem Wesen des einstweiligen Rechtsschutzes.[263]

Insgesamt wird deutlich, daß dem dogmatischen Konzept eines "Schutzes durch Eingriff", den zu gewähren der Staat grundrechtlich verpflichtet sei, ein nicht hinreichend durchdachter Freiheits- und damit notwendig auch Eingriffs-Begriff zugrundeliegt. Im folgenden wird nun weiter gefragt, inwieweit es bislang gelungen ist, die angenommene staatliche Schutzpflicht *überhaupt* grundrechtlich zu begründen, was immer zugleich bedeutet: grundrechts*dogmatisch darzustellen.*

3. Grundrechtliche Schutzpflicht

"Schutzpflicht" und "Drittwirkung" hängen eng zusammen, bezeichnen dasselbe Problem, nämlich "die Bewältigung von Interessenkonflikten Privater"[264]. Als Ausgleich dafür, daß man dem von "Freiheitsbetätigungen" seiner Mitbürger bedrohten Einzelnen einen "unmittelbaren" Schutz durch die Grundrechte versagt, billigt man ihm gegenüber dem Staat als Gesetzgeber einen grundrechtlichen Anspruch auf Erlaß einfachrechtlicher Schutznormen zu,

---

[262] S. etwa *J. Fluck*, UPR 1990, S. 81 (86).

[263] Offengelassen von BVerfGE 63, S. 131 (141). - In BVerfGE 46, S. 43 ff. hatte das Bundesverfassungsgericht bereits einmal entschieden: "In gerichtlichen Verfahren, die der Regelung eines einstweiligen Zustandes in bezug auf ein streitiges Rechtsverhältnis dienen, gebietet Art. 100 Abs. 1 GG die Vorlage an das Bundesverfassungsgericht jedenfalls dann, wenn die beantragte vorläufige Zustandsregelung die endgültige Entscheidung weitgehend vorwegnimmt und damit etwas gewähren würde, auf das ein im Hauptsacheverfahren durchsetzbarer Anspruch nach Auffassung des angerufenen Gerichts wegen Verfassungswidrigkeit der zugrundezulegenden Norm nicht besteht" (LS 1). Aber das paßt nicht auf den vom Kasseler VGH zu entscheidenden Fall: Der VGH ging gerade davon aus, *daß* die Antragsteller einen "Anspruch" auf Wiederherstellung der aufschiebenden Wirkung ihres Widerspruchs *hatten.*

[264] *P. Preu*, JZ 1991, S. 265 (267); s. ferner *A. Bleckmann*, DVBl. 1988, S. 938 (940); *C.-W. Canaris*, JuS 1989, S. 161 (163) ("Die Schutzgebotsfunktion der Grundrechte ist ... dogmatisch gesehen geradezu das 'missing link', um die 'mittelbare' Einwirkung der Grundrechte auf das Verhalten der Privatrechtssubjekte zu erklären"); *G. Hermes*, NJW 1990, S. 1764 (1765); *G. Lübbe-Wolff*, Die Grundrechte als Eingriffsabwehrrechte, S. 159; *G. Robbers*, Sicherheit als Menschenrecht, S. 201 ff.; wenn *J. Isensee*, Das Grundrecht auf Sicherheit, S. 35, ohne nähere Begründung meint, das "Konzept der grundrechtlichen Schutz- und Eingriffsbeziehungen" habe "nichts zu tun mit der Lehre von der Drittwirkung der Grundrechte", nimmt er sich die Möglichkeit zu begründen, warum die Gewährleistung der Privatrechtsordnung durch den Staat als "Voraussetzung ... der grundrechtlichen Schutzpflichten" (a. a. O., S. 36) überhaupt in einer bestimmten Weise - und nicht völlig beliebig - erfolgen und warum seiner Ansicht nach das Grundrecht des Störers durch das Grundrecht des Gestörten eingeschränkt werden kann (a. a. O., S. 45).

die es wiederum Verwaltung und Rechtsprechung ermöglichen, den Bürger unter Beachtung des Vorbehalts des (ihn zunächst "nur" rechtlich schützenden) Gesetzes auch faktisch vor - weit verstandenen - Übergriffen anderer Bürger zu bewahren.[265]

Daß es eine "mittelbare Drittwirkung" in dem der herrschenden Meinung vorschwebenden Sinn nicht gibt, wurde bereits gezeigt.[266] Läßt sich auch die "Schutzpflicht" nicht konsistent begründen, bleibt der Bürger gegenüber Beeinträchtigungen seitens Privater gänzlich schutzlos;[267] oder anders: Da er dies im rechtspraktischen Regelfall nicht bleibt, kann die Grundrechtstheorie - so wäre zu folgern - die Praxis der (Grund-)Rechtsanwendung nicht erklären - und deshalb erst recht nicht leiten.

Es wäre nach dem bisher Erarbeiteten einfach, auch das auf der Annahme grundrechtlicher Schutzpflichten fußende "Drittwirkungs"-Konzept abzulehnen, da die Schutzpflichten ebenso wie die "mittelbare Drittwirkung" aus der "objektiven Wertordnung" folgen sollen.[268] Sie werden aber in der praktischen Anwendung immer als auf bestimmte einzelne Grundrechte bezogen gedacht, so daß sich das Konzept auch unabhängig von der Ablehnung einer "Wertordnung" auf Stimmigkeit untersuchen läßt.

a) Was geschützt werden müßte

Lehnt man es ab, Private als grundrechtsverpflichtet anzusehen und hält man statt dessen den Gesetzgeber für grundrechtlich verpflichtet, Schutznormen gegenüber potentiellen privaten Angriffen zu erlassen, kann es nicht um den Schutz von "Rechten" gehen, denn diese leugnet man in der Horizontalrichtung gerade.[269] Geschützt kann daher nur das "Gut" sein, das das Grundrecht in seinem unstreitigen rechtlichen Gehalt vor Angriffen des Staates sichern soll. Es geht also nicht etwa um ein "Recht auf Leben" des einen Bürgers gegenüber dem anderen, zu dessen Schutz der Gesetzgeber die ein Verbot schlüssig mitaussprechenden Vorschriften der §§ 823 Abs. 1 BGB oder

---

[265] S. etwa *G. Lübbe-Wolff*, Die Grundrechte als Eingriffsabwehrrechte, S. 169, 174.

[266] S. oben I. 1. a).

[267] Das Notwehrrecht kann in den hier interessierenden Fällen nicht nur angesichts seiner engen Begrenztheit keinen zureichenden Schutz bieten: Bei dem Versuch, seinen Inhalt zu bestimmen, begegnet man sofort wieder demselben Problem, vor das auch *J. Schwabes* Auffassung stellt (s. oben I. 3.).

[268] BVerfGE 53, S. 30 (57); *H. D. Jarass*, AöR 110 (1985), S. 363 (379); *B. Pieroth/ B. Schlink*, Grundrechte, Rn. 92.

[269] Ansatzweise wird dies auch von *J. Dietlein*, Die Lehre von den grundrechtlichen Schutzpflichten, S. 24, als Problem erkannt.

211 ff. StGB erlassen hätte,[270] sondern schlicht um "das Leben". Ohne Anerkennung einer Grundrechtsverpflichtung Privater ist demnach der Staat - vor allem in der Gestalt des Gesetzgebers - aufgrund der Bestimmung des Art. 2 Abs. 2 Satz 1 GG gehalten, das Leben seiner Bürger zu schützen.

b) Was geschützt wird

Folgerichtigerweise müßte den einzelnen Grundrechten eine Pflicht des Staates entnommen werden, das jeweils geschützte Gut gegen alle denkbaren Gefahren abzuschirmen, woher sie auch immer drohen mögen. Eine dogmatische Unterscheidung innerhalb des Schutzgutes nach Gefahrenquellen wäre nicht begründbar. Anders die herrschende Staatsrechtslehre: "[Daß] der Staat der Grundrechtsverletzung schon im Stadium der Grundrechtsgefährdung wehren und dabei Eingriffen nicht nur von seiten des Staates, sondern auch von seiten des einzelnen vorbeugen muß, ist etwas anderes als die Gewährung sozialer Fürsorge und medizinischer Versorgung"[271]. Der Schutz des menschlichen Lebens vor nicht (unmittelbar) von Menschen ausgehenden Gefahren wird anders als der Schutz *vor* anderen Menschen nicht in Art. 2 Abs. 2 Satz 1 GG verankert gesehen. Auch das Bundesverfassungsgericht versteht unter der den klassischen (Abwehr-)Grundrechten zu entnehmenden Schutzpflicht, wenn man genau hinsieht, nur eine solche zum Schutz der Einzelnen vor anderen Einzelnen.

Wenn in der staatsrechtlichen Literatur[272] als Beleg für die Schutzpflicht-Rechtsprechung des Bundesverfassungsgerichts auch dessen Urteil zum Anspruch privater Ersatzschulen auf staatliche Förderung[273] angeführt wird, wird die Besonderheit dieser Entscheidung übersehen, die eine Verallgemeinerung ihrer Aussagen nicht zuläßt. Der vorherrschenden Lehre von der grundsätzlich abstrakt zu verstehenden grundrechtlichen Freiheit entspricht ein abstraktes Verständnis der Privatschulfreiheit, also einer Freiheit von jeder staatlichen Bevormundung bei der Errichtung und dem Betrieb von privaten Schulen. Diese Freiheit ist im Grundgesetz bereits auf Verfassungsebene beschränkt worden, und zwar in Art. 7 Abs. 4 Sätze 2-4, insbesondere in Satz 3 Halbs. 2. Vor diesem Hintergrund hat das Bundesverfassungsgericht ausgeführt: "Die Möglichkeit einer Selbstfinanzierung durch Erhebung annä-

---

[270] Zumindest eine Notiz am Rande dürfte die Beobachtung wert sein, daß sich im einfachen Gesetzesrecht keine Norm findet, die die Tötung eines Menschen *ausdrücklich* (und nicht wie z. B. § 212 StGB nur schlüssig) und ohne das Erfordernis eines Gegenschlusses (wie z. B. aus § 32 StGB) verbietet. Sollen die einzelnen Bestimmungen unserer Rechtsordnung "sauber" ineinandergreifen, müßte man die "Primärnorm" (*J. Schwabe*) in Art. 2 Abs. 2 S. 1 GG sehen.

[271] *B. Pieroth/B. Schlink*, Grundrechte, Rn. 446; ähnlich *K. Hesse*, HbVerfR I, S. 98 ff.

[272] Bei *B. Pieroth/B. Schlink*, Grundrechte, Rn. 95.

[273] BVerfGE 75, S. 40 ff.

hernd kostendeckender Schulgelder ist den privaten Ersatzschulen durch Art. 7 Abs. 4 Satz 3 GG praktisch genommen, weil durch sie - auch angesichts der Schulgeldfreiheit in öffentlichen Schulen - eine 'Sonderung der Schüler nach den Besitzverhältnissen der Eltern' zumindest 'gefördert' würde."[274] - "Soll Art. 7 Abs. 4 Satz 1 GG nicht zu einem wertlosen Individualgrundrecht auf Gründung existenzunfähiger Ersatzschulen ... verkümmern, so muß diese Verfassungsnorm zugleich als eine Verpflichtung des Gesetzgebers verstanden werden, die privaten Ersatzschulen zu schützen und zu fördern."[275] Hier hatte der Staat dem Bürger also von vornherein etwas genommen und wurde vom Bundesverfassungsgericht nun zur teilweisen Rückgabe verpflichtet.[276]

Auch im ersten Numerus-clausus-Urteil des Gerichts[277], das im Zusammenhang mit dem Thema "Grundrechte als Leistungsrechte" regelmäßig genannt wird,[278] sah es nicht anders aus. Das Bundesverfassungsgericht meinte hier, es "ließe sich fragen, ob aus den grundrechtlichen Wertentscheidungen und der Inanspruchnahme des Ausbildungsmonopols ein objektiver sozialstaatlicher Verfassungsauftrag zur Bereitstellung ausreichender Ausbildungskapazitäten für die verschiedenen Studienrichtungen folgt";[279] mit den "grundrechtlichen Wertentscheidungen" kann nur die grundgesetzliche Anerkennung der jeweiligen *Schutzgüter* der Grundrechte gemeint sein, hier also der Berufs- bzw. Ausbildungsfreiheit. Hatte man einmal erkannt, daß der Genuß dieses Gutes neben der Freiheit von Störungen (durch "Dritte") auch bestimmte *tatsächliche Voraussetzungen* hat, wäre es nur konsequent gewesen, eine grundrechtliche Pflicht des Staates zum Schutz der Berufs- und Ausbildungsfreiheit durch Bereitstellung der tatsächlichen Voraussetzungen anzuerkennen. Doch weit gefehlt. Nicht nur, daß das Bundesverfassungsgericht die Frage offengelassen[280] und später nie wieder aufgegriffen hat. Es hat erstens von einem "sozialstaatlichen", dogmatisch also nicht den Grundrechten entspringenden Verfassungsauftrag gesprochen, und es hat zweitens - wie im zitierten Urteil zur Privatschulförderung - auf einen (zumindest logisch) vorausgehenden staatlichen Eingriff in den gesellschaftlichen Bereich abgestellt: auf die "Inan-

---

[274] BVerfG, a. a. O., S. 63.

[275] BVerfG, a. a. O., S. 65.

[276] So ausdrücklich BVerfG NVwZ 1994, S. 886 (887); es bedeutet daher eine zumindest verkürzte Betrachtungsweise, wenn B. *Schlink*, EuGRZ 1984, S. 457 (466), unter Bezugnahme auf die Privatschulsubventionierung meint, es sei "nicht einzusehen", "warum die Ausübung eines Grundrechts sich wirtschaftlich selbst tragen müsse".

[277] BVerfGE 33, S. 303 ff.

[278] S. dazu etwa B. *Pieroth/B. Schlink*, Grundrechte, Rn. 109.

[279] BVerfGE 33, S. 303 (333).

[280] BVerfG, a. a. O.

spruchnahme des Ausbildungsmonopols"[281]. Es bereitet keine unüberwind-
lichen Schwierigkeiten, derartige Fälle über die Eingriffsdogmatik zu lösen.
Nicht möglich ist dies allerdings bei einem möglichen grundrechtlichen Anspruch auf medizinische Versorgung oder den Bau von Deichen an über-
schwemmungsgefährdeten Küstenstreifen; gerade hier müßte sich das Schutz-
pflichten-Konzept bewähren. Dessen unerachtet ist eine grundrechtlich begründete, unmittelbare (nicht durch vorhergehende Eingriffe vermittelte) Verpflichtung des Staates zum Schutz von Grundrechtsgütern durch Wohlfahrts-
einrichtungen in der höchstrichterlichen, insbesondere verfassungsgerichtlichen Rechtsprechung entgegen anderslautenden Aussagen in der Literatur keineswegs anerkannt, noch nicht einmal hinsichtlich des Rechtsgutes "Leben".

Soweit für das Bestehen einer solchen Verpflichtung die nachfolgend genannten Entscheidungen des Bundesverwaltungsgerichts bemüht werden,[282]
handelt es sich um Fehl- bzw. Überinterpretationen. Das Gericht hat in der
Entscheidung BVerwGE 1, S. 159 lediglich ausgeführt, daß einer einfachgesetzlichen Verpflichtung der Träger öffentlicher Fürsorge auch ein Anspruch
des Bürgers entsprechen müsse. Es hat aber ausdrücklich offengelassen, ob
sich ein Anspruch auf Fürsorge bereits unmittelbar aus der Verfassung selbst
ergeben könne.[283] In seinem Urteil zur Impfpflicht vom 14.7.1959[284] hat das
Bundesverwaltungsgericht entschieden, einer Impfpflicht müsse auch ein
Recht des Bürgers auf Impfung korrespondieren. Gelegentlich der Begründung dieser wesentlich auf der Annahme vorangegangenen staatlichen Ein-
greifens beruhenden Sicht hat es zwar gemeint, es möge "in diesem Zusammenhang auch auf das ... in Art. 2 Abs. 2 GG verbriefte Grundrecht auf Leben verwiesen werden."[285] Die Aussage, daß "der Staat aber bestimmte Personen oder Personengruppen nicht ohne besonderen Grund von dem Schutz
gegen eine lebensgefährliche Ansteckung ausschließen darf"[286], ließ sich allerdings innerhalb der herkömmlichen Grundrechtsdogmatik zwanglos mit
Art. 3 Abs. 1 GG begründen;[287] daß das Bundesverwaltungsgericht hierfür
statt dessen den "Sinngehalt des Art. 2" sowie die "Grundrechtsaussagen über
den Menschen überhaupt"[288] bemüht hat, kann als "methodischer Fehler"

---

[281] Was gelegentlich nicht mitzitiert wird, vgl. etwa *B. Pieroth/B. Schlink*, a. a. O.

[282] Etwa von *B. Pieroth/B. Schlink*, Grundrechte, Rn. 394, die sich auf die Entscheidung
BVerwGE 71, S. 139 (141) sowie in der 6. Auflage ihres Lehrbuchs auch noch auf
BVerwGE 1, S. 159 (161) beziehen; *R. Breuer*, FG BVerwG, S. 89 (96 Fn. 39), nennt die Ent-
scheidung BVerwGE 9, S. 78 (80 f.).

[283] BVerwGE 1, S. 159 (161).

[284] BVerwGE 9, S. 78 ff. (=NJW 1959, S. 2325 ff.).

[285] BVerwG NJW 1959, S. 2325 (2326).

[286] BVerwG, a. a. O.

[287] Zutreffend *R. Breuer*, FG BVerwG, S. 89 (96 Fn. 39); s. zum "Geichheitssatz" allerdings
den Dritten Teil unter VI. 3. a).

[288] BVerwG, a. a. O.

nicht für die Stützung einer generellen Aussage herhalten. In BVerwGE 71, S. 139 wurde schließlich ein Anspruch auf das zum Lebensunterhalt Unerläßliche doch noch aus einem Grundrecht bejaht[289] - aber aus dem *Leistungs*grundrecht des Art. 16 Abs. 2 Satz 2 GG (heute Art. 16a Abs. 1 GG), nicht aus einem der im Zusammenhang der Schutzpflicht-Lehre interessierenden "klassischen" (Abwehr-)Grundrechte.[290]

Das Bundesverfassungsgericht hat es bereits zu Beginn seiner Tätigkeit abgelehnt, Art. 2 Abs. 2 Satz 1 oder Art. 1 Abs. 1 Satz 2 (Schutz der Menschenwürde) einen Anspruch auf "positive Fürsorge durch den Staat" zu entnehmen.[291] Es hat lediglich für "möglich" gehalten, daß ein solcher Anspruch sich mit dem Sozialstaatsprinzip begründen lasse.[292] In diesem, nicht aber in Art. 2 Abs. 2 Satz 1 GG hat es später dann in der Tat eine Pflicht des Staates zur "Fürsorge für Hilfsbedürftige" verankert gesehen.[293] Die ein "Recht auf Gesundheit" zum grundrechtsdogmatischen Thema erhebende Literatur unterscheidet bei der Auslegung der einschlägigen verfassungsgerichtlichen Entscheidungen gelegentlich nicht sorgfältig genug.[294] Insgesamt dürfte es den Stand der staatsrechtlichen Diskussion um Grundrechte als Anspruchsnormen zutreffend wiedergeben, wenn O. Seewald als Ergebnis seiner Untersuchung über "Gesundheit als Grundrecht" festhält: "Bislang ist eine derartige lei-

---

[289] BVerwGE 71, S. 139 (141).

[290] Entsprechend verneint etwa BVerwG NJW 1980, S. 718, einen Anspruch auf staatliche Leistungen zur Subventionierung von Theatern aus Art. 5 Abs. 3 GG.

[291] BVerfGE 1, S. 97 (104).

[292] BVerfGE 1, S. 97 (105); unklar bleibt dabei, wie ein solcher Anspruch mit der Verfassungsbeschwerde einklagbar sein soll (so das Bundesverfassungsgericht a. a. O.).

[293] BVerfGE 40, S. 121 (133); ebenso BVerfGE 82, S. 60 (85) - Steuerfreiheit des Existenzminimums (dort immerhin in Verbindung mit einem Hinweis auf die Menschenwürdegarantie). - Es ist daher eine Überinterpretation, wenn *R. Breuer*, FG BVerwG, S. 89 (97 m. Fn. 43), die erstgenannte Entscheidung als Beleg für die verfassungsgerichtliche Anerkennung *grundrechtlicher* Fürsorgepflichten anführt.

[294] S. etwa *E. Jung*, Das Recht auf Gesundheit, S. 250 m. Fn. 6, der den Entscheidungen des Bundesverfassungsgerichts in E 39, S. 1 (§ 218), E 46, S. 160 (Schleyer-Entführung) und E 53, S. 30 (Mülheim-Kärlich) dessen pauschales Bekenntnis zu einer aus Art. 2 Abs. 2 Satz 1, 1 Abs. 1 Satz 2 GG gewonnenen Verpflichtung des Staates "zum Schutz von Leben und Würde des Menschen" entnehmen zu können glaubt. Das Gericht formuliert zwar selbst sehr pauschal und meint, Art. 2 Abs. 2 Satz 1 in Verbindung mit Art. 1 Abs. 1 Satz 2 GG verpflichte den Staat, jedes menschliche Leben zu schützen, sich im umfassenden Sinne schützend und fördernd vor dieses Leben zu stellen (BVerfGE 39, S. 1 [42]; 46, S. 160 [164]); jedoch hat es in allen genannten Entscheidungen stets lediglich *Angriffe Dritter* auf das grundrechtliche Schutzgut thematisiert, ohne die in BVerfGE 1, S. 97 (104), gemachten Aussagen etwa zu widerrufen. Sachlich hat das Bundesverfassungsgericht eine im Wortsinn umfassende Schutzpflicht aus dem Abwehrrecht des Art. 2 Abs. 2 Satz 1 GG - soweit ersichtlich - bis heute nicht anerkannt (ebenso offenbar *J. Isensee*, Das Grundrecht auf Sicherheit, S. 28, der meint, in der Sicht des Bundesverfassungsgerichts habe das Grundrecht auf Leben nur die beiden Funktionen der Abwehr des staatlichen Eingriffs sowie des Schutzes vor privater Gewalt).

stungsrechtliche Grundrechtsauslegung nicht allgemein anerkannt, insbes. auch nicht hinsichtlich des Grundrechts auf körperliche Unversehrtheit."[295]

Ist dies aber so, dann läßt sich - bei Verneinung einer Grundrechtsverpflichtung Privater - die Pflicht des Staates zum Schutz der Bürger vor anderen Bürgern, welcher die Hauptrolle im "Drittwirkungs"-Szenario eines "Schutzes durch Eingriff" zugedacht ist, nicht ohne logische Brüche in den Grundrechten verankern.[296] Hieran könnte auch der von J. Isensee vorgeschlagene "Gang ... zu den präpositiven Fundamenten, auf denen das positivrechtliche Normengebäude der Verfassung ruht", nämlich der "Sicherheit" (vor anderen Bürgern) als "Anfang aller Legitimationsgründe" des Staates,[297] nichts ändern, denn das Problem der staatsrechtlich-dogmatisch widerspruchsfreien Lokalisierung dieser staatstheoretischen Aussage würde dadurch nicht gelöst - auch Isensee sieht den dogmatischen Sitz der Schutzpflichten in den Grundrechten, ohne eine Grundrechtsverpflichtung Privater anzuerkennen[298] und ohne den eingeforderten Schutz auf das jeweilige grundrechtliche "Gut" *als solches* zu beziehen.[299] Jener Gang wird deshalb hier (noch) nicht unternommen; er folgt im Zweiten Teil.

III. Entfaltung der Menschen durch die Menschen - D. Suhr

Im bisherigen Gang der Untersuchung konnte mehrfach beobachtet werden, daß die Fundamente der einzelnen grundrechtsdogmatischen Gedankengebäude vor allem dort tiefe Risse zeigen, wo der grundrechtliche Freiheitsbegriff sie entscheidend abstützen müßte.[300]

---

[295] *O. Seewald*, Gesundheit als Grundrecht, S. 87; s. ferner etwa *E. Denninger*, HbStR V, § 113, Rn. 42. - Die Beispiele, die *F. Kopp*, NJW 1994, S. 1753 (1755), demgegenüber als Belege für ein Anerkanntsein unmittelbarer grundrechtlicher Leistungsansprüche anführt, lassen sich sämtlich auf den Ingerenzgedanken und damit auf die Abwehrfunktion der Grundrechte zurückführen.

[296] Ablehnend auch *J. Dietlein*, Die Lehre von den grundrechtlichen Schutzpflichten, S. 159, der aus der "in ihrem Ansatz liberalstaatlichen Grundrechtskonzeption des Grundgesetzes" folgert, "daß die Ableitung subjektiver Rechte auf staatliche Schutzgewährung als *unmittelbare* und *originäre* Geltungsanordnung der einzelnen Grundrechtsgewährleistungen nicht gelingen kann." Wenn *Dietlein* selbst sich zur dogmatischen Anbindung der von ihm als notwendig angesehenen Schutzpflichten allerdings auf die "allgemeinen, auch dem Verfassungsrecht innewohnenden Grundsätze von Treu und Glauben", insbesondere diejenigen der Ingerenz und des Vertrauensschutzes stützt (a. a. O., S. 173), liegt darin kaum ein Fortschritt auf dem Weg zu einer einleuchtenden Systematik grundrechtlichen Denkens.

[297] *J. Isensee*, Das Grundrecht auf Sicherheit, S. 3.

[298] *J. Isensee*, a. a. O., S. 35 f.

[299] Vgl. *J. Isensee*, a. a. O., S. 33.

[300] S. etwa oben I. 3., II. 2.

Genau hier setzt D. Suhr an. Mit Blick auf das alltägliche Beispiel der Konfrontation von Raucher und Nicht- bzw. Passivraucher nennt er die unterschiedliche grundrechtliche (Schutz-)Bewaffnung des Rauchers mit dem schneidigen grundrechtlichen status negativus (des Art. 2 Abs. 1 GG) und des Passivrauchers mit dem Hilfsbedürftigkeit gegenüber dem (Sozial-)Staat vorgaukelnden status positivus (des Art. 2 Abs. 2 Satz 1 GG) einen "status-Trick, mit dessen dogmatischer Mechanik die abstrakte negative Freiheit des Rauchers vom staatlichen Eingriff kunstgerecht in seine konkrete positive Freiheit zum privaten Eingriff beim Passivraucher transformiert wird."[301] Nach Suhr schlagen insoweit "Vorstellungen ... aufs Ergebnis durch, die sich im vorsozialen Rechtsstaat dabei bewährt haben, faktische ... Macht und Herrschaft Privater über Private staatsideologisch zur Freiheit zu verklären"[302].

Suhr setzt dem rein abstrakten, negativen und damit inhaltsleeren Begriff der "Freiheit von" (die gerade von *allem* und damit auch von jedem bestimmten Inhalt "frei" zu sein beansprucht[303]) eine Dogmatik der "Entfaltung der Menschen durch die Menschen"[304] entgegen, die er streng am Text des Art. 2 Abs. 1 GG entwickeln zu können glaubt. Für ihn ist die in diesem Grundrecht gemeinte "Entfaltung ... ein zwischenmenschlicher Vorgang, der sich regelmäßig nicht punkthaft-individualistisch, sondern *in einer Situation* abspielt, an deren *Konfiguration* ebenso regelmäßig mehrere Personen beteiligt sind."[305] Das Bedürfnis danach, von allen - Staat wie Mitbürgern - "in Ruhe gelassen" zu werden, versteht Suhr als funktional auf die so verstandene Entfaltung bezogen. Ein entsprechendes (Abwehr-)Recht wird von der Entfaltungsfreiheit deshalb umfaßt, weil "zur menschlichen Entfaltung die Besinnung gehört wie das Atemholen zum Sprechen."[306]

Den entscheidenden Schritt bei der wörtlichen Auslegung des Art. 2 Abs. 1 GG vollzieht Suhr bei dem Wort "jeder": "Entfalten Menschen sich *faktisch* einer durch den anderen und haben sie dann *jeder das Recht*, ihre *eigene Persönlichkeit* zu entfalten, dann bilden sie wechselseitig das Medium ihrer Entfaltung: dann ist Entfaltung im normativen, kontrafaktischen Sinne *Entfaltung auf Gegenseitigkeit*. So entsteht aus der Entfaltungssituation dadurch, daß in

---

[301] *D. Suhr*, JZ 1980, S. 166 (168).

[302] *D. Suhr*, a. a. O.

[303] S. dazu, auch nach 175 Jahren noch überzeugend, *G. W. F. Hegel*, Grundlinien der Philosophie des Rechts, § 5 Anm.; s. außerdem Zweiter Teil, I. 2. f).

[304] So der Titel seiner Habilitationsschrift aus dem Jahre 1976.

[305] *D. Suhr*, Entfaltung der Menschen durch die Menschen, S. 106.

[306] *D. Suhr*, a. a. O., S. 96.

sie mit dem Wort 'jeder' das Normative einschlägt, ein Entfaltungs*verbund* auf Gegenseitigkeit."[307] Da die Freiheit der Persönlichkeits-Entfaltung situativ zu verstehen sei, sei sie entsprechend unteilbar.[308] Daß sie "jedem" situativ Beteiligten zustehe, mache ihre Allgemeinheit aus, welche die "Unteilbarkeit" miteinbegreife.[309] So scheint das "Drittwirkungs"-Problem dahingehend gelöst zu sein, daß schon der grundrechtliche Freiheitsbegriff die ganze dogmatische Antwort zu geben vermag.

Freilich scheint es in Wahrheit nur so. Suhr bleibt nämlich bei der wortlautgetreuen Auslegung des Art. 2 Abs. 1 GG nicht stehen, sondern wendet sich bei der Behandlung der "Drittwirkungs"-Frage dem Text des Art. 1 Abs. 3 GG zu, dem er die "Möglichkeit" entnimmt, "*andere* als den Staat durch die Grundrechte als *mittelbar* geltendes Recht zu binden."[310] Erst das einfache Recht vermittle den Einzelnen die Grundrechtsgeltung, erst dieses gebe ihnen direkte Rechte gegeneinander.[311] Die "mittelbare Bindung" Privater an die Grundrechte basiert nach Suhr allerdings nicht auf einer wie immer "abgestuften" Grundrechtsverpflichtung, sondern darauf, daß der Staat neben seiner grundrechtlichen Bindung gegenüber den Einzelnen auch einer solchen "im Verhältnis zur grundrechtlich erfaßten ... Situation" (der sich durch einander entfaltenden Einzelnen) unterliege.[312]

Wird nun aber eine Grundrechtsverpflichtung Privater abgelehnt, hängt der von Suhr vollzogene Übergang von der Faktizität der gegenseitigen Entfaltung des einen durch den anderen über das Wort "jeder" zur entsprechenden grundrechtlichen Normativität, dem Gesolltsein einer wirklich freien Entfaltung im Verhältnis der Einzelnen zueinander, in der Luft. Denn angesichts des Wortlauts des Art. 1 Abs. 3 GG spricht zunächst einmal eine Vermutung dafür, daß Art. 2 Abs. 1 GG nicht mehr besagen will, als daß "jeder" *gegenüber dem Staat* ein Recht auf die freie Entfaltung seiner Persönlichkeit hat, was durch die Erwähnung der "Rechte anderer" bestätigt wird. Die faktische Entfaltung der Menschen durch einander kann in ihrem gegenseitigen Verhältnis mit dem Wort "jeder" schon deshalb nicht normativ unterlegt werden, weil die *einseitige* Entfaltung des einen durch den anderen, die Ausbeutung also, faktisch genauso stattfindet wie die gegenseitige. Sind die Grundrechte

---

307 *D. Suhr*, a. a. O., S. 108.

308 *D. Suhr*, a. a. O.

309 *D. Suhr*, a. a. O., S. 110.

310 *D. Suhr*, a. a. O., S. 137.

311 *D. Suhr*, a. a. O., S. 138.

312 *D. Suhr*, a. a. O.

nur staatsgerichtet, ist a priori gerade *alles* geschützt, was faktisch stattfindet. Auch die Bindung des Staates an die "grundrechtlich erfaßte Situation" hilft nicht weiter, da der Staat mangels angebbarer *normativer* Maßstäbe für die Entfaltungssituation auch an die Ausbeutungssituation gebunden ist. Damit bleibt der Sprung von der Faktizität in die Normativität unbegründet. Suhr verrät dies selbst, wenn er betont, mit seinem Verständnis von "Entfaltung" als einer wechselseitigen "Entfaltung des einen durch den anderen" nur "anthropologischen Befunden" Rechnung tragen zu wollen, und daran anschließend fortfährt: "Dann aber ist die Entfaltung des einen *durch den anderen* nur legitim, wenn sie wechselseitig ausbalanciert ist".[313] "Legitimität" *allein* nämlich kann in einem Rechtsstaat nicht genügen. Insoweit hat J. Isensee Recht: "Die grundrechtliche Legitimität ersetzt nicht die Legalität."[314] Zu zeigen wäre vielmehr, ob bzw. warum "Legitimität" und Legalität in der "Drittwirkungs"-Frage übereinstimmen.

Suhrs Konzept kann also keineswegs verhindern, "daß der Staat in der Vertikalen *gewährleistet und sichert*, was in der Horizontalen dem Ehrennamen 'Freiheit' *hohnspricht*."[315] Auch Suhr gelingt es nicht, das Problem einer normativ-grundrechtlichen Erfassung von Verhaltensweisen in der "horizontalen" Ebene wirklich in den dogmatischen "Griff" zu bekommen. Er liefert dem abstrakten Eingriffs-und-Schranken-Denken bzw. dessen für Bürger-Bürger-Konstellationen entwickelter "Schutz durch Eingriff"-Variante zwar den konkreten Inhalt - man kann Suhr deshalb sicher darin zustimmen, daß die von ihm (in den Vordergrund) gestellte "Frage ... , was Freiheit eigentlich ist"[316], geeignet erscheint, "das Bewußtsein für die anstehenden Grundrechtsprobleme zu wecken und zu schärfen."[317] Weder aber verläßt er dieses Denken wirklich[318] noch überwindet er es gar, da er sein grundrechtsdogmatisches Gebäude auf dieselbe theoretische Grundannahme baut wie die von ihm Kritisierten - die alleinige Staatsgerichtetheit der Grundrechte. Sein "Entfaltungs"-Konzept stellt sich daher letztlich nur als die andere (konkrete) Seite

---

313 *D. Suhr*, a. a. O., S. 114.

314 *J. Isensee*, Das Grundrecht auf Sicherheit, S. 43. Die Frage, woher überhaupt die Maßstäbe für eine solche *bloße* "Legitimität" kommen sollen, drängt sich zwar auf, soll hier aber unerörtert bleiben, da sie außerhalb des Themas "Grund*rechts*dogmatik" liegt.

315 *D. Suhr*, a. a. O., S. 148.

316 Wie *B. Schlink*, Der Staat 18 (1979), S. 615 (617), *Suhrs* Ansatz zutreffend zusammenfaßt.

317 *D. Suhr*, EuGRZ 1984, S. 529 (542).

318 Worauf auch *B. Schlink*, Der Staat 18 (1979), S. 615 (617 f.), zutreffend hinweist.

derselben grundrechtsdogmatischen Medaille dar, einer Medaille, die ihren vordergründigen Glanz im bisherigen Gang der Untersuchung verloren hat.[319]

IV. Zusammenfassung

Alle heute angebotenen Theorien, die die Bedeutung der Grundrechte für "bürgerliche" Rechtsbeziehungen thematisieren, verwickeln sich in nicht aufgehobene und die jeweilige Theorie deshalb selbst aufhebende Widersprüche.

Wortlaut-, historische und teleologische Argumente der herkömmlichen Lehre von der "mittelbaren Drittwirkung" wenden sich, zu Ende gedacht, jeweils gegen diese selbst.[320] Mit der angenommenen "objektiven Wertordnung" pustet sie zur Erreichung gewollter und Vermeidung ungewollter Ergebnisse unter erheblichem Aufwand einen Ballon auf, den bereits ein scharfer Blick zerplatzen läßt.[321] Dürigs geistige Schöpfung ist unzweifelhaft ein "flexibles Instrument in der Hand des Bundesverfassungsgerichts und der Fachgerichte".[322] Praktische Flexibilität muß allerdings theoretisch fest verankert sein, wenn sie wirklich und dauerhaft entlasten soll - das Ankertau der "Wertordnungs"-Lehre ist hierfür zu kurz. Mehr noch: Die "Wertordnungs"-Lehre *sprengt die Einheit der Rechtsordnung*, in der sie die "mittelbare Drittwirkung" der Grundrechte u. a. gegründet sieht.[323]

Die Verfechter einer "unmittelbaren Drittwirkung" verfangen sich (vor allem) in dem Widerspruch, "Grundsatznormen für die gesamte Rechtsord-

---

[319] Das zu *Suhr* Gesagte gilt im übrigen ebenso für *P. Häberle*, Die Wesensgehaltgarantie des Art. 19 Abs. 2 Grundgesetz, der in seinem institutionellen Grundrechtsdenken die Einzelnen "der 'Eigengesetzlichkeit' des [konkreten] Lebensbereiches unterworfen", "in die institutionellen Ordnungen eingefügt" sieht (a. a. O., S. 100), damit also wie *Suhr* zu einer Art "immanenten Drittwirkung" gelangt, seine hierfür ganz entscheidende Annahme aber, daß "die Eigengesetzlichkeit der einzelnen Lebensverhältnisse von der Verfassung positiv bewertet" werde (a. a. O.), mangels Anerkennung einer Grundrechtsverpflichtung Privater nicht normativ unterlegen kann. So holt *Häberle* gleichsam ein, daß er bei seinen Bemühungen das "Problem der Drittwirkung der Grundrechte ... ausgeklammert" ließ, obwohl er es doch als "in einem *inneren Zusammenhang* mit ihrer instit[utionellen] Bedeutung" stehend erkannt hatte (a. a. O., S. 119 Fn. 300; Hervorhebung durch den Verfasser); diese Ausklammerung und die hierdurch bedingte Unvollständigkeit seiner Theorie mögen auch dafür verantwortlich sein, daß *Häberle* von vielen Autoren vorgeworfen wird, die institutionelle Grundrechtstheorie vernachlässige die individuelle Freiheit, so etwa *E.-W. Böckenförde*, NJW 1974, S. 1529 (1533); *E. Grabitz*, Freiheit und Verfassungsrecht, S. 231 f.; *T. Wülfing*, Grundrechtliche Gesetzesvorbehalte und Grundrechtsschranken, S. 74 (dagegen wiederum *Häberle*, a. a. O., S. 332 f.).

[320] S. oben I. 1. a) cc) (1).

[321] S. oben I. 1. a) cc) (5).

[322] *J. Pietzcker*, FS Dürig, S. 345.

[323] Dazu oben I. 1. a) cc) (3).

nung" analog anwenden zu wollen,[324] oder sie *behaupten* eine "grundsätzli-che" Grundrechtsverpflichtung Privater, ohne sie hinreichend zu begrün-den.[325]

Die liberale Grundrechtstheorie verbaut sich mit der Annahme ausschließli-cher Staatsgerichtetheit der Grundrechte von vornherein den Weg zur Begrün-dung einer "Drittwirkung",[326] J. Schwabe formuliert recht eigentlich nur das Problem um,[327] und R. Alexy bringt mit seinem "Drei-Ebenen-Modell" le-diglich die herkömmlichen Denkmodelle in eine andere Terminologie.[328]

Das "Schutz durch Eingriff"-Modell scheitert - außer am Nichtvorhanden-sein einer "objektiven Wertordnung", in der die "Schutzpflicht" ihren Grund haben soll - an der mangelnden Bereitschaft, grundrechtliche Freiheit anders als abstrakt zu thematisieren, sowie an der Ablehnung einer Grundrechtsver-pflichtung Privater, also ausgerechnet am Grund für ihre "Erfindung".[329]

D. Suhr schließlich stellt diesen einseitig formalen Sichtweisen zwar einen inhaltlichen, materiellen Freiheitsbegriff entgegen, worin bereits ein wichtiger Fortschritt liegt. Es gelingt ihm aber nicht, diesen Freiheitsbegriff stimmig in Dogmatik zu übersetzen.[330]

Keine der behandelten Lehren kann die Frage nach der Bedeutung der Grundrechte für Rechtsbeziehungen Privater untereinander (und umgekehrt), ob eingestanden oder nicht, ohne einen schlichten *Analogie*schluß zur Ab-wehraufgabe der Grundrechte gegenüber dem Staat beantworten.[331] Dies ist nicht annehmbar[332] für eine Grundrechtstheorie mit dem Anspruch auf innere Systematik, in der eine Aussage aus der anderen folgt, die sich also nicht mit einer in den entscheidenden Punkten äußerlich bleibenden Beschreibung und Systematisierung punktueller Richtigkeiten begnügt.[333] In den (die eigene

---

324 S. oben I. 1. b) cc).

325 S. oben I. 1. b) dd) (2).

326 S. oben I. 2.

327 S. oben I. 3.

328 S. oben I. 4.

329 S. oben II. 3. b).

330 S. soeben III.

331 Zutreffend insoweit *A. Bleckmann*, DVBl. 1988, S. 938 (942).

332 Darauf, daß selbst die Analogie methodisch unzulässig ist, wurde bereits (unter I. 2.) hingewiesen; deshalb erscheint es auch nicht ganz einsichtig, wie etwa *G. Lübbe-Wolff*, die eine Grundrechtsverpflichtung Privater verneint, von "grundrechtskonformer Anwendung des § 823 Abs. 1 BGB" sprechen kann (Die Grundrechte als Eingriffsabwehrrechte, S. 175).

333 Wofür etwa die "Theorie der Grundrechte" *R. Alexys* steht: "[Alexys] Ansatz gleicht oft mehr der 'pragmatischen Integration von Theorieelementen', die eher der Verfassungsgerichts-barkeit und m. E. wohl weniger der i. S. 'wissenschaftlicher Vorratspolitik' arbeitenden Staats-rechtslehre ansteht" (*P. Häberle*, Der Staat 26 [1987], S. 135 [140]).

Theorie ausnehmenden) Worten D. Suhrs ließe sich zusammenfassen: "Wo man wissenschaftliche Systematik erwarten könnte, stößt man auf Anomalien, Brüche und Unstimmigkeiten."[334]

Dieses Ergebnis rechtfertigt neuerliche Bemühung um eine wirkliche, *innere* Systematik grundrechtlichen Denkens und Argumentierens.

---

[334] *D. Suhr*, EuGRZ 1984, S. 529.

Z w e i t e r   T e i l

Freiheit, Recht und Staat

> "Es darf sich einer nur für frei erklären, so fühlt
> er sich bedingt. Wagt er es sich für bedingt zu
> erklären, so fühlt er sich frei."
>
> *Johann Wolfgang von Goethe*

Eine Theorie der Grundrechte muß sich in den Begriffen der Freiheit, des
Rechts und des Staates gründen: Nach allgemeinem Verständnis sollen Grund-
Rechte Freiheit im *Staat* schützen.

I. Freiheit und Recht

Man sollte erwarten, daß mit dem Wort "*Grund*recht", wenn es nicht inhaltsleer bleiben soll, der Grund des Rechts bezeichnet ist - was zweierlei bedeuten würde: Erstens müßte alles Recht, was im Rang unterhalb der Grundrechte steht, in diesen seinen Grund haben - im Sinne sowohl von Boden als
auch von erzeugender Kraft; und zweitens dürften die Grundrechte ihrerseits
nicht ihren Grund in etwas anderem, ihnen logisch Vorausliegendem haben,
dürften nicht aus vor- bzw. höherrangigem Recht abgeleitet, nicht funktional
auf irgendwelches anderes Recht bezogen sein. Oder aber solches Bezogensein
müßte offengelegt und den Grundrechten so eine - als *Grund*rechten - einge-
schränkte, zugleich aber auch - in ihrer Bezogenheit auf ein Inhalt vermitteln-
des Anderes - *reichere* Bedeutung gegeben werden.

1. "Vorstaatlichkeit" der Grundrechte und "Grundrechts"-Verständnis

Den grundrechtsdogmatischen Annahmen der herrschenden deutschen
Staatsrechtslehre liegt die Vorstellung zugrunde, daß ein Grundrecht nur in
Verbindung mit dem Grundgesetz zu denken und nur das "Grundrecht" sei,
was vom Grundgesetz als solches bezeichnet werde. Für B. Pieroth/
B. Schlink etwa sind daher "natürliche Menschenrechte kein Maßstab, an dem

Gesetze oder gar die Verfassung der Bundesrepublik Deutschland zu messen sind".[1] Dem stehe vor allem "der unbedingte und einheitliche Geltungsanspruch des geschriebenen Verfassungsrechts entgegen".[2]

Freilich findet sich bei Pieroth/Schlink auch der Satz: "[Die Grundrechte] verlangen dem Staat Rechtfertigung ab und liegen ihm insofern voraus."[3] Darin liegt ein eindeutiger Widerspruch zu der ersten These, die nämlich nur dann durchzuhalten ist, wenn man Grundrechte als etwas vom Staat Gewährtes ansieht.[4] Selbst wenn das Grundgesetz nicht schon selbst von staatlichen Organen geschaffen worden wäre:[5] *Durch Gesetz festgelegte* Rechte können durch Gesetz*änderung* auch wieder *aufgehoben* werden. Nach Art. 79 GG kann der Gesetzgeber jede einzelne Grundrechtsbestimmung ändern oder sogar ganz aufheben.[6] Selbst die Menschenwürdegarantie des Art. 1 GG steht zu seiner Verfügung, wenn er vorher den dritten Absatz des Art. 79 ("Ewigkeitsklausel") streicht. Den Einwand, Art. 79 Abs. 3 GG sei selbstverständlich nicht abänderbar, kann eine positivistische ("unbedingter und einheitlicher Anspruch des geschriebenen Verfassungsrechts") Auffassung von Verfassung und Grundrechten nach ihrem Selbstverständnis nicht erheben, da das Grundgesetz hierzu schweigt - selbst wenn dies nicht so wäre, müßte eine entsprechende "Unabänderlichkeitsklausel" abänderbar sein, da es dem Positivisten immer nur auf den autoritativen Akt des *Setzens* ("ponere") ankommen kann.[7]

Sind die Grundrechte aber nur gewährt, können sie dem Staat nicht wirklich Rechtfertigung abverlangen; er kann sie genausogut auch wieder zurückneh-

---

1 *B. Pieroth/B. Schlink*, Grundrechte, 9. Aufl., Rn. 59 (ab der 10. Aufl. offenbar als selbstverständlich vorausgesetzt).

2 *B. Pieroth/B. Schlink*, a. a. O.

3 *B. Pieroth/B. Schlink*, Grundrechte, 9. Aufl., Rn. 48; *dies.*, Grundrechte, Rn. 45; ebenso schon Parlamentarischer Rat, Schriftlicher Bericht, S. 5; ferner etwa *E.-W. Böckenförde*, NJW 1974, S. 1529 (1530): "Die grundrechtliche Freiheit wird durch den Staat nicht konstituiert, sondern liegt ihm, rechtlich gesehen, voraus".

4 Darauf, daß das Verständnis der Grundrechte als "vorstaatlich" mit dem Grundgesetz schon wegen der in Art. 18 GG vorgesehenen Möglichkeit des Ausspruchs der "Verwirkung" wichtiger Grundrechte (etwa des Eigentumsgrundrechts) nur schwer vereinbar ist, hat schon früh *W. Apelt* hingewiesen (JZ 1951, S. 353 [354]).

5 Zur Entstehungsgeschichte des Grundgesetzes s. etwa *K. Hesse*, HbVerfR I, S. 7 f.

6 Zu abweichenden Ansichten in der Literatur s. *K. Stern*, Staatsrecht III/2, S. 1072 ff.

7 Wer sich hier gründlich mißverstanden fühlt oder wem die Bezugnahme auf "den" Rechtspositivismus als undifferenziert erscheint, möge sich zunächst fragen, ob er sich Recht *wirklich unabhängig* von staatlichen Gesetzen und *diesen übergeordnet* vorstellen kann. Falls nicht, wäre zu fragen, wie etwas sich dann offenbar (als Gesetz-tes) selbst Begründendes ein vom Gesetz-Geber auf die gleiche Stufe gesetztes anderes sich ebenso selbst Begründendes an eben dieser Selbstbegründung soll hindern können, wenn es kein beiden Übergeordnetes und beide Bestimmendes gibt (wobei "geben" hier nicht für "postuliert sein" steht), das dann allerdings ganz unabhängig von jeder einzelnen Gesetzesbestimmung bestehen müßte. Die Frage dürfte rhetorisch bleiben.

men. Sollen Grundrechte staatliches Handeln wirklich einem Rechtfertigungs-
erfordernis unterwerfen, müssen sie zur logischen "Stunde null" des Grundgesetzes und der Bundesrepublik Deutschland in irgendeiner Form unabhängig
von der Verfassungsurkunde und damit vom Staat vorhanden gewesen sein.
Das muß letztlich auch die herrschende Staatsrechtslehre zugestehen, für die
K. Stern die schon von den Verfassern des Grundgesetzes beschworene Auffassung der Grundrechte als "vorstaatlich"[8] in die Formulierung gefaßt hat:
"[Die vom Grundgesetz gewährleisteten] *Rechte* mußten dem *Grunde nach
existieren*, ehe sie gewährleistet werden konnten."[9] Das bedeutet aber, daß eine - von Stern vorzüglich repräsentierte - theoretisch-dogmatische Auffassung
von den Grundrechten, die nicht bereit ist, in ihrer wissenschaftlichen Betrachtung ernsthaft und im eigentlichen Wortsinn "radikal" hinter den Verfassungstext zurückzugehen, mehr oder weniger unausgesprochen etwas *voraus*-
setzt, was in der dogmatisch gestützten Klein- und Feinarbeit, die zur Lösung
praktischer Fälle führen soll, nicht mehr thematisiert wird und werden kann.

Das zeigt sich auch in der Begriffsbildung. Soweit sich die heutige Staatsrechtswissenschaft über den Begriff des "Grundrechts" nähere Gedanken
macht, bleiben diese meist so abstrakt und gleichsam zirkelhaft wie die von
K. Stern in seinem umfassenden Werk zum "Staatsrecht der Bundesrepublik
Deutschland" verwendete Definition: "Ein subjektives Grundrecht ist jede einer Person aufgrund einer Grundrechtsbestimmung des Grundgesetzes zukom-
mende oder gebührende Position."[10] Daß diese Formel nicht wesentlich wei-
terführt, liegt auf der Hand:[11] Man müßte wiederum fragen, was denn eigentlich eine "Grundrechtsbestimmung" (und damit ein "Grundrecht", das in ihr
"bestimmt" sein soll) *ist*, schon da das Grundgesetz diese Frage - insbesondere auch im Abschnitt "I. Die Grundrechte" - selbst nicht mit der nötigen
Trennschärfe beantwortet.[12]

Anders gewendet setzt die Sternsche Definition offenbar die Gewißheit des
Definierenden voraus, eine "Grundrechtsbestimmung" könne ohne weiteres
erkannt werden an ihrer Bezogenheit auf eine von ihr unterschiedene, aber
notwendig mit ihr zusammenzudenkende Grundlage - auf ihren nunmehr
wirklich *absoluten* (logisch durch nichts mehr bedingten) *Grund*; was wiede-

---

[8] S. dazu *H. v. Mangoldt* in: Parlamentarischer Rat, Schriftlicher Bericht, S. 5: Von den
"Vätern" des Grundgesetzes "wurden diese Rechte als *vorstaatlich* betrachtet und zwar je nach
dem weltanschaulichen Standpunkt als von Gott gegebene und angeborene oder als naturgegebe-
ne und unveräußerliche Rechte." (Hervorhebung durch den Verfasser).

[9] *K. Stern*, Staatsrecht III/1, S. 37.

[10] *K. Stern*, Staatsrecht III/1, S. 558; eine sachlich identische Definition findet sich bei
B. Pieroth/B. Schlink, Grundrechte, Rn. 57.

[11] *Stern* selbst: "Dieser Begriff ist weitgehend inhaltsleer" (Staatsrecht III/1, S. 558).

[12] Was auch *K. Hesse*, Grundzüge, Rn. 277, als Problem erkennt, diesem dann aber nicht
weiter nachgeht und den Begriff des Grundrechts auch in seiner weiteren Darstellung unbestimmt verwendet.

rum durch die Gewißheit bedingt ist, daß es einen solchen Grund auch *wirklich gibt*.

2. Der Staatsvertragsgedanke und seine Voraussetzung - das Rechts-Verhältnis

a) Rechtspositivismus und Staatsvertrag

Die übermächtige positivistische Tendenz der herrschenden Staatsrechtslehre, die alles "überpositive" in den einen, auch bei Stern nur gleichsam am Rande in den grundrechtstheoretischen Gedankenstrang eingeflochtenen Satz zur "Vorstaatlichkeit" der Grundrechte zurückzudrängen und diesen sodann möglichst zu vergessen sucht, schlägt sich notwendig in einem entsprechenden Staatsverständnis nieder.

Die Anerkennung lediglich positivierten Rechts bedeutet für den Rechtsanwender, daß er vor dem ausdrücklich mit der entsprechenden Absicht vorgenommenen Akt der Positivierung nicht irgend etwas Vorgegebenes als "Recht" nehmen darf.[13] In Verbindung mit dem demokratischen Anspruch, daß ein jeder an Staatsgewalt und Rechtsetzung seinen Teil haben solle (niedergelegt in Art. 20 Abs. 2 GG), ergibt sich daraus für die Rechtsbegründung das Paradigma der von den "Rechtsunterworfenen" erteilten Zustimmung, sei es nachträglicher - wie beim Grundgesetz[14] - oder vorheriger, wie sie sich (vor allem: zur gesetzlich zu bestimmenden politischen Richtung während einer kommenden Legislaturperiode) in Bundestagswahlen Ausdruck verschafft. Der Staat und das Recht - auch die Grundrechte - können so nur vom Vertrag her gedacht werden:[15] Die Staatsorgane werden durch Vereinbarung eingesetzt; was rechtens sein soll, muß ausdrücklich - unmittelbar oder vermittelt durch die Staatsorgane - vereinbart, vertraglich festgelegt werden.

b) Staats-Vertrag als Rechts-Verhältnis

Wenn der Staat nur durch Vertrag begründet werden kann, ist aber sogleich zu fragen, woher dieser Vertrag irgend eine rechtliche Verbindlichkeit erhal-

---

13 Nur dieser "etatistische" Positivismus (vgl. etwa *W. Ott*, Der Rechtspositivismus, S. 20 f.), der der herrschenden Staatsrechtslehre als gedankliche Grundlage dient, ist hier mit "Positivismus" gemeint.

14 *G. F. Schuppert* in: *C. Starck* (ed.), Main Principles of the German Basic Law, S. 37 (45), sieht z. B. in den der Annahme des Grundgesetzes durch den Parlamentarischen Rat mit hoher Beteiligung nachfolgenden Wahlen zum Bundestag eine "retrospective legitimation for the Grundgesetz".

15 S. etwa *P. Häberle*, Rechtstheorie 24 (1993), S. 397 (408).

ten kann - soll *er* doch gerade das Recht erst *begründen*. Die Annahme der Schaffung einer Verfassung durch Vertrag - und anders ist "Verfassung" aus Sicht einer am liebsten ausschließlich auf das autoritative Gesetztsein des Rechts abstellenden Auffassung nicht zu denken - setzt notwendig voraus, daß die Vertragschließenden bereits vor dem Vertragsschluß Rechtssubjekte sind, die es vermögen, sich selbst und alle anderen unter einen gemeinsamen Willen rechtlich zu verbinden. Rechtssubjekte können sie aber wiederum nur sein, wenn sie *vorher* bereits *an sich* (unabhängig von subjektivem Wissen darum) im Recht gewesen sind. Vor allem muß es den *Vertrag* bereits vorher gegeben haben, die Ver*ein*barung als Selbstbindung um der Bindung eines oder mehrerer anderer willen - eben als Sich-Vertrag-en im Gegensatz zum Kampf des einen gegen den anderen: Woher sollte man sonst überhaupt wissen, was der Vertragsschluß "Verfassungsannahme" *bedeutet*? Ebenso setzt auch die Rede von (und die Anwendung des Grundsatzes) der "Verhältnismäßigkeit" das immer schon daseiende Rechts-Verhältnis und das Wissen um sein Maß voraus. Das Wort "Rechts-*Verhältnis*" ist dabei zunächst nicht nach dem gängigen juristischen, nämlich abstrakten Verständnis[16], sondern im durchaus wörtlichen Sinn zu nehmen. Denn ganz offenbar setzt die Annahme eines "Staatsvertrags" im Sinne einer vertraglich festgelegten Regelung den Vertrags*schluß* voraus, und damit eine Handlung, eben: ein *Verhalten*,[17] das sich, soll der "Staatsvertrag" auch durchgeführt werden, nicht im (bloßen) "Vertragsschluß" erschöpfen kann.[18] Ohne den Einbezug *wirklichen rechtlichen Verhaltens* ist *Jurisprudenz überhaupt undenkbar*: Die Beurteilung menschlichen Verhaltens als rechtlich oder unrechtlich ist nicht möglich, ohne daß der Richter seiner eigenen oder der allgemeinen Erfahrung, an der er vermittelterweise

---

[16] S. vor allem *N. Achterberg*, Die Rechtsordnung als Rechtsverhältnisordnung, S. 31 ff.

[17] Dazu hellsichtig *R. Smend*, Verfassung und Verfassungsrecht (1928), in: Staatsrechtliche Abhandlungen, S. 119 (182). - Daß deshalb auch "Recht" und "Politik", wie man sie herkömmlicherweise versteht, lediglich zwei Seiten derselben Medaille sind, wird auch bei *K. Stern* deutlich, wenn er in der "Verfassunggebung zugleich eine politische Entscheidung" erblickt (Staatsrecht I, S. 71). - Zur "politischen Aufgabe", die deshalb insbesondere das Bundesverfassungsgericht wahrzunehmen hat, neuerdings treffend *K. Biedenkopf*, SächsVBl. 1994, S. 25 ff.

[18] S. hierzu, bezogen auf den Begriff der "verfassunggebenden Gewalt des Volkes", *E.-W. Böckenförde* in: *ders.*, Staat, Verfassung, Demokratie, S. 90 (99 f.): "Ist die verfassunggebende Gewalt des Volkes als (auch) reale politische Größe und Kraft notwendig, um die Verfassung und ihren Geltungsanspruch zu legitimieren, so kann sie nicht, wenn sie dies getan hat, juristisch in ein Nichts verabschiedet werden; sie ist und bleibt dann als diese Größe und Kraft weiterhin vorhanden. Es ist eine eigenartige Vorstellung, die notwendige - und als notwendig anerkannte - Legitimation der Verfassung könne auf einen einzigen Punkt, ihre (revolutionäre) Entstehung zusammengezogen werden, von da ab aber gelte die Verfassung gewissermaßen selbsttragend, unabhängig vom Fortbestand dieser Legitimation. Fehlt es an einem in der Zeit fortdauernden bzw. sich erneuernden seinsmäßigen Getragensein der Grundentscheidungen der Verfassung durch die in der konkreten staatlich geeinten Gemeinschaft lebendigen politischen und rechtlichen Überzeugungen, gerät die Verfassung selbst unausweichlich in einen Prozeß der Erosion".

teilhat, ein Vor-Bild rechtlichen Verhaltens entnimmt, das - wie unvollkommen es immer sein mag - Ausgangspunkt seines subjektiven Begreifens ist.[19]

Dem rechtlichen Handeln notwendig vorausgesetzt ist der *Wille* hierzu - der deshalb auch nicht, als den Gesetzen logisch vorausliegend, von diesen *erzeugt* (sondern höchstens bestärkt und gefestigt) werden kann. Der Wille wiederum ist nur von *Freiheit* her zu begreifen: Wenn ich etwas will, setze ich voraus, das die jeweilige Situation entweder anders *vorgegeben ist* oder anders *werden könnte* als gewollt, ich mich aber vom Vorgegebenen los-, unabhängig, eben: *frei* machen, bzw. eine "eigentlich" bevorstehende Änderung verhindern kann; "das Freie ist der Wille. Wille ohne Freiheit ist ein leeres Wort, so wie die Freiheit nur als Wille ... wirklich ist."[20] Da das (Grund)-Gesetz offenbar ohne Zugrundelegung so begriffenen rechtlichen Verhaltens - das Rechts-Verhältnis - nicht denkbar ist, sind sowohl die Verfassungsurkunde als auch jedes einfache Gesetz, jede Verordnung usw. lediglich *weitere* Positivierungen eines immer schon, nämlich im gelebten Umgang der Menschen unter-, in ihrem Verhalten zueinander *positiv Vorhandenen*.[21] Diesen Zusammenhang hat übrigens ausgerechnet H. Kelsen, der gemeinhin (bei näherem Zusehen aber zu unrecht[22]) als "der" Vertreter des Rechtspositivismus schlechthin gilt, in (der ersten Auflage) seiner "Reinen Rechtslehre" sehr deutlich herausgearbeitet.[23]

Das Rechts-Verhältnis ist also Grund (Boden und erzeugende Kraft) des gesetzlich positivierten Rechts.[24] *Seinerseits* liegt es im Begriff des Ich[25] (oder schlicht: im Begriff[26]) begründet - der so zugleich mittelbarer Grund des Gesetzesrechts ist[27]: Das Verhältnis *eines* einzelnen, besonder(t)en Ich zu einem *anderen* ist ein *Verhältnis des allgemeinen Ich zu sich selbst*. Die Achtung des anderen ist daher *wesentlich* (man mag dafür sonstige "Gründe" zu haben mei-

---

[19] S. die Einleitung unter I.

[20] *G. W. F. Hegel*, Grundlinien der Philosophie des Rechts, § 4 Zusatz.

[21] Daß das Recht zuerst "im Handeln der rechtlichen Subjekte positiviert wird", betont auch *W. Schild* in: *H.-D. Klein* (Hrsg.), Systeme im Denken der Gegenwart, S. 180 (188).

[22] Dazu *W. Schild*, Rechtsphilosophische Hefte 1992, S. 97 ff.; s. auch *dens.*, Die reinen Rechtslehren, S. 29 f.

[23] *H. Kelsen*, Reine Rechtslehre, S. 66 f.

[24] Nach der *Achterberg*schen (abstrakten) Rechtsverhältnistheorie ist es genau umgekehrt: "Die Rechtsnorm ist Voraussetzung für das Rechtsverhältnis, das Rechtsverhältnis Folge der Rechtsnorm" (Die Rechtsordnung als Rechtsverhältnisordnung, Vorwort S. 5).

[25] S. Einleitung, I.

[26] "Ich ist der reine Begriff selbst, der als Begriff zum *Dasein* gekommen ist" (*G. W. F. Hegel*, Wissenschaft der Logik, Band 2, S. 253).

[27] Diesen letzten und eigentlichen Grund des Rechts setzt jeder Versuch, das Recht diskurstheoretisch über und durch den "demokratischen Prozeß" zu begründen (s. neuestens wieder *J. Habermas*, Faktizität und Geltung, S. 664), immer schon voraus; dazu *B. A. Braczyk*, ARSP 82 (1996), S. 143 (144 f.).

nen wie man immer will) *Selbst*achtung; mißachtet das (einzelne) Ich sich selbst im anderen, vernichtet es sich als das, was es begrifflich ist, nämlich *Freiheit*[28], was es wiederum begrifflich, als durch und zur Freiheit *bestimmt*, nicht (vollständig) kann - woraus sich die faktisch bzw. der Möglichkeit nach[29] immer *zeitige Freiheits*strafe des modernen Strafrechts erklärt (ebenso die Scham, die als psychische Wunde die Verletzung des eigenen Selbsts anzeigt). Für eine Grundrechtsdogmatik allerdings, die gerade die *Praxis* durchdringen, erklären und bestimmen soll, ist als Rechtsgrund in erster Linie das Rechts-Verhältnis von Bedeutung: als Rechts-Praxis im unmittelbaren Sinn, aus der die (grund)rechtstheoretischen und -dogmatischen Gedanken zu entwickeln sind. So wird am Ende die *im Begriff* (als begriffene) *von zufälliger Erscheinung gereinigte* Praxis in diese selbst als ihr eigener Halt und Maßstab zurückgegeben.

c) Person und Eigentum

Das Rechts-Verhältnis entfaltet sich *aus sich selbst* in *seine eigenen* logischen Bestimmungen. Es setzt Akteure voraus, die sich zueinander rechtlich verhalten, rechtlich gegeneinander handeln (wollen), damit auch jeweils denjenigen, *dem gegenüber* rechtlich gehandelt und der damit als rechtlich zu behandelnder *anderer Wille* - und damit: als Freiheit im Sinne von Selbst-Gesetz-Gebung, Autonomie[30] - an-erkannt wird - die Person[31] (das Rechts-Subjekt). "Das Rechtsgebot ist daher: *sei eine Person und respektiere die anderen als Personen.*"[32] Die Anerkennung (jeweils) anderer Menschen als Personen ist wiederum, da es um *Handeln* geht, nur in bezug auf etwas *Be*handelbares möglich. Deshalb gehört es notwendig zum Inhalt des Rechts-Verhältnisses, Eigentum - verstanden zunächst nicht im (unmittelbar) juristischen Sinn, sondern im Sinne einer "Materialisierung" der Person - zu haben bzw. anzuerkennen, zuerst am jeweils eigenen (bzw. fremden) Körper, aber auch an Gegenständen, die eine Person mit Hilfe ihres Körpers in Besitz genommen hat. "Die Person muß sich eine äußere *Sphäre ihrer Freiheit* geben, um als Idee [d. h. als Verwirklichung ihres Begriffs] zu sein."[33]

---

[28] S. bereits Einleitung, I. und unten f).

[29] S. § 57a StGB.

[30] Dazu näher *W. Schild* in: *J. Schwartländer* (Hrsg.), Menschenrechte. Aspekte ihrer Begründung und Verwirklichung, S. 37 ff.

[31] Die *Hegel* als "für sich seiende[n] oder abstrakte[n] Wille[n]" bestimmt (Grundlinien der Philosophie des Rechts, § 35 Zusatz).

[32] *G. W. F. Hegel*, Grundlinien der Philosophie des Rechts, § 36.

[33] S. *G. W. F. Hegel*, a. a. O., § 41.

d) Vertrag und Vergeltung

Zur Abgrenzung der jeweiligen Eigentumssphären voneinander ist dann das eigentliche rechtliche *Verhalten* notwendig, das Sich-Vertrag-en, der Vertrag - als Einheit unterschiedener Willen.[34] Erst durch den Vertrag wird das Eigentum überhaupt zu einem Rechts-*Verhältnis*, zu *wirklichem Recht*. Was ich schlicht körperlich greife und habe, ist zunächst bloßer *Besitz*. Dadurch, daß ich *meinen Willen* hineinlege, wird die in Besitz genommene Sache zwar in einem unmittelbaren Sinn *Eigen*tum. Aber dieses unmittelbare Eigentum ist abstrakt und als abstraktes unwahr. Als äußerliches Dasein meines Achtung (im Sinne von Nichtverletzung) fordernden Willens anerkannt und so als *wirklich* (in der Wirklichkeit) mein eigen erweist sich die Sache erst, wenn es mir gelingt, einen (z. B. Veräußerungs-)Vertrag über sie zu schließen; hierin wird der Wille zu meinem Eigentum, vor allem: *zu mir als Eigentümer* (überhaupt), der wesentlich allgemeiner, vernünftiger Wille (Wille des allgemeinen Ich) ist - ich muß Eigentum haben, um als Person für andere zu sein -, auf die Stufe der Gemeinsamkeit als einer ersten Gestalt des Allgemeinen gehoben.[35]

Im Begriff des Vertrages liegt, daß derartiges "Abgrenzungs"-Verhalten des Einzelnen stets bezogen ist auf das Verhalten anderer, sei es, weil er ein bestimmtes Verhalten herbeiführen oder verhindern oder einfach nur nicht herausfordern, sei es, weil er ein vergangenes "beantworten" will. Soweit das Verhalten der Person derart auf dasjenige einer anderen bezogen ist, daß es auf dieses reagiert, ist es Vergeltung, sowohl im "positiven" wie im "negativen" Sinn: Vertragsgemäßes oder, vielleicht treffender, verträg-liches Verhalten wird mit ebensolchem vergolten, während sich nicht vertragendes, unverträgliches Verhalten rächend[36] vergolten wird, damit den Anspruch auf den Vertrag (das Sich-Vertragen) behauptend und das unrechtliche Verhalten als nicht anzuerkennen und mithin *nichtig* erkennbar machend.

e) Die Erforderlichkeit des Staates

Wenn das Recht (als Rechts-Verhältnis) bereits vor "Abschluß des Staatsvertrags" vorhanden (gewesen) ist, muß offenbar weiter gefragt werden, warum dann der Staat, der nach dem herkömmlichen Verständnis das Recht gerade erst schaffen, zumindest aber gewährleisten soll (was immer "gewährlei-

---

34 Vgl. *G. W. F. Hegel*, a. a. O., § 73. - Zu einem (rechts)soziologischen Begriff "vertraglichen Verhaltens" s. etwa *W. Schmid*, Zur sozialen Wirklichkeit des Vertrages, S. 50 ff.

35 Vollkommen auf-gehoben in diesem Sinn wird der einzelne Wille erst im Gesetz, s. Dritter Teil, II.

36 S. zum Begriff der Rache *G. W. F. Hegel*, a. a. O., § 102.

sten" für eine positivistische Rechtsauffassung bedeuten mag), warum dieser Staat also überhaupt erforderlich ist.

Die Antwort ergibt sich aus dem Begriff des Rechts-Verhältnisses - als rechtlichem Handeln - selbst. Handeln kann nur von handelnden Subjekten her gedacht werden, ist daher stets *subjektives* Handeln. Die *Bewertung* vertraglichen (verträglichen) Verhaltens durch den Einzelnen *als solchen* ist stets subjektiv und damit für andere Einzelne nicht verbindlich. Auch wenn man einen Vertrag geschlossen hat, muß doch dessen Auslegung wiederum durch Subjekte erfolgen. Jeweils ist es möglich, daß die Bewertungen und Auslegungen der Beteiligten sich treffen, aber ebenso möglich ist, daß sie dies nicht tun. Darüber hinaus ist das Recht immer nur in seinem jeweiligen Verhältnis, in einer (oder mehreren) konkreten Handlung(en) bestimmt. Es besteht daher *begrifflich* die Möglichkeit, daß die nächste Handlung desselben Rechtssubjekts - weil sie etwa bei gleicher Sachlage (etwas) anders ausfällt als die erste - das in der ersten Handlung gegenüber einem anderen gesetzte Recht bricht, obwohl die zweite Handlung durchaus wiederum als rechtliche gemeint war.

So folgt aus dem Begriff des Rechts-Verhältnisses, daß ein und dieselbe Handlung aus Sicht des einen Recht, aus Sicht des anderen Unrecht darstellen kann. Durch eine Handlung begangenes - subjektiv so empfundenes - Unrecht wird vom Gegenüber subjektiv *rechtlich*, aus der Sicht des zuerst Handelnden aber notwendig *unrechtlich* vergolten. Dabei legen beide ihren Handlungen und Bewertungen durchaus zugrunde, daß Verträge *notwendig* und daß Handlungen von Personen *zu vergelten sind* - sie halten sich mithin an ein *Gesetz*, nämlich an das formelle Gesetz des Rechts-Verhältnisses, welches besagt, *daß das Rechts-Verhältnis überhaupt sein soll.*[37] Da dieses Gesetz *als solches* - nämlich als *Gesetz* des im Ansatz von Verhalten ausgehenden und so *subjektiv* zu denkenden Rechts-Verhältnisses - einen Inhalt für rechtliches Verhalten nicht angeben kann, bringt es *für die (aus Sicht der) Einzelnen* Unrecht notwendig stets neu hervor.

Um das Entstehen immer weiteren, sich gegenseitig aufschaukelnden Unrechts zu verhindern, bedarf es eines "unbeteiligten", emotionslosen "Dritten"[38], eben des Staates als eines Apparates, der das Verhalten der Einzelnen zueinander gesetzlich regelt, das heißt: dem zunächst nur formellen[39] Gesetz des Rechts-Verhältnisses und also dem (jeweiligen) Rechts-Verhältnis selbst einen *objektiven Inhalt* gibt; der damit auch den Willen und mithin die Freiheit - zunächst im Gesetz, zuletzt im richterlichen Urteil - inhaltlich bestimmt; und der, da im Begriff des Rechts-Verhältnisses notwendig die *Möglichkeit* des *Un*rechts-Verhältnisses liegt, das nun auch dem Inhalt nach ge-

---

[37] S. dazu auch *G. W. F. Hegel*, a. a. O., § 85.
[38] S. dazu aber auch unten II. und Dritter Teil, II.
[39] S. aber sogleich unten f).

setzlich geregelte Rechts-Verhältnis (rechtliches Verhalten) notfalls mit Gewalt erzwingt oder, was dasselbe ist, unrechtliches Verhalten entsprechend verhindert. Der Staat erscheint damit sowohl als Rechtspflege- als auch als Gewaltapparat. Diese beiden Apparate können aber keinesfalls als voneinander *getrennt*, sondern lediglich als *unterschieden* gedacht werden (was die Einheit voraussetzt). Denn beide Erscheinungen sind nur einheitlich vom Gesetz des Rechts-Verhältnisses her zu denken: Der Rechtspflegestaat *bestimmt es inhaltlich*, der Staat als Gewaltapparat sorgt für seine *Wirklichkeit*, das heißt dafür, daß auch gemäß diesem Gesetz gehandelt wird. Der Rechtspflegestaat wie der Staat als Gewaltapparat sind so lediglich unselbständige Momente eines *einheitlichen Begriffs des Staates*,[40] der als Gesetzlichkeit, statisches Moment, status, eben: "Staat" die Unbestimmtheit und stete Bewegung des Rechts-Verhältnisses auffängt.

Damit ist das Rechts-Verhältnis aber noch nicht ganz begriffen. Denn es bleibt die Frage, warum den Gesetzen, die doch einerseits von frei handelnden Individuen und damit nach deren *subjektiven* Maßstäben gemacht werden müssen, andererseits aber auch für diejenigen gelten sollen, die bei ihrem Erlaß entweder (faktisch oder etwa deshalb, weil sie Ausländer sind) nicht mitwirken können oder dies (etwa als überzeugte Anarchisten oder als Berufsverbrecher) nicht wollen, warum diesen Gesetzen also überhaupt ein objektiver Inhalt gegeben werden kann. Es würde nichts helfen, hierfür (nur) den Gedanken des Vertrages heranzuziehen, der offenbar mit dem Rechts-Verhältnis untrennbar verbunden ist, etwa mit der Überlegung, die Gesetze müßten einen Inhalt haben, dem alle zustimmen könnten, wenn sie nur (lange genug) nachdenken würden. Denn das Denken wird doch immer durch subjektive, freie Entscheidungen zum *Handeln* und damit (möglicherweise) an unterschiedlichen Stellen abgebrochen (und wie sollten sich in einer solchen Gesetzgebung *alle* wiederfinden?). Die Frage nach der Möglichkeit, den Gesetzen einen objektiven Inhalt zu geben, ist so zugleich diejenige nach dem Begriff der Freiheit, die Aufforderung, auf Freiheit zu reflektieren und sie so zu *begreifen*.

f) Begriff der Freiheit als Begriff des Rechts

(Menschliche) Freiheit überhaupt beginnt mit dem Sich-Lösen, Abstrahieren von vorgefundenen natürlichen Bindungen - äußerlichen (Gegen-Ständen) und innerlichen (Trieben). Jene Bindungen erweisen sich so als unwahr, als nicht wirklich (bindend), als nichtig - man kann sich von ihnen *befreien*. Wird diese Loslösung von vorgefundenen Bindungen allerdings *konsequent* durchgeführt, vernichtet sich die Freiheit selbst: Sie ist erstens in dem *Zwang* gefangen, aus (allen) Bindungen zu fliehen, und kann deshalb zweitens *keine*

---

[40] Hierzu näher unten II.

Wirklichkeit erlangen, da der Eintritt in sie ein Sich-Bestimmen, Sich-Festlegen bedeutet, was gerade nicht sein soll. "Wenn die *eine* hier bestimmte *Seite* des Willens - diese *absolute Möglichkeit*, von jeder Bestimmung, in der Ich mich finde oder die Ich in mich gesetzt habe, *abstrahieren* zu können, die Flucht aus allem Inhalte als einer Schranke - es ist, wozu der Wille sich bestimmt oder die für sich von der Vorstellung als die Freiheit festgehalten wird, so ist dies die *negative* Freiheit oder die Freiheit des Verstandes. - Es ist die Freiheit der Leere, welche zur wirklichen Gestalt und zur Leidenschaft erhoben [wird] und zwar, bloß theoretisch bleibend, im Religiösen der Fanatismus der indischen reinen Beschauung, aber, zur Wirklichkeit sich wendend, im Politischen wie im Religiösen der Fanatismus der Zertrümmerung aller bestehenden gesellschaftlichen Ordnung und die Hinwegräumung der einer Ordnung verdächtigen Individuen wie die Vernichtung jeder sich wieder hervortun wollenden Organisation wird. Nur indem er etwas zerstört, hat dieser negative Wille das Gefühl seines Daseins; er meint wohl etwa irgendeinen positiven Zustand zu wollen, z. B. den Zustand allgemeiner Gleichheit oder allgemeinen religiösen Lebens, aber er will in der Tat nicht die positive Wirklichkeit desselben, denn diese führt sogleich irgendeine Ordnung, eine Besonderung sowohl von Einrichtungen als von Individuen herbei; die Besonderung und objektive Bestimmung ist es aber, aus deren Vernichtung dieser negativen Freiheit ihr Selbstbewußtsein hervorgeht. So kann das, was sie zu wollen meint, für sich schon nur eine abstrakte Vorstellung und die Verwirklichung derselben nur die Furie des Zerstörens sein."[41]

Nachdem die Freiheit die Abstraktheit auch dieses zweiten Standpunkts des unbedingten Sich-lösen-Wollens erkannt hat, wendet sie sich, *um überhaupt zu sein*, zur Wirklichkeit. Sie kann sich aber nun nicht mehr einfach den gerade noch abgewehrten Bindungen, Zwängen und Beschränkungen überlassen, denn dann wäre gegenüber dem ersten Standpunkt nichts gewonnen als ein *Bewußtsein* der *Un*freiheit, und die Freiheit wäre endgültig am Ende, machte sich zur Gefangenen ihrer selbst als bloßer Will-Kür - Freiheit der (Aus)-Wahl. Die Freiheit kann sich folglich, um wirklich frei zu sein, nur aus sich selbst bestimmen, aus eben dieser Tätigkeit des denkenden Erkennens, als die sie sich im Erkennen der jeweiligen Abstraktheit (weil Unvollständigkeit) des ersten wie des zweiten Standpunkts gezeigt hat. Diese Tätigkeit war, nach dem Allgemeinen zu streben, nämlich die Mannigfaltigkeit der Triebe in einem einzigen, dem abstrahierenden Freiheitstrieb aufzuheben, der nun - als Trieb - selbst aufgehoben werden muß. Dabei bedeutet "aufheben", wie es in der dreifachen Bedeutung dieses Wortes liegt, erstens: (etwas) als Abstraktes vernichten, indem dieses Abstrakte zweitens mit einem anderen abstrakten Moment zur Einheit vermittelt und so drittens gegenüber jenen abstrakten

---

41 *G. W. F. Hegel*, Grundlinien der Philosophie des Rechts, § 5 Anm.

Momenten ein höherer Standpunkt der Erkenntnis erreicht wird. Die Tätigkeit dieses doppelten Aufhebens bewirkt, daß kein Trieb als solcher gegenüber der Freiheit mehr Selbständigkeit, irgendeine eigene Gültigkeit besitzt, jeder Trieb folglich überhaupt aufhört, *Trieb* und damit *Zweck* zu sein, und zum *bloßen Mittel* der Freiheits-Verwirklichung herabsinkt, die allein Selbstzweck, nämlich: sich selbst Zweck ist. Die Freiheit erweist sich so als das allen ihren besonderen Mitteln Gemeine und sie Durchdringende: als das All-Gemeine. Sie ist dies aber nur und gerade durch das Denken. Wenn (und erst wenn) das Mannigfaltige der Erscheinung - und des eigenen Tuns - *gedacht* wird, wird es zum Allgemeinen erhoben. Ich kann überhaupt nichts denken, das nicht allgemein wäre. Selbst wenn ich "hier" oder "jetzt" oder "dieses" sage, verwende ich *Begriffe*, und es ist ausgeschlossen, eine nie zum Ende zu bringende Aufgabe, das gerade gemeinte "dieses" in seiner Mannigfaltigkeit und seinem genauen Unterschied von allem anderen Seienden zu beschreiben, zumal dieses "dieses" seinen Zustand schon verändert hat, wenn ich mit dem Beschreiben auch nur begonnen habe (und sei es hinsichtlich seiner "Elementarteilchen"). Die Sprache, die wir schon deshalb als das Wahre anerkennen müssen, weil alle Wissenschaft sich durch Sprache vermittelt und kein Wissenschaftler sich andernfalls selbst ernstnehmen könnte,[42] bleibt immer allgemein, wie weit sie sich immer zu besondern versucht; so ist "das Allgemeine ... also in der Tat das Wahre der sinnlichen Gewißheit"[43].

Aber das Allgemeine ist auch das Wahre alles Geistigen, da dieses mit dem Begriff überhaupt anhebt[44] und der Begriff sowohl die Ver-allgemein-erung wie die Allgemeinheit selbst ist.[45] Da der von Natur-Mannigfaltigkeit befreiende Begriff selbst nichts als die Freiheit ist, hat er es, soweit er sich selbst zum Gegenstand macht, nur mit Freiheit zu tun; und zwar, da der Begriff als diese begreifende Tätigkeit die unendliche Form, das schlechthin Allgemeine gegenüber dem Mannigfaltigen ist, von vornherein mit der *Freiheit als allgemeiner*; wer daher der denkenden Erkenntnis gemäß frei und also Mensch sein will, nicht Tier, von dem sich der Mensch nur durch das Denken unterscheidet, muß in seinem subjektiven Freiheitsstreben sein besonderes Wohl nur im Zusammenhang mit dem allgemeinen verfolgen wollen. Für einen solchen denkenden Menschen entfällt auch die Notwendigkeit, innerhalb der bürgerlichen Gesellschaft ebenso wie gegenüber dem Staat "Kompromis-

---

42 Über eine "entlarvende" Sprachphilosophie wäre deshalb ähnliches zu sagen wie über *Kants* Unternehmen, vor einem Heranwagen an das Erkennen zunächst das menschliche Erkenntnisvermögen zu untersuchen, was doch "nicht anders als *erkennend* geschehen [kann]" (*G. W. F. Hegel*, Enzyklopädie der philosophischen Wissenschaften, § 10 Anm.).

43 *G. W. F. Hegel*, Phänomenologie des Geistes, S. 85.

44 S. Einführung.

45 Zum Begriff des Begriffs s. *G. W. F. Hegel*, Wissenschaft der Logik, Band 2, S. 251 f.

se" in dem gewöhnlich gemeinten Sinn einzugehen: Indem er nämlich als Einzelner immer schon eine besondere Perspektive auf das Allgemeine einnimmt, sich so als allgemeines mit sich als Einzel-Wesen versöhnend, so daß die Forderungen, die jenes stellt, diesem nicht äußerlich beschränkend, sondern innerlich sind und er so *vollkommen bei sich selbst* und so *wirklich frei* ist.

Die logische Entwicklung des Freiheitsbegriffs läßt sich auch in der Geschichte verfolgen, die als das zeitliche Außereinander der Naturmannigfaltigkeit äußerliche Entfaltung des Begriffs und so zugleich Grundlage der logischen Wissenschaft ist.

Daß wir heute Grundrechtsartikel und eine geschriebene Verfassung haben und es anderseits Zeiten gegeben hat (die bei einigen wenigen noch nicht "zivilisierten" Urvölkern auch noch gar nicht vorbei sind), in denen das Recht noch nicht als geschriebenes in Erscheinung trat, deutet eine Entwicklung an. Das Aufstellen von Gesetzen bedeutet den Versuch der Ausschaltung von Subjektivität. So sollte der Richter in den Vorstellungen der frühen Aufklärung denn auch der bloße "Mund des Gesetzes" sein. Daß man in früheren Zeiten keine Gesetze hatte oder doch das Schreiben von Gesetzen lediglich eine Aufzeichnung des in der unmittelbaren rechtlichen Praxis Vorgegebenen bedeutete - weshalb die erste Rechtswissenschaft durchaus eine "echte" deskriptive Wissenschaft war -, zeigt an, daß man sich des "Problems" der Subjektivität nicht *immer* bewußt war. Man wußte sich zunächst eins mit dem daseienden, in den Handlungen der Menschen lebenden Recht, die intellektuelle (Unter-)Scheidung von Rechts-Subjekt und (scheinbar bloß) objektivem Recht hatte noch nicht stattgefunden. Das Gesetz des Rechts-Verhältnisses als Moment der Unfreiheit war noch inhaltlich bestimmt, so daß niemand etwas von seiner subjektiven Freiheit wußte, die deshalb auch nicht (aus)gelebt wurde.

An der Entwicklung, die in dieser Hinsicht bis heute stattgefunden hat, läßt sich ein Fortschritt im Bewußtsein der Freiheit des Menschen ablesen.[46] Während man sich zunächst als eingebunden in Nichthinterfragbares, vielmehr lediglich (auch: durch Aufschreiben in Gesetzen denkend) Nach-Vollziehbares, als bloßes Glied einer *Gemeinschaft* (und nicht als davon unterschiedenes Subjekt) wußte, wurden sich die Menschen in immer stärkerem Maß der Bedeutung der (eigenen) Subjektivität bewußt. Dies galt zunächst nur für wenige, nicht zuletzt für diejenigen, die sich mit der Rechtspflege befaßten oder auch Gesetze aufschrieben. Denn es kam immer wieder vor, daß wie immer geartete (als solche erscheinende) "Lücken" des Rechts geschlossen werden mußten, was nur der einzelne Rechtsweise selbst vermochte, der sich in diesem Tun als nicht nur Recht-*wissende* und -*nachvollziehende*, sondern auch

---

46 Zum folgenden eingehend *W. Schild*, FS Arthur Kaufmann, S. 281 ff.; s. ferner etwa *W. Schreckenberger*, Der Staat 34 (1995), S. 503 (505 ff.).

als Recht-*setzende* Instanz erkannte. Womit der Anfang der Entwicklung hin zum Recht als (scheinbar nur noch) gesetztem erreicht war.

Waren Lücken des vorgegebenen Rechts zu schließen (und ließen sie sich schließen), bedeutete dies weiter, daß die zunächst getroffenen Einzelfallentscheidungen allgemeine Grundsätze zum Ausdruck gebracht hatten, die der Mensch durch Denken zu erfassen vermochte. In seiner (durch die Praxis des Lücken-Schließens erfahrenen) Fähigkeit, Recht *denkend zu erzeugen*, wurde er sich zuerst seiner *Freiheit* gegenüber dem Vorgegebenen bewußt. Bald und folgerichtig drängte diese Freiheit dahin, alles an sich zu ziehen, die Welt - und das Recht - als sich ihrer selbst bewußte Schöpferin neu zu gestalten. Das bedeutete zugleich, daß als "Recht" nur noch das durch die Freiheit geschaffene Recht anerkannt werden konnte, jegliche Art von Naturrecht als dem Menschen unangemessen zu verwerfen war. Wie sollte man es auch finden? War doch die Einheit des (seiner selbst zunächst gar nicht bewußten) Subjekts und des Objekts, die eine unmittelbare (nicht durch Denken vermittelte) Rechtserkenntnis ermöglicht hatte, zerbrochen.

Freiheit war - anderseits - die Freiheit sowohl zum Guten wie (als bloße subjektive Willkür) zum Bösen. Deshalb mußte die Subjektivität des Richtenden ausgeschaltet werden, durfte Recht nur als durch Denken erzeugtes allgemeines Gesetz - und damit: als *allgemeine* (nicht mehr nur Willkür-)*Freiheit* - gesetzt werden und mußte der Staat "ohne jede Freiheit in ihm selbst", gleichsam "als gesetzmäßige Maschine der Freiheit"[47] danach verfahren. Die Allgemeinheit dieses Gesetzes war eine abstrakte, war doch von den Besonderheiten des einzelnen Falles abzusehen, in denen vormals das Rechtliche desselben - nämlich gerade *dieses* Falles - hatte unmittelbar erkannt werden können, die aber vom nach allgemeinen Zusammenhängen suchenden Denken als den Fall entscheidende Besonderheiten nicht mehr akzeptiert werden konnten. Da das Denken, einmal angefangen, radikal ist, eliminiert es aus den immer allgemeiner und damit als solche immer abstrakter werdenden Regeln in der letzten Konsequenz jeden Inhalt, was zur Aufstellung sogar gänzlich inhaltsleerer Vorschriften wie etwa der des § 903 S. 1 BGB führt: "Der Eigentümer einer Sache kann, soweit nicht das Gesetz oder Rechte Dritter entgegenstehen, mit der Sache nach Belieben verfahren und andere von jeder Einwirkung ausschließen". Ohne detaillierte Kenntnis der offenbar außerhalb von Gesetzen liegenden "Rechte Dritter" weiß man nicht, was der Eigentümer nun darf und was nicht. Mit solchen Vorschriften (allein) läßt sich möglicherweise eine rein formale Normenlogik betreiben, aber nicht *Recht* sprechen (das deshalb durch bloße Betrachtung solcher Vorschriften auch nicht wissenschaftlich erfaßt werden kann). Da die Voraussetzung der gesetzten Normen nicht nur als von diesen unterschieden, sondern als hiervon getrennt und jenen Normen

---

47 *W. Schild*, Wiener Jahrbuch für Philosophie 24 (1992), S. 127 (139).

nicht zugehörig betrachtet wird, kann eine positivistische Rechtswissenschaft gar nicht angeben, was Recht eigentlich ist.[48]

So steht am Anfang der dargestellten Entwicklung die *Gemeinschaft* als unmittelbare Einheit von Subjekt und Objekt, von Mensch und Recht, die einseitig und damit unwahr ist, weil in ihr die Freiheit keine Entfaltungs-Subjekte findet. Am Ende steht eine scheinbar unüberwindliche Trennung von beiden, die (bürgerliche) *Gesellschaft* (welches Wort darauf hindeutet, daß sich ihrer selbst als Subjekte bewußte Einzelne sich vom gedanklichen Ausgangspunkt der Getrenntheit aus zueinander "gesellen") als Ort des allseitigen Strebens nach individueller Vorteilsmaximierung; diese Trennung ist ebenso einseitig und unwahr, weil die von allem abstrahierende Freiheit letztlich vom Recht selbst abstrahiert. Kannten die Menschen anfänglich ihre Freiheit nicht, so kennen sie am Ende das Recht nicht mehr (jedenfalls, soweit sie positivistische Rechtswissenschaftler sind - was in *voller Konsequenz* heute aber wohl niemand mehr durchhält).

Diesen Prozeß der Selbst-Entfremdung hat, wie die Menschheit, auch jeder einzelne Mensch (mehr oder weniger leidvoll) erfahren (müssen). Das Kind, das nachahmt, was die Eltern ihm vormachen, das das von diesen Gehörte und Gelernte als absolut gültige Wahrheit nimmt und lange gegen ein Hinterfragen durch Dritte verteidigt (weil es selbst als Teil dieser Wahrheit in Frage gestellt wird), begehrt in der "Pubertät" gegen das bloße Gliedsein in der Familie auf, will selbständig über sein eigenes, als von dem der Eltern verschieden erkanntes Leben bestimmen. Eigenständigkeit als Unterscheidung zu den Eltern kann es zunächst nur durch Ablehnung gewinnen, die (möglichst zu erreichende) vollkommene Eigenständigkeit nur duch vollkommene Ablehnung; womit es sich selbst, sein Wesen, das in seiner Familie seinen Grund hat, ablehnt - und in die bekannten tiefen Depressionen fällt, die auf dem Gefühl der Sinnlosigkeit, der Leere beruhen. Es kennt sich selbst nicht (mehr), muß sich erst mühsam (wieder)finden.

Die Lösung für das damit erkennbar gewordene Dilemma ist einerseits sehr einfach, anderseits aber auch unbequem.[49]

Sehr einfach ist ihre theoretische Erfassung. Beide Extreme sind - isoliert betrachtet - unwahr. Sie sind aber anderseits auch nicht einfach außer acht zu lassen, bezeichnen sie doch Anfangs- und Endpunkt einer Entwicklung, die tatsächlich stattgefunden hat, und zugleich die logische Entwicklung des Begriffs der Freiheit. Sie sind deshalb als Anfang und Ende, als einander entgegengesetzte Momente in der (immer neu) gedanklich nachzuvollziehenden

---

[48] Treffend dazu bereits *I. Kant*, Die Metaphysik der Sitten, S. 336; vgl. auch *W. Henke*, Der Staat 7 (1968), S. 165 (171).

[49] Zum folgenden eingehend *W. Schild*, Wiener Jahrbuch für Philosophie 24 (1992), S. 127 (140 ff.).

Entwicklung aufzuheben (zu behalten und als einseitige aufzugeben); damit erweist sich zugleich die *Entwicklung selbst* als das Übergeordnete, Notwendige und Zweckhafte, während ihre einzelnen Stadien zu bloßen Folgen und Mitteln herabsinken. Im Wissen hierum reflektiert man, wenn man das eine Extrem in den Blick nimmt, stets auch auf das andere, man denkt nicht an die allgemeinen Normen, ohne zugleich an ihre Voraussetzung zu denken, und man ist sich bei der Betrachtung des Gegebenen stets der Möglichkeit und Notwendigkeit bewußt, es durch ständiges Weiter-Denken, eben: Weiter-*Entwickeln* immer wieder zu aktualisieren und zu verbessern, ohne in die Versuchung zu geraten, alles Bewährte über Bord zu werfen.[50] So erhält man den wirklichen, nämlich einen Begriff des Rechts, der (und mit dem der Mensch) in der Welt auch zu wirken (sich in der Welt zu ver-wirklich-en) vermag; und der sich als mit demjenigen der Freiheit identisch erwiesen hat: Das rechtliche *Verhalten* ist an seine *Rechtlichkeit* (zurück)gebunden wie die Freiheit an ihre begriffliche Voraussetzung (s. o.), die das Moment der Unfreiheit oder besser: der *Bestimmtheit* im Freiheitsbegriff ausmacht. Daß der Begriff des Rechts *inhaltlich* (nämlich als wirkliche, allgemeine Freiheit) *bestimmt* werden muß und nicht in einer bloßen "Definition" bestehen kann, wie manche meinen (und dann völlig zu Recht folgern, daß die methodisch geleitete Rechtsfindung nicht mit einer Definition des Rechts beginnen kann[51]), liegt im übrigen auf der Hand: "Definition" bedeutet "Abgrenzung", und man muß zunächst wissen, was es (wesentlich) *positiv ist*, das man *negativ* von anderem abgrenzen möchte.

Unbequem ist die Lösung anderseits deshalb, weil sie die (dem Praktiker ohnehin nie erlassene) Anstrengung, bei jeder Anwendung allgemeiner Normen auf die (eigene) rechtliche Praxis - und damit durchaus auf (auch) "Subjektives" - reflektieren zu müssen,[52] das nie aufzulösende Spannungsverhältnis zwischen Freiheit und Bestimmtheit, das den (wirklichen) Freiheitsbegriff ausmacht, in sich selbst thematisiert. Und weil sie auch deutlich macht, daß bei der Abarbeitung dieses Spannungsverhältnisses an einem zu entscheidenden Fall durchaus unterschiedliche Schwerpunkte gesetzt werden können, weshalb sowohl eine eher "konservative" als auch eine eher "fortschrittliche" Entscheidung *recht*lich ist, sofern sie jenem Verhältnis nicht unangemessen, nicht "unverhältnismäßig" ist. Dieses Phämomen bezeichnet das häufig ein wenig ungeliebte, aber überaus treffende Wort "vertretbar": Einerseits erscheint es (noch) zulässig, sich zum "Vertreter" einer bestimmten Auffassung (sei es hinsichtlich eines bestimmten Falles, sei es bezüglich einer abstrakten

---

50 Sehr vereinfacht kann man deshalb - mit *W. Henke*, Der Staat 7 (1968), S. 165 (171) - formulieren: "Auch der Grund des Rechts gehört zum Recht".

51 So z. B. *H.-M. Pawlowski*, Methodenlehre für Juristen, Rn. 3 ff.

52 Dazu *W. Schild* in: *H.-D. Klein* (Hrsg.), Systeme im Denken der Gegenwart, S. 180 (186).

Rechtsfrage) zu machen, eben: diese zu "vertreten". Und zugleich ist die betreffende Ansicht oder Entscheidung aber auch nicht die "allein richtige", sondern kann durchaus von einer anderen, ebenfalls nicht unverhältnismäßigen "vertreten" werden. Auch der objektive Inhalt des Gesetzes hat, da dessen Grund das Rechts-*Verhältnis* ist, immer einen subjektiven Einschlag, ohne deshalb unrechtlich zu sein - was nicht zuletzt die Zurückhaltung des Bundesverfassungsgerichts bei der Beurteilung und Verwerfung von Gesetzen trefflich erklärt.

Nur der hier nachgezeichnete Begriff des Rechts kann im übrigen erklären, warum auch der Verbrecher nach den Gesetzen behandelt werden darf, der den Staat ablehnt und auf den der Staats-Vertragsgedanke deshalb nicht paßt: weil auch der Verbrecher immer schon in einem Rechts-Verhältnis zu allen anderen steht und dieses Verhältnis die Vergeltung immer schon mit zu seinem Inhalt hat(te). Der Verbrecher kann eben nur ablehnen, worin er sich immer schon findet und "gefangen" ist. Und schließlich: Auch der Ausländer hat gerade keinen Staats-Vertrag mit abgeschlossen. Daß wir ihn dennoch als Rechtsperson behandeln, ist nur damit zu erklären, daß er auch ohne Staatsvertrag in einem Rechts-Verhältnis zu uns steht und immer schon gestanden hat - wenn auch vielleicht nicht immer für das (offizielle) Bewußtsein vom Recht.[53]

Ausgangspunkt der Betrachtung des Rechts-Verhältnisses war sein zweites, subjektives Moment, das Moment des *Verhaltens*. Wie der bei ihm ansetzende Gedankengang über das formelle Gesetz des Rechts-Verhältnisses hin zum Begriff der Freiheit als demjenigen des Rechts gezeigt hat, kann dieses Verhaltens-Moment nicht isoliert betrachtet werden. Das konkrete, d. h. das wirklich seiende (daseiende) Rechts-Verhältnis ist immer zugleich *objektiv*, hat also einen (Rest) objektiv bestimmbaren Inhalt(s), weil es im Ausgangspunkt nur vom allgemeinen Ich bzw. von dessen unmittelbarer Gestalt als Gemeinschaft (dem nicht hinterfragten, sich unmittelbar selbst tragenden Zusammenleben von Menschen) her gedacht werden kann, wie *subjektiv*, weil es ebenso notwendig nur von frei handelnden Subjekten (einzelnen Ichs) her zu denken ist - die den objektiven Inhalt, mit notwendig subjektivem Einschlag, (immer wieder neu) *bestimmen* müssen. Es bleibt deshalb auch immer die Möglichkeit der Unrechtshandlung, die Möglichkeit also, daß das Subjekt gegen den objektiv bestimmbaren (Rest-)Inhalt des Rechts-Verhältnisses handelt. Das *Rechts-Verhältnis* oder, was dasselbe ist, das (Auf-)Gegebensein *allgemeiner Freiheit* und nicht ein "Wertsystem" (Dürig[54]) oder "oberste abstrakte Prinzi-

---

53 S. dazu mit Bezug auf nationalsozialistisches Rechtsdenken und speziell auf Karl Larenz *B. A. Braczyk*, ARSP 79 (1993), S. 99 (111 ff.); allgemein *J. Gernhuber*, FS E. Kern, S. 167 ff.; *B. Rüthers*, Entartetes Recht (2. Aufl. 1989).

54 S. o. Erster Teil, I. 1. a) aa).

pien" (Alexy[55]) ist das, was die Grundrechte voraussetzen und in Bezug nehmen.[56]

II. Begriff des Staates als Vermittlungsverhältnis

Wenn der Staat - wie gezeigt - vom Rechts-Verhältnis her zu denken ist, hat dies offenbar Konsequenzen für die Bestimmung des Verhältnisses von Einzelnem und Staat.

Der Staat erscheint in der modernen Staatsrechtswissenschaft meist als seelenloser Staatsapparat, als etwas von außen auf die Einzelnen und ihre Beziehungen zueinander Einwirkendes, etwas den Einzelnen Entgegenstehendes, von ihnen vollkommen getrennt zu Denkendes. Diese Sichtweise bedeutet aber ersichtlich eine Abstraktion.[57] Denn es hat schon immer eine Rechts-Pflege gegeben, sei es durch sein schlichtes Einhalten (durch rechtliches Verhalten), sei es durch rächende Vergeltung, die zeigt, daß die vergoltene Handlung Unrecht darstellt und daß jede Unrechtshandlung notwendig eine Reaktion des Rechts nach sich zieht, in dem betreffenden Verhältnis letztlich also immer Recht geschieht. Die Rechtspflege wird aus den unmittelbaren Verhältnissen der Einzelnen zueinander gleichsam "ausgelagert" (und bekommt dadurch zugleich den ihr heute meist zugemessenen engeren Sinn, ohne doch den ursprünglichen je ganz zu verlieren - man denke nur an das Moment der "Rechtsbewährung" im Notwehrrecht[58]), aber sie bleibt doch nach wie vor *ihre* (vermittelte) Rechtspflege.[59] Vor der Einrichtung eines Staatsapparates als des "unbeteiligten Dritten" waren Recht und Staat im unmittelbar gelebten und nicht in Frage gestellten, noch nicht zu seiner Wahrheit gekommenen Rechts-Verhältnis eins. Sie fallen nunmehr auseinander in Rechts-Verhältnis und Staatsapparat, der ersteres - als seinen eigenen Grund - objektiv zu bestimmen und zu gewährleisten hat[60]; womit das Vorhandensein eines Vermittlungsverhältnisses - das selbst notwendig ein (Teil-)Rechts-Verhältnis ist - offenbar wird, für dessen Bezeichnung hier das Wort "Staat" vorgeschlagen wird - was der gemeinen Vorstellung durchaus entspricht, die, wenn sie nicht

---

[55] S. o. Erster Teil, I. 1. a) cc) (5).

[56] Das sagt *R. Alexy* im Grunde selbst, wenn er die Rechtsgeltung so begründet: "Die rechtliche Geltung der Normen eines entwickelten Rechtssystems beruht auf einer geschriebenen *oder ungeschriebenen* Verfassung, die sagt, unter welchen Voraussetzungen eine Norm zum Rechtssystem gehört und deshalb rechtlich gilt" (Begriff und Geltung des Rechts, S. 145; Hervorhebung durch den Verfasser).

[57] S. hierzu auch *T. M. Menk*, Der Staat 31 (1992), S. 571 (576).

[58] S. hierzu etwa *H.-H. Jescheck*, Lehrbuch des Strafrechts. Allgemeiner Teil, § 32 I. (S. 301 f.); *G. Spendel* in: Leipziger Kommentar zum Strafgesetzbuch, § 32, Rn. 13.

[59] S. dazu und zum Folgenden bereits treffend *H. Kelsen*, Reine Rechtslehre, S. 117 ff.

[60] Dazu oben I. 2. e).

vollkommen oberflächlich bleibt, den sicht- und spürbaren Staatsapparat immer schon als auf das Recht bezogen denkt; dieser Apparat ist das bestimmte, äußerliche (und deshalb stets verbesserungsfähige) Dasein der Vermittlung von Einzelheit und Allgemeinheit. Im weiteren Verlauf der Untersuchung erfolgt die Wort-Wahl zwischen "Staatsapparat" und "Staat" jeweils danach, ob auf das Moment des (auch) abstrakt für sich bestehenden Macht- und Gewaltapparates besondere Betonung gelegt wird oder nicht.

In der deutschen Staats(rechts)lehre hat neben Hermann Heller[61] vor allem Rudolf Smend den Staat als Vermittlungsverhältnis oder Prozeß andauernder "Integration" verstanden: Nach Smend ist "der Staat nicht ein ruhendes Ganzes, das einzelne Lebensäußerungen, Gesetze, diplomatische Akte, Urteile, Verwaltungshandlungen von sich ausgehen läßt. Sondern er ist überhaupt nur vorhanden in diesen einzelnen Lebensäußerungen, sofern sie Betätigungen eines geistigen Gesamtzusammenhanges sind, und in den noch wichtigeren Erneuerungen und Fortbildungen, die lediglich diesen Zusammenhang selbst zum Gegenstande haben. Er lebt und ist da nur in diesem Prozeß beständiger Erneuerung, dauernden Neuerlebtwerdens; er lebt ... von einem Plebiszit, das sich jeden Tag wiederholt. Es ist dieser Kernvorgang des staatlichen Lebens, wenn man so will, seine Kernsubstanz, für die ich ... die Bezeichnung als Integration vorgeschlagen habe."[62] - "Der Staat ist nur, weil und sofern er sich dauernd integriert, in und aus den Einzelnen aufbaut - dieser Vorgang ist sein Wesen als geistig-soziale Wirklichkeit. Die Ergründung dieses Wesens ist die erste Aufgabe der Staatstheorie"[63]. Solche Ergründung ergibt, daß das Verhältnis von Einzelheit und Allgemeinheit, von Einzelnem und Staat sich einerseits zwar täglich aufs neue *in den* (meisten) *Einzelnen selbst* vermittelt. Aber diese Art von Vermittlung ist als solche nicht so sicher und beständig, daß ein Staat dauerhaft in ihr Halt finden könnte. Notwendig sind deshalb Institutionen, in denen jene Vermittlung dauerhaft Thema und (in) denen sie dauerhaft Aufgabe ist.[64] Hierzu zählen zum Beispiel Arbeitnehmer- und Wirtschaftsverbände und deren Dachorganisationen, in denen sich Einzelperspektiven immerhin bereits zur *gemeinsamen* Perspektive vermitteln. In Umwelt(schutz)organisationen bringt sich der Einzelne für das Allgemeine ein. Politische Parteien ragen aus der Menge derartiger Organisationen besonders hervor: In ihnen vermitteln sich die Einzelinteressen der Bürger notwendig zu einer besonderen Perspektive auf das Allgemeine, da die sich aus *Einzelnen* aufbauenden

---

61 Zu Hellers Staatslehre im Zusammenhang der Krise der deutschen Staatslehre in der Weimarer Zeit s. etwa *M. Hartwig* in: *C. Jermann* (Hrsg.), Anspruch und Leistung von Hegels Rechtsphilosophie, S. 239 (249 ff.).

62 *R. Smend*, Verfassung und Verfassungsrecht (1928), in: Staatsrechtliche Abhandlungen, S. 119 (136).

63 *R. Smend*, a. a. O., S. 138.

64 Dazu eingehend *L. Siep*, Praktische Philosophie im Deutschen Idealismus, S. 270 ff.

Parteien darauf ausgehen, im *Staat* Regierungsverantwortung zu übernehmen.[65] Neben den Parteien kommt aber auch den (vor allem elektronischen) Medien eine besondere Bedeutung zu. In "einer radikal mobil werdenden bürgerlichen Gesellschaft"[66] können örtlich oder räumlich gebundene Institutionen die Aufgabe der Vermittlung nicht mehr voll erfüllen. Der (öffentlich-rechtliche) Rundfunk ist deshalb heute unentbehrlich geworden[67]: Er vermittelt Politik ebenso "von oben nach unten" wie "von unten nach oben", und damit zugleich die Gestalten von Allgemeinheit und Einzelheit.

Deutlich ist auch geworden, daß der Staat gerade nicht - wie es eine positivistische Rechtsauffassung nahelegt - als durch einen Vertragsschluß "Verfassunggebung" *begründet* gedacht werden kann. Ein solcher Vertrag *modifiziert* nur das schon vorher daseiende Rechts-Verhältnis. Der Freiheits-Begriff selbst, dessen Entwicklung oben[68] beobachtet wurde, *verpflichtet* die Einzelnen als Vernünftige, als die sie wesentlich sind, zum Staat, der "Abschluß eines Staatsvertrages" steht ihnen ebensowenig frei wie dessen "Auflösung". Deshalb ist es auch letztlich unerheblich, ob realiter von allen ein "Staatsvertrag" abgeschlossen worden ist oder nicht - der *Begriff* des Vertrages (als Rechts-Verhältnis[69]) ist Grund des Staates. Unter Menschen, die sich ihrer individuellen Freiheit, ihrer Subjektqualität bewußt (geworden) sind, ist allgemeine Freiheit stets gefährdet und ein wirklich freies Zusammenleben deshalb nur im hierauf verpflichteten Staat möglich, der den Staatsapparat als notwendiges Moment enthält. Der Einzelne hat die Pflicht zum Staat zuallererst gegenüber sich selbst. Denn er hat sein Wesen im Denken und damit in der Freiheit - insoweit sie sich von der bloßen Natürlichkeit der Triebe, in der sich der Einzelne bestimmt vorfindet, losmacht -, und als Denkender (sich ver-allgemein-erndes Ich) erkennt er, daß seine subjektive Freiheit nur als allgemeine wirklich sein kann, daher *eigentlich* (wesentlich) seine wirkliche Freiheit *allgemeine* Freiheit *ist*; die er deshalb zugleich als sein sollende, zu erhaltende und immer neu herzustellende erkennt.[70] Man wird auch wohl - mit W. Schild - sagen können, die Pflicht zum Staat des jeweils einen sei "zugleich das Recht des jeweils anderen, der zur Durchsetzung auch (rechtliche) Gewalt einsetzen darf."[71] Bei der Ausübung dieses Rechts ist aber selbstverständlich Vorsicht angezeigt. Denn wenn das allgemeine Bewußtsein entspre-

---

65 Etwas einseitig deshalb die Darstellung und Kritik bei *K. A. Schachtschneider*, Res publica res populi, S. 45 ff.

66 *L. Siep*, a. a. O., S. 283.

67 S. hierzu auch *L. Siep*, a. a. O.; *W. Schild* in: *W. Brugger* (Hrsg.), Legitimation des Grundgesetzes aus Sicht von Rechtsphilosophie und Gesellschaftstheorie (im Erscheinen).

68 Unter I. 2. f).

69 Dazu oben I. 2. b), d).

70 Es sei denn, er lehnt sich selbst ab. - S. zum Zusammenhang von Sein und Sollen bereits die Einleitung unter I. und oben I. 2. b) a. E.

71 *W. Schild* in: *J. Schwartländer* (Hrsg.), Menschenrechte und Demokratie, S. 135 (163).

chend fortgeschritten ist und der Staat bereits besteht, braucht man einige wenige "Dissidenten" nicht zu zwingen, da sie das Recht aller anderen auf Staat
ohnehin nicht wirklich beeinträchtigen können (weshalb ein gewaltsames Vorgehen gegen sie möglicherweise unverhältnismäßig wäre).[72] Und wenn nur
wenige den Staat wollen, ist das allgemeine Bewußtsein noch nicht so weit
ausgebildet und die Gewalt der wenigen vermag nur wenig auszurichten, ist
sogar, da das Allgemeine noch keine Halt gebende Gestalt (etwa als staatliches Gesetz) gewonnen hat, stets in der Gefahr, unverhältnismäßige Gewalt
anzuwenden und so selbst Unrecht zu begehen.[73]

Wichtiger und für die Begründung grundrechtsdogmatischer Aussagen ent-
scheidend ist das aus dem Staatsbegriff abzuleitende Rechte- und Pflichtenverhältnis zwischen Einzelnem und Staat. Der Staat(sapparat als juristische Per-
son) hat einerseits ein Recht gegen den Einzelnen, daß dieser den festgelegten
Beitrag zur Erhaltung des Staates auch leistet, da er Erscheinung seines (des
Einzelnen) Wesen ist,[74] damit ihm zugehörig und gleichsam genauso seine
"Nahrung" als sein Recht gegen ihn einfordernd, wie es auch der Körper als
Ausdruck der Natürlichkeit des Menschen und Voraussetzung seiner Freiheit
täglich aufs neue tut. Und anderseits hat der Staat das zu sein, was er seinem
Begriff nach ist, nämlich verwirklichte und sich stets neu verwirklichende all-
gemeine Freiheit, was für den Staat als "Apparat" und juristische Person zum
Beispiel Schutz- und Förderungspflichten gegenüber dem (und entsprechende
Rechte des) Einzelnen mit sich bringt. Dies wird weiter unten noch näher aus-
zuführen sein.[75] Bereits hier ist aber darauf hinzuweisen, daß die gängige und
einfache Vertrags-Gleichung: "Der Einzelne zahlt Steuern, der Staat beschützt
ihn dafür", nur ein als solches Äußerliches bezeichnet. *Begründen* läßt sich
das Rechte- und Pflichtenverhältnis zwischen Staat und Einzelnem ausschließlich aus dem *Begriff der Freiheit*. Der Staat ist, wie gesagt, nicht wirklich
Vertrag, sondern vielmehr die zu sich gekommene, ihrer selbst bewußt gewordene Allgemeinheit des unmittelbar gelebten Rechts-Verhältnisses als der
bloß an sich (und noch nicht für die einzelnen Rechtsgenossen und damit
durchaus unvollkommen) bestehenden Freiheit. Der Staat ist allgemeiner (an
sich vernünftiger, nicht lediglich "gemeinsamer") Wille, der vom Willen der

---

[72] So wohl auch *G. W. F. Hegel*, Grundlinien der Philosophie des Rechts, § 270 Anm.

[73] Weshalb die Ausführungen *Hegels* über das "Heroenrecht" gegen den "Naturzustand"
(Grundlinien der Philosophie des Rechts, § 93 Anm. und Zusatz) zurückhaltend auszulegen
sind, vgl. nämlich auch seine eigenen Bemerkungen über die "Verfassung", die Napoleon den
Spaniern hatte geben wollen, Grundlinien der Philosophie des Rechts, § 274 Zusatz. - Erheblich
weniger problematisch erscheint die Zuerkennung eines "Heroenrechts" für die zivilisierten
Staaten, soweit sie im Rahmen der Vereinten Nationen (Bürger-)Kriege beenden, da sie insoweit
ihre bereits vorhandenen und in der sittlichen Stärke dieser Staaten ruhenden vernünftigen
Gesetze mitsamt dem Prinzip der Verhältnismäßigkeit nach außen tragen; s. dazu Dritter Teil,
VII. 1.

[74] S. dazu auch *W. Schild*, FS Schwartländer, S. 199 (205).

[75] Im Dritten Teil unter VI. 2., 4. und 5.

Einzelnen zwar nicht unabhängig - denn nur sie können ihn ausführen -, aber doch diesen transzendent ist; deshalb ist die äußerliche Trennung von Einzelnem und Staatsapparat ebenso notwendig wie die gedankliche Aufhebung[76] von beiden als in Wahrheit bloßen Unterscheidungen[77] in der (höheren) Einheit Staat. "So erhält man eine Staatsbestimmung, die sowohl äußerlich als auch innerlich ... und damit vom [freien] Handeln ... [oder eben: vom Rechts-Verhältnis] her zu begreifen ist."[78] So daß der Staat zu bestimmen ist als *Dasein der wirklichen* (nicht abstrakt-unwahren) *Freiheit*.[79]

Aus diesem Begriff des Staates folgt auch, daß es nicht als sein Wesentliches betrachtet werden kann, daß die Grundrechte ihm gegenüber "Wirkung zeigen", daß er dem Bürger "feindlich" gegenübertritt.

Zur Begründung dafür, warum es eine (unmittelbare) "Drittwirkung" der Grundrechte nicht geben könne, werden in der herrschenden Staatsrechtslehre bekanntlich gerne die nicht von der Hand zu weisenden und als fundamental angesehenen Unterschiede zwischen Staat(sapparat) und Einzelnem beschworen, die beispielsweise H. H. Rupp darin sieht, daß "die von der Typik staatlicher Machtentfaltung ausgehenden Freiheitsbedrohungen ganz anders als die von der Typik privater Machtentfaltung ausgehenden Freiheitspressionen angelegt" seien, weshalb sie auch nach "ganz anders strukturierten Verteidigungsinstrumenten" verlangten.[80] Der Ruf nach einer "Drittwirkung"[81] der Grundrechte weckt bei Rupp die Befürchtung, daß man mit ihrer Anerkennung "die Bürger-Bürger-Relation in eine Schablone zwängt, die nur auf das Verhältnis von bürgerlicher Freiheit zu staatlicher Kompetenz, nicht aber auf das Verhältnis von bürgerlicher Freiheit zu bürgerlicher Freiheit zugeschnitten ist."[82] Eine solche Betrachtungsweise läßt aber eine systematische Erfassung des Problems schon im Ansatz nicht zu.

---

[76] In dem dreifachen Sinn der *Beendigung* ihrer Existenz als (nur) einzeln und ihrer *Aufbewahrung* als Momente einer (der Erkenntnisstufe nach) höheren Einheit, in die sie *hinaufgehoben* werden.

[77] Das Wort "trennen" hat tatsächlich, wenn man es recht bedenkt, überhaupt nur im Bereich des Äußerlichen seine Berechtigung. Denn man kann zwei Dinge schon nicht als "ge-trennt" bezeichnen, ohne damit zugleich ihre ursprüngliche (geistige) Einheit anzuerkennen.

[78] *W. Schild*, FS Klenner, unter II. 10. (zitiert nach dem Manuskript).

[79] Treffend dazu *W. Schild* in: *J. Schwartländer/E. Riedel* (Hrsg.), Neue Medien und Meinungsfreiheit, S. 169 (178): "Freiheit selbst begrenzt sich auf Recht(sstaat) hin, d. h. Freiheit bestimmt sich selbst als Recht(sstaat). Damit kommt aber Recht(sstaat) nicht zur Freiheit additiv dazu, sondern ist selbstbestimmte Freiheit".

[80] *H. H. Rupp*, AöR 101 (1976), S. 161 (168).

[81] Unter welchem Begriff *Rupp* ganz offenbar die "unmittelbare" Form derselben versteht, da er die Grundrechte immerhin als "inhaltsbestimmende Elemente allen objektiven Rechts" (a. a. O., S. 171), also auch des die Verhältnisse der Privaten unmittelbar regelnden Zivilrechts, ansieht.

[82] *H. H. Rupp*, a. a. O., S. 169.

Die "Wirkung der Grundrechte" ist nämlich in Wahrheit recht eigentlich *stets* eine "Drittwirkung". Denn der *seinem Begriff gemäß handelnde* Staatsapparat, der *Staat*, verwirklicht gerade den allgemeinen Willen, weshalb die Grundrechte ihm höchstens "prima facie", nicht aber im Ergebnis ein rechtliches Hindernis entgegensetzen. Die Grundrechte *richten* sich wesentlich gegen das (bloß) *Subjektive* im Staat(sapparat), das Allgemeine tut dem Einzelnen als sein Eigenes nichts zu Leide.[83] Erst der bei der Wahrnehmung seiner Aufgaben zu sehr seiner Subjektivität nachgebende Organwalter bekommt die Grundrechte effektiv "zu spüren", sei es, daß ein Gericht ihm verbietet, seine Aufgaben in der beabsichtigten Weise wahrzunehmen, sei es, daß ihn eine persönliche deliktische Verantwortlichkeit trifft, wie sie § 839 BGB völlig zu Recht anordnet (und wie sie Art. 34 GG allerdings auf die juristische Person "Staat" - immerhin mit der Möglichkeit eines Rückgriffs - überleitet) - weshalb das vom Bundesverfassungsgericht für nichtig erklärte Staatshaftungsgesetz,[84] das eine originäre Verantwortlichkeit des Staates vorsah, auch aus diesem Grund als dem Begriff des Staates nicht angemessen zu verwerfen war.

---

[83] S. dazu die dem hier Entwickelten entsprechende Deutung der Grundrechtskonzeption *Hegels* bei *H. Klenner*, Schweizer Monatshefte 1967, S. 252 (258), der *Hegel* dort (a. a. O., S. 255) auch mit den Worten zitiert: "Im wahrhaft vernünftig gegliederten Staat sind alle Gesetze und Einrichtungen nichts als eine Realisation der Freiheit ... Ist dies der Fall, so findet die einzelne Vernunft in diesen Institutionen nur die Wirklichkeit ihres eigenen Wesens".

[84] Vgl. BVerfGE 61, S. 149 ff.

Dritter Teil

Rechts-Verhältnis und Grundrechte

"Immer einfacher"

Ludwig van Beethoven

Aus den im Zweiten Teil entwickelten, in sich gegliederten Begriffen der Freiheit, des Rechts und des Staates ergibt sich ein inneres System grundrechtlichen Denkens gleichsam von selbst.

I. Das (Grund-)Recht als Aus(einander)legung des Rechts-Verhältnisses

Im gedanklichen Zusammenhang von Rechts-Verhältnis und Staatsapparat zeigt sich zunächst die *eigentliche* Berechtigung des Hinweises, den die herrschende Staatsrechtslehre gegen die Annahme einer (unmittelbaren) "Drittwirkung" der Grundrechte ins Feld führt, nämlich: Diese seien nach ihrer Schutzrichtung gegen die vom *Staat(sapparat)* ausgehenden Gefahren aufgestellt worden (Daß diese Gefahren dem logisch vorausgesetzten Rechts-Verhältnis und nicht einer schrankenlosen subjektiven Freiheit droh[t]en, ist spätestens im Zweiten Teil hinreichend deutlich geworden).[1] Jene Deutung der Grundrechte erfaßt, obgleich wohl eher unbewußt, zutreffend ihren Charakter als *Interpretationen*, oder, um das - treffendere - deutsche Wort zu verwenden: als *Auslegungen*, nämlich (insgesamt) als Aus(einander)legung des Rechts-Verhältnisses in seine immer schon begrifflich, d. h. als Begriff(enes) in ihm enthaltenen Momente, als seine Auslegung im Hinblick auf den durch es und aus ihm erzeugten Staatsapparat, zunächst allgemein in die Momente *Einklagbarkeit* und *Durchsetzbarkeit* des Rechts-Verhältnisses in einem geordneten Verfahren;[2] in diesem Sinn wird die (im Rechts-Verhältnis daseiende) Freiheit in der Tat durch Grundrechte "gewährleistet"[3], nämlich ge*wahrt* (worin auch liegt: als wahr, wirklich gezeigt). Indem das Rechts-Verhältnis so

---

1 S. o. Erster Teil, I. 1. a) bb) (2).

2 S. dazu *K. Stern*, Staatsrecht III/1, S. 1208 und Staatsrecht III/2, S. 1188 ff.

3 S. oben Zweiter Teil, I. 1.

aus(einander)gelegt wird und seine immer schon begrifflich in ihm enthaltenen Momente gedanklich sichtbar gemacht und benannt werden, wird es in diesen Momenten auch fixiert, oder besser: *bestimmt*; die Auslegungen des Rechts-Verhältnisses sind deshalb als seine Bestimmungen anzusprechen. So ist eine Vorschrift wie Art. 2 Abs. 1 GG, die nach gemeinem Verständnis dem Staatsapparat Rechtfertigung über seine Freiheit "beschränkenden" Handlungen abverlangen soll[4] und ihn *grund*sätzlich, nämlich in einem Grund-Satz des positiven (ge*setzt*en) Rechts auf seinen eigenen Grund (das Rechts-Verhältnis) verweist und ihn hieran bindet, als Grundrechts*bestimmung* zu bezeichnen. Das Vermittlungsverhältnis von Rechts-Verhältnis und Grundrechtsbestimmung - und nur mit diesem ist juristische Arbeit überhaupt möglich[5] - wird entsprechend der gängigen Terminologie der juristischen Praxis Grundrecht genannt. Dementsprechend wird der Gesetzesbestimmung das Gesetz, der Rechtsbestimmung (im allgemeinen, aber auch im konkreten Sinn, etwa als Gewohnheitsrecht oder auch als Ergebnis einer [Gesetzes-]Rechtsfortbildung) das Recht, der Verfassungsbestimmung die Verfassung gegenübergestellt, welche (vor allem im Grundrechtsteil) das relativ unbestimmte Rechts-Verhältnis[6] und zugleich (im Staatsorganisationsteil) den dieses näher bestimmen sollenden Staatsapparat auf der obersten Stufe im Stufenbau der Rechtsordnung[7] bestimmt ("verfaßt"). Da die Verhältnis-Mäßigkeit so das *Prinzip* der Verfassungsbestimmung ist (ihr gegenüber logisch "zuerst" kommt), ist umgekehrt das dogmatisch verwendete "Verhältnismäßigkeitsprinzip ... ein Mittel zur Auslegung der Verfassung"[8]. Hinsichtlich der Wort-Wahl zwischen "Bestimmung" und Vermittlung im weiteren Gang der Untersuchung gilt das zur Wahl zwischen "Staatsapparat" und "Staat" Gesagte[9] entsprechend.

Wie bereits im Zweiten Teil deutlich wurde, sind folglich die "Grund"rechte des Grundgesetzes *nicht* wirklicher Grund des Rechts. Die Vorstellung der Grundrechte als recht*begründend* hat lediglich die - individual- wie sozialpsychologisch überaus wichtige - Aufgabe, (moderner) *Mythos* zu sein, der juristische und darüber hinaus auch politische und soziale Alltagssicherheit vermittelt. Da diese Alltagssicherheit vor allem für eine reibungslos ablaufende Rechtspflege unerläßlich ist, kann man sich jenem Mythos getrost hingeben und anvertrauen; aber man ist nur ganz frei (ganz bei sich selbst), wenn

---

4   S. dazu Zweiter Teil, I. 1.

5   Dazu eingehend Zweiter Teil, I. 2. f).

6   Das allerdings, da von Gemeinschaft her zu denken, immer schon (mehr oder weniger bestimmt) verfaßt ist; s. dazu auch *G. W. F. Hegel*, Grundlinien der Philosophie des Rechts, § 273 Zusatz.

7   Dazu *H. Kelsen*, Reine Rechtslehre, S. 73 ff.

8   So *D. Medicus*, AcP 192 (1992), S. 35 (53), der dem Verhältnismäßigkeitsprinzip gleichwohl "keinen Verfassungsrang" einräumen will.

9   Dazu Zweiter Teil, II.

man ihn als solchen (in sich ein)*begriffen* und so eigentlich (wesentlich) *selbst erschaffen* hat.[10]

Das Verständnis der einzelnen "Bestimmungen" als Auslegungen des Rechts-Verhältnisses hat selbstverständlich Konsequenzen für das im Ersten Teil hauptsächlich behandelte Problem.

Das Rechts-Verhältnis muß *positiviert*, muß Rechtsbestimmung werden.[11] Auch die Bindung des Staat(sapparat)es an seinen Grund, die Sicherung dessen, daß auch wirklich das *Rechts*-Verhältnis positiviert und durchgesetzt wird, muß Rechtsbestimmung, *Grund*rechtsbestimmung werden. Diese muß angesichts des Charakters der positivierten Rechtsordnung als Stufenbaus, in dem alles unterverfassungsgesetzliche Recht an der Verfassung gemessen werden können muß, im Grundgesetz enthalten sein.

Aber nicht nur das Verhältnis des Einzelnen zum Staatsapparat, auch das Verhältnis des Einzelnen zum Einzelnen bedarf einer grund-sätzlichen juridischen Auslegung, da durch die erfolgte (Unter-)Scheidung von Rechts-Verhältnis und (Gesetzes- und) Rechtsbestimmung, von Rechts-Verhältnis und Staatsapparat die Rechtspflege im Grundsatz dem (ein-)gesetz-ten Staatsapparat obliegt. Da die einzelnen, durch Auslegung auf bestimmte Sachprobleme hin gewonnenen rechtlichen Bestimmungen immer einen Rest von besonderer Bestimmtheit an sich haben und nie volle, als solche *bestimmte*[12] Allgemeinheit erreichen können, müßte das Unternehmen der Positivierung des Rechts-Verhältnisses unvollendet bleiben, wenn man nicht eine *vollkommen allgemeine* (und so scheinbar vollkommen abstrakte) Vorschrift aufstellen würde, die auch für das Verhältnis der Einzelnen zueinander umfassend auf das Rechts-Verhältnis *verweist*. Da dieser Verweis nach dem Stufenbau-Gedanken ebenfalls auf der obersten Stufe der gesetzlich positivierten Rechtsordnung angesiedelt sein muß, ist die Auslegung, die das Grundgesetz in seinem Art. 2 Abs. 1 vornimmt, das umfassende Verbot der Mißachtung des Einzelnen, in ihrer auch sprachlich vollkommen allgemeinen Fassung ernstzunehmen und als subjektives Abwehr-Recht *auch gegen Private* (weiter) auszulegen; was mit den übrigen Freiheitsrechten des Grundgesetzes zur Erreichung eines einheitlichen dogmatischen Systems ebenfalls zu geschehen hat.

Damit ist die "Drittwirkung" der Grundrechte begründet. Man sollte allerdings besser von der "Grundrechtsverpflichtung" Privater sprechen, da damit

---

[10] Zur fehlenden Thematisierung von Grundrechtsbestimmungen in *Hegels* Philosophie des Rechts vgl. *G. Lübbe-Wolff* in: *H.-C. Lucas/O. Pöggeler* (Hrsg.), Hegels Rechtsphilosophie im Zusammenhang der europäischen Verfassungsgeschichte, S. 421 ff.

[11] S. näher Zweiter Teil, I. 2. e), f).

[12] S. *G. W. F. Hegel*, Grundlinien der Philosophie des Rechts, § 211 Anm. und nachfolgend im Text unter II.

deutlich wird, daß es sich nicht um eine nicht allgemein zu fassende, methodisch falsche "analoge Anwendung" der Grundrechte in "geeigneten Einzelfäl-
len", sondern um die Formulierung einer systematisch begründeten Erkenntnis handelt, die allgemeine Gültigkeit, aber, da es in der Juristerei immer
(auch) auf den "einzelnen Fall" ankommt, naturgemäß durchaus unterschiedliche "praktische Auswirkungen" hat.[13]

Da alle im Grundgesetz formulierten Rechte Auslegungen darstellen, die
desto begrenzter sind, je konkretere, ausschnitthaftere Aufgaben sie im Hinblick auf das Rechts-Verhältnis (zugewiesen bekommen) haben, müssen und
können sie ohne die Gefahr "theoretischer Brüche" auch in dieser Begrenztheit ernstgenommen werden.[14] Das vermeintlich "[zu unterschiedliche] individuelle 'Profil' des jeweiligen Einzelgrundrechts"[15] (als welches sich seiner
systematischen Stellung im Grundgesetz nach etwa auch der gewiß nicht
"drittwirkungsverdächtige" Art. 17 GG präsentiert) ist mithin weder für ein
theoretisches Erfassen der "Drittwirkung" noch überhaupt für eine wirklich
systematische Grundrechtstheorie ein Problem.

II. Rechtsprechung und Einfache Gesetzgebung

Da das Recht nicht vom positiven Gesetz, sondern nur vom Rechts-Verhältnis als wirklicher (daseiender) Freiheit her gedacht werden kann, die sich
selbst als Gesetz bestimmt (aber darin nicht erschöpft), obliegt es grundsätzlich auch in vollem Umfang dem Richter, das Rechts-Verhältnis zu verwirklichen - und zwar durch *Handeln*, also immer auch vermittelt durch seine Subjektivität:[16] Rechtsprechung kann nach dem oben zum Freiheitsbegriff Ausgeführten[17] weder reine Wissenschaft noch bloße Willkür sein, sondern nur eine
Vermittlung von (auch: rechtswissenschaftlichem) Erkennen und den Erken-
nens-Prozeß abbrechendem Entscheiden. Diese Wissenschaft und Praxis in
sich vermittelnde Erkenntnisweise könnte man mit dem Wort "Jurisprudenz"
(also Rechtsklugheit, -weisheit) angemessen bezeichnen.[18]

---

13 So gesehen auch schon von *W. Leisner*, Grundrechte und Privatrecht, S. 287 Fn. 4:
"Möglichst zu trennen ist die Frage einer 'Drittrichtung' der Grundrechte als solcher von der
Frage, welchen Inhalt die Grundrechte in dieser Richtung haben."

14 Soweit dem nicht der Rechts-Begriff selbst entgegensteht, s. unten VI.

15 *J. Dietlein*, Die Lehre von den grundrechtlichen Schutzpflichten, S. 59; s. ferner *K. Hesse*, Grundzüge, Rn. 351.

16 In den Worten von *P. Kirchhof*: "[Rechtsprechung erfordert] eine eigenständige, auch von
der Persönlichkeit des Richters bestimmte Leistung." (FS Universität Heidelberg, S. 11 [14]).

17 S. den Zweiten Teil unter I. 2. f).

18 Vgl. dazu *W. Schild*, ARSP-Beiheft 44, S. 328 ff.

Trotz der (eben: *nur*) grundsätzlichen Rechtsfindungskompetenz des Richters drängt sich ihm notwendig eine andere Staatsfunktion an die Seite, nämlich die einfache Gesetzgebung.

Das einfache Gesetz setzt das Rechts-Verhältnis voraus, und es wird *durch die Freiheit und der Freiheit wegen* erlassen.

Die Freiheit *des* Menschen (als allgemeine betrachtet) drängt dazu, das Rechts-Verhältnis (immer wieder neu) als Rechtsbestimmung zu setzen - was mit der Vorschrift des Art. 2 Abs. 1 GG nur rein formal gelungen ist. Auf der (logischen wie historischen) Entwicklungsstufe der Gemeinschaft ist das Rechts-Verhältnis als daseiendes Gesetz des Zusammenlebens, aber es ist nur erst *an sich* Gesetz und noch nicht zugleich auch als solches ge*setzt*, wird von den Menschen nur unreflektiert, daher noch nicht *für sie selbst* (erkannterweise) und so noch nicht wirklich frei nachvollzogen. Die Bestimmung des Menschen als Ich, Geist, Freiheit ist aber, daß er sich seine Freiheit bewußt mache, sie selbst objektiviere. Die Freiheit als Denken macht sich von ihren natürlichen, in unüberschaubarer Mannigfaltigkeit sich voneinander unterscheidenden Voraussetzungen los und verallgemeinert, findet das Allgemeine im Besonderen und setzt es als das ihrige, macht es sich bewußt, macht es für sich, was es an sich ist. Das Rechts-Verhältnis ist zunächst nur für das von den Besonderheiten des jeweils betrachteten Verhaltens abstrahierende *Denken* Gesetz, das so etwas Daseiendes als seine Grundlage hat. Der Wille hingegen, dessen Bestimmung es ist, das Gedachte als das Allgemeine zur Form des Einzelnen zu besondern und so in die Wirklichkeit (zurück) zu bringen, hat nur den flüchtigen Gedankeninhalt, aber nichts (auch) außer ihm bestehendes als Grundlage, weshalb das Gedachte im Gesetz als sta(a)tischem Moment des Rechts zu objektivieren (aber eben sogleich wieder auf das Rechts-Verhältnis zurückzubeziehen) ist. "Was Recht ist, erhält erst damit, daß es zum Gesetze wird, nicht nur die *Form* seiner Allgemeinheit, sondern seine wahrhafte Bestimmtheit. Es ist darum bei der Vorstellung des Gesetzgebens nicht bloß das eine Moment vor sich zu haben, daß dadurch etwas als die für alle gültige Regel des Benehmens ausgesprochen werde; sondern das innere wesentliche Moment ist vor diesem anderen die *Erkenntnis des Inhalts* in seiner *bestimmten Allgemeinheit*. *Gewohnheitsrechte* selbst ... enthalten das Moment, *Gedanken* zu sein und *gewußt* zu werden. Ihr Unterschied von Gesetzen besteht nur darin, daß sie auf eine subjektive und zufällige Weise gewußt werden, daher für sich unbestimmter [sind] und die Allgemeinheit des Gedankens getrübter, außerdem die Kenntnis des Rechts nach dieser und jener Seite und überhaupt ein zufälliges Eigentum Weniger ist. Daß sie durch ihre Form, als *Gewohnheiten* zu sein, den Vorzug haben sollen, ins Leben übergegangen zu sein ... , ist eine Täuschung, da die geltenden Gesetze einer Nation dadurch, daß sie geschrieben und gesammelt sind, nicht aufhören, ihre Gewohnheiten zu sein. Wenn die Gewohnheitsrechte dazu kommen, gesammelt und zusammengestellt zu werden, was bei einem nur zu einiger Bildung gediehenen Volke bald geschehen muß, so ist dann diese Sammlung das *Gesetzbuch*, das sich freilich, weil es bloße Sammlung ist, durch seine *Unförmigkeit*, Unbestimmtheit und Lückenhaftigkeit auszeichnen wird. Es wird sich vornehmlich von einem eigentlich so genannten Gesetzbuche dadurch unterscheiden, daß dieses die Rechtsprinzipien in ihrer *Allgemeinheit* und damit in ihrer Bestimmtheit denkend auffaßt und ausspricht."[19]

Die Freiheit *der* (als einzelne betrachteten) Menschen, die einerseits unterschiedliche Auffassungen über die "gerechtere" Abgrenzung der einzelnen Eigentums- oder, was im Grunde (wesentlich) dasselbe ist, *Freiheits*sphären[20] notwendig mit sich bringt, anderseits für ihr planmäßiges und wirksames Entfalten in der Welt (vor allem im Wirtschaftsleben) Berechenbarkeit schaffende Regeln, nämlich *Gesetze* benötigt, verlangt nach eben deren Erlaß - wobei es vom Standpunkt des Rechts-Verhältnisses häufig gleichgültig ist, ob ein bestimmter Konflikt so oder so geregelt wird, es vielmehr nur nötig ist, daß er *überhaupt* geregelt wird[21] (so daß auch etwa das Wort "verhältnismäßig" in Wahrheit immer als "nicht unverhältnismäßig" zu denken ist).

Dabei kann die einfache Gesetzgebung, eben weil sie (notwendig) abstrahiert und aus bestimmtem und begrenztem Anlaß tätig wird, nie damit fertig werden, das im Staat als allgemeine Freiheit begriffene Rechts-Verhältnis als (besondere) Rechtsbestimmung(en) zu positivieren. Deshalb obliegt es dem Richter, durch Analogie, teleologische Extension und Reduktion[22] die Lücken der Rechtsbestimmungen zu schließen - um der Forderung nach rechtlichen Verhältnissen lückenlos gerecht werden zu können. Auch solche methodischen Instrumente sind also in ihrem Einsatz vom Rechts-Verhältnis abhängig, ja ihre *Berechtigung überhaupt* läßt sich nur damit erklären, daß die einfachgesetzlichen Vorschriften auf etwas verweisen, das wiederum über sie hinausweist, *mehr* ist als sie selber, das (allgemein) bestimmt ist und stets neu

---

19 *G. W. F. Hegel*, Grundlinien der Philosophie des Rechts, § 211 Anm.

20 S. oben Zweiter Teil, I. 2. c).

21 S. *G. W. F. Hegel*, Grundlinien der Philosophie des Rechts, § 3 Zusatz, wo bereits ausgeführt wird, "daß es eine unendliche Sphäre gibt, worin so entschieden werden kann, oder so; - aber wo die Hauptsache ist, daß entschieden ist" (s. ferner § 214 und die Anm. dazu); so gibt es z. B. verschiedene Möglichkeiten, den Schaden zu berechnen, für den Ersatz zu leisten ist, wenn eine Sache weggenommen und/oder sie zerstört worden ist (s. im einzelnen etwa *K. Larenz*, Lehrbuch des Schuldrechts, Band I, § 28). - *W. Schild* in: *H.-D. Klein* (Hrsg.), Systeme im Denken der Gegenwart, S. 180 (189), sieht sogar "die Möglichkeit ... , daß sich das Recht seit Hegels Zeit zunehmend auf eher technische Regeln des Zusammenlebens verschoben hat, die keinen Grund mehr in den sittlichen Verhältnissen finden". Mit den "sittlichen Verhältnissen", die bei *Schild* gleichbedeutend mit dem Rechts-Verhältnis sind, kann aber nur das *Bereits*-Gelebtsein gemeint sein, da das Rechts-Verhältnis über die Vermittlung des Denkens ja durchaus Grund auch der eher "technischen" Regeln des Zusammenlebens ist. Zu einem Aspekt des von *Schild* angesprochenen Problems nachfolgend im Text.

22 S. dazu *K. Larenz*, Methodenlehre, S. 381 ff., 391 ff., 397 ff.

(besonders) bestimmt werden muß und bestimmt werden kann.[23] In BVerfGE 34, S. 269 ff. ("Soraya") hat das Bundesverfassungsgericht hierzu treffend (wenn auch vermutlich mit einem immer noch etwas abstrakteren Rechtsbegriff als dem hier entwickelten vor Augen) ausgeführt, "daß sich Gesetz und Recht zwar faktisch im allgemeinen, aber nicht notwendig und immer decken. Das Recht ist nicht mit der Gesamtheit der geschriebenen Gesetze identisch. Gegenüber den positiven Satzungen der Staatsgewalt kann unter Umständen ein Mehr an Recht bestehen, das seine Quelle in der verfassungsmäßigen Rechtsordnung als einem Sinnganzen besitzt und dem geschriebenen Gesetz gegenüber als Korrektiv zu wirken vermag; es zu finden und in Entscheidungen zu verwirklichen, ist Aufgabe der Rechtsprechung. Der Richter ist nach dem Grundgesetz nicht darauf verwiesen, gesetzgeberische Weisungen in den Grenzen des möglichen Wortsinns auf den Einzelfall anzuwenden. Eine solche Auffassung würde die grundsätzliche Lückenlosigkeit der positiven staatlichen Rechtsordnung voraussetzen, ein Zustand, der als prinzipielles Postulat der Rechtssicherheit vertretbar, aber praktisch unerreichbar ist. Richterliche Tätigkeit besteht nicht nur im Erkennen und Aussprechen von Entscheidungen des Gesetzgebers. Die Aufgabe der Rechtsprechung kann es insbesondere erfordern, Wertvorstellungen, die der verfassungsmäßigen Rechtsordnung immanent, aber in den Texten der geschriebenen Gesetze nicht oder nur unvollkommen zum Ausdruck gelangt sind, in einem Akt des bewertenden Erkennens, dem auch willenhafte Elemente nicht fehlen, ans Licht zu bringen und in Entscheidungen zu realisieren. Der Richter muß sich dabei von Willkür freihalten; seine Entscheidung muß auf rationaler Argumentation beruhen. Es muß einsichtig gemacht werden können, daß das geschriebene Gesetz seine Funktion, ein Rechtsproblem gerecht zu lösen, nicht erfüllt. Die richterliche Entscheidung schließt dann diese Lücke nach den Maßstäben der praktischen Vernunft und den 'fundierten allgemeinen Gerechtigkeitsvorstellungen der Gemeinschaft'".[24]

Diese Möglichkeit und Berechtigung richterlicher Rechtsfindung und -fortbildung findet aber wiederum ihre Grenze in der Sachlogik der unterschiedlichen Gewalten. Mit dem (technischen und/oder gesellschaftlichen) "Fortschritt" können Fragestellungen auftreten, die so weit von dem bekannten und bewährten rechtlichen Umgang miteinander entfernt sind, daß zu ihrer ad-

---

[23] Bei *Hegel* liest sich dies: "Für das öffentliche Gesetzbuch sind einerseits *einfache*, allgemeine Bestimmungen zu fordern, andererseits führt die Natur *des endlichen Stoffs* auf endlose Fortbestimmung. Der Umfang der Gesetze soll einerseits ein *fertiges*, geschlossenes Ganzes sein, andererseits ist er das fortgehende Bedürfnis neuer gesetzlicher Bestimmung. Da diese Antinomie aber in die *Spezialisierung* der allgemeinen Grundsätze fällt, welche fest bestehen bleiben, so bleibt dadurch das Recht an ein fertiges Gesetzbuch ungeschmälert, sowie daran, daß diese allgemeinen einfachen Grundsätze für sich, unterschieden von ihrer Spezialisierung, faßlich und aufstellbar sind." (Grundlinien der Philosophie des Rechts, § 216).

[24] BVerfGE 34, S. 269 (286 f.).

äquaten Regelung ein Aufwand an Wissensermittlung und -verarbeitung erforderlich wird, der den Rahmen eines Gerichtsverfahrens sprengen würde. Letzteres ist etwa bei den Regelungsproblemen Rundfunk und Gentechnik der Fall. Vor allem bei Gegenständen wie der Gentechnik, bei denen zunächst gar nicht sicher, für ein Gericht aber jedenfalls nicht abschätzbar ist, ob ein bestimmtes Verhalten *überhaupt* im Sinne einer irgendwie gearteten Zulässigkeit geregelt werden kann, ob verschiedene denkbare Arten der Regelung hier wirklich "gleich-gültig" gegen das Rechts-Verhältnis sind bzw. welche überhaupt insgesamt in Betracht kommen, kann es geschehen, daß ein angegangenes Gericht in einem Rechtsstreit befindet, die gegenseitige Blockade der hierin aufeinanderprallenden Freiheitssphären sei nur durch den Gesetzgeber[25] auflösbar;[26] womit es zugleich - wie der VGH Kassel im "Gentechnik-Beschluß"[27] - ein verfassungsunmittelbares Verbot mit Erlaubnisvorbehalt ausspricht. Nur so, nicht aber bei Huldigung an die "liberale" Alternative, die mit schwer abschätzbaren Risiken behaftetes Verhalten mangels eines einfachrechtlichen Verbots stets als unverboten ansehen und behandeln will, läßt sich angesichts der in der verwaltungsrechtlichen Literatur anzutreffenden These, weder das der Entwicklung stets hinterherhinkende Verwaltungsrecht noch die *Technik selbst* habe die Technik bislang bewältigt,[28] ernsthaft davon sprechen, das Grundgesetz verfasse einen "'Präventionsstaat'"[29] (im positiven Sinne).[30] Nur so läßt sich (in Verbindung mit den unter VI. 5. noch zu behandelnden Rechten) auch wirkungsvoll der über das unvermeidbare Maß hinausgehenden "Trägheit" der Rechtsetzungsorgane entgegensteuern, die die für die Richter prekären Situationen häufig mit zu verantworten haben.[31]

Der Gesetzgeber hat sich selbstverständlich zu bemühen, die Notwendigkeit seines Tätigwerdens zu antezipieren, anstatt auf das häufig viel ökonomisches Porzellan zerschlagende Gerichtserkenntnis zu warten, das ihn unter so uner-

---

[25] Und im Detail durch jene "kaum übersehbare Fülle von staatlichen, halbstaatlichen und privaten Regelwerken" unterhalb der Ebene der förmlichen Gesetze, in denen die von diesen geforderten Sicherheitsstandards konkretisiert werden, s. *J. Ipsen*, VVDStRL 48, S. 177 (190).

[26] S. hierzu auch *V. Eiberle-Herm*, NuR 1990, S. 204 (205).

[27] NJW 1990, S. 336 ff.

[28] *J. Ipsen*, VVDStRL 48, S. 177 (202).

[29] So *J. Ipsen*, VVDStRL 48, S. 177 (179).

[30] *B. Schlink*, VVDStRL 48, S. 235 (260 f.), weist zu Recht darauf hin, daß die Bewältigung einer Entwicklung ihre (Be-)"Greifbarkeit" voraussetzt, welche nicht gewährleistet ist, wenn die Entwicklung sich in ununterbrochenem Fluß befindet, und sieht deshalb "eine Weise der Bewältigung der wissenschaftlichen und technischen Entwicklungen durch das Verwaltungsrecht darin, daß das Verwaltungsrecht die Entwicklungen gelegentlich ins Stocken bringt" - nur daß eben gelegentlich die Verwaltungs*rechtsprechung* diese Aufgabe übernehmen muß.

[31] *J. Ipsen*, VVDStRL 48, S. 177 (192), meint Anhalt dafür zu haben, daß zuweilen "die Steuerungs*willigkeit* der rechtsetzenden Organe in Zweifel zu ziehen ist", weshalb er Anlaß dazu sieht, "über einen sicherheitsrechtlichen 'Rechtssatzvorbehalt' nachzudenken", welchselbiger in Wahrheit nichts anderes darstellen könnte als ein verfassungsunmittelbares präventives Verbot mit Erlaubnisvorbehalt.

freulichen Zeitdruck setzt, wie er etwa dem Gentechnikgesetz nach Meinung vieler Autoren im Ergebnis so überaus abträglich gewesen ist.[32] Deshalb ist es auch (nicht zuletzt vor dem Hintergrund der "Wesentlichkeits"-Lehre) grundrechtlich geboten, daß der Bund und die Länder - wie bislang nur in Ansätzen verwirklicht - bei ihren Parlamenten eine wissenschaftliche Technikfolgenabschätzung institutionalisieren.[33] Hierfür ist die vom Land Baden-Württemberg als Stiftung des öffentlichen Rechts errichtete, ausdrücklich (auch) mit Politikberatung beauftragte Akademie für Technikfolgenabschätzung in Baden-Württemberg mit Sitz in Stuttgart ein wichtiger und nachzuahmender Ansatz. Der Landtag von Baden-Württemberg war auch das erste deutsche Parlament, das eine wissenschaftlich beratene parlamentarische Enquete-Kommission zu den mit "Multimedia" verbundenen gesellschaftlichen Problemen und den sich daraus ergebenden Notwendigkeiten staatlicher Steuerung eingerichtet hat. Die (in vielerlei Hinsicht sicher noch vorläufigen) Ergebnisse liegen inzwischen vor.[34]

Der Gesetzgeber kann rechtliche, freie Verhältnisse zwischen den Einzelnen (bis zur Grenze der *Un*verhältnismäßigkeit) immer auch anders bestimmen und (dadurch) fördern als bisher geschehen, und gelegentlich muß er dies auch, wenn das Bewußtsein der Freiheit weiter fortgeschritten ist. Zu denken ist etwa an die arbeitsrechtliche Mitbestimmung, von welcher man heute nicht mehr wird sagen können, sie stelle die einzige Möglichkeit dar, das Rechts-Verhältnis der Arbeitsbeziehungen gesetzlich zu positivieren,[35] die einzuführen dem Gesetzgeber aber frei stand (und wozu er möglicherweise sogar grundrechtlich verpflichtet war). *Für* eine gesetzlich vorgeschriebene, institutionalisierte Mitbestimmung in der in Deutschland gewählten Ausgestaltung spricht, daß dem Arbeitnehmer rein faktisch meist noch immer enge Grenzen darin gesetzt sind, sich gegen allzu große Selbstherrlichkeiten des Arbeitgebers - z. B. über § 315 Abs. 3 BGB - gerichtlich zur Wehr zu setzen. Hier besteht also die Gefahr unfreier (Unrechts-)Verhältnisse, einer Verhinderung freier Entfaltung des Arbeitnehmers in seinem Beruf. *Dagegen* spricht (inzwischen), daß die gewerkschaftlich dominierte Mitbestimmung das generelle Abhängigkeitsverhältnis zwischen Arbeit"geber" und Arbeit"nehmer" gerade stabilisierend anerkennt und gleichsam zementiert, wodurch auf Unternehmensebene der Weg hin zu einer eher gesellschaftsrechtlichen und damit freiheitlicheren Sicht des Arbeits-Verhältnisses erschwert wird.[36] Für die betrieb-

---

32 S. statt vieler etwa *G. Winter*, KJ 1991, S. 18 ff.

33 Zum Ansatz einer rechtswissenschaftlichen Technikfolgenforschung s. das gleichnamige Buch von *A. Roßnagel* (1993).

34 Landtags-Drucksache 11/6400.

35 Ebenso etwa i. E. *G. Kisker*, FS Geiger, S. 243 (254).

36 S. dazu auch *V. Beuthien*, FS E. Wolf, S. 17 ff.

liche Ebene gilt ähnliches. Hierfür ist nur auf das in neuerer Zeit zu beobach-
tende Vordringen der "diskursiven (im Gegensatz zur "bürokratischen") Koordination" betrieblicher Entscheidungsfindung hinzuweisen, die auf dem
Prinzip der Selbstverantwortung der einzelnen betrieblichen Akteure und so
(im Vergleich zum hierarchisch-bürokratischen Modell) vor allem der Arbeitnehmer basiert;[37] auf jeder Entscheidungsebene und in jedem funktionalen
Bereich werden zwischen der Unternehmens- bzw. Betriebsleitung und den jeweils Verantwortlichen (lediglich) *Ziel*vereinbarungen zum Beispiel über Ko-
stensenkungen, Produktivitätssteigerungen, Ausschußverminderung, Quali-
tätsverbesserungen usw. abgeschlossen,[38] was jeweils eine wesentlich freiere
Gestaltung der eigenen Arbeit mit sich bringt und zugleich den Charakter des
Arbeits-Verhältnisses als (im ursprünglichen Sinn) *Vertrags*-Verhältnis betont, das es auch nach formellem Vertragsschluß im wirklichen Umgang der
Parteien miteinander bleiben muß. In enger Verbindung mit diesem Ansatz
diskursiver Koordination betrieblicher Entscheidungsfindung steht das Ar-
beitsorganisationsmodell der Gruppenarbeit,[39] das in aller Regel ebenfalls einen Verantwortungs- und damit Freiheitsgewinn für die Beschäftigten mit
sich bringt.[40] Die Einführung vor allem der Gruppenarbeit wird durch den In-
teressenkonflikt zwischen den einzelnen Arbeitnehmern und den die institutionalisierte Mitbestimmung dominierenden Gewerkschaften behindert, die
durch diese Entwicklung einen Großteil ihrer klassischen Aufgaben und damit
auch ihrer Bedeutung schwinden sehen.[41]

Einmal erlassen und - eben weil "vertretbar" - akzeptiert, kann (und soll)
die Einhaltung der einfachgesetzlichen Regeln durchaus den Charakter eines
Selbstverständlichen, (fast) nicht mehr Reflektierten annehmen, gleichsam zu
einer "zweiten Natur"[42] des Menschen werden. Das Recht (als Vermittlung
von Rechts-Verhältnis und Rechtsbestimmung) läßt sich in diesem Sinn - mit
einer Wendung von Karl Larenz - als "bewirkt und wirkend" charakterisie-
ren.[43]

---

37 S. *H.-J. Braczyk/G. Schienstock* in: *dies.* (Hrsg.), Kurswechsel in der Industrie, S. 269
(289 ff.).

38 S. *H.-J. Braczyk* in: Akademie für Technikfolgenabschätzung in Baden-Württemberg
(Hrsg.), TA-Informationen Ausgabe 2/3 1995, S. 2 ff.; *ders./G. Schienstock*, a. a. O., S. 290 f.

39 Dazu *H.-J. Braczyk/G. Schienstock*, a. a. O., S. 301 ff.

40 Zu den Hoffnungen, die die Gewerkschaften damit verbinden, s. etwa *K. Benz-Overhage*
in: *P. Binkelmann/H.-J. Braczyk/R. Seltz* (Hrsg.), Entwicklung der Gruppenarbeit in Deutschland, S. 172 (174 und passim).

41 Dazu andeutungsweise *K. Benz-Overhage*, a. a. O., S. 181 f.

42 So die bedeutungsvolle Begrifflichkeit für das hier Gemeinte von *G. W. F. Hegel*, Grundlinien der Philosophie des Rechts, § 151.

43 S. *K. Larenz*, Logos Bd. XVI (1927), S. 204 (205).

III. Verwaltung

Entsprechend der Entwicklung des Bewußtseins der Freiheit und den hierdurch gestalteten gesellschaftlichen Verhältnissen bildet sich auch die Exekutive heraus.

Sie hat einmal - als im eigentlichen Sinn "vollziehende" Gewalt - die Aufgabe, für die möglichst durchgängige Herrschaft des Rechts zu sorgen, insbesondere also auch Gerichtsentscheidungen durchzusetzen, zu "vollstrecken".

Zum anderen hat sie - als durch Rückhalt in der Mehrheit der Parlamentsabgeordneten hierzu legitimierte Regierung, die die vom Parlament (in erster Linie) in Gesetze zu fassende politische Linie des Staates vorzuform(ulier)en hat - der Desintegration der Freiheit, die sich in den Einzelnen immer stärker ihres subjektiven Moments bewußt wird, entgegenzuwirken bzw. diese Desintegration soweit wie möglich aufzufangen. War es für das Gemeinschaftsglied, das sich noch nicht als Einzelner begriff, noch fraglos nachgeahmte Selbstverständlichkeit, in allererster Linie das Wohl der Allgemeinheit zu verfolgen, von der her es sich definierte (selbst die despotischen, selbstsüchtigen unter den Herrschern wähnten sich in einer von den Göttern her gedachten Gemeinschaft und ließen diesen als Beitrag zum Allgemeinwohl Opfer darbringen), strebt das Individuum von heute, das zuvörderst seine Subjektqualität empfindet, nach Eigennutzmaximierung. Daran ist nichts falsches, da es durchaus von der Freiheit gefordert wird. Nur kann die Freiheit allein als allgemeine bestehen und *ist* als Begriff(ene) *nie etwas anderes als allgemeine* Freiheit,[44] weshalb der Einzelne bei seinem Streben nach eigenem Glück stets das Wohl der Allgemeinheit als Voraussetzung seiner eigenen Freiheit im Auge haben muß. Das läßt sich ganz praktisch verdeutlichen: Wenn die Kluft zwischen Reich und Arm, selbständigen Menschen und ökonomisch entmündigter (oder in Unmündigkeit gehaltener) Verfügungsmasse eine bestimmte Breite und Tiefe erreicht hat, werden die Reichen von dieser Kluft verschlungen, weil ihnen die Mindestvoraussetzungen ihres eigenen selbstbestimmten Lebens unter den Füßen wegbrechen. Auch "im Kleinen" muß sich jeder Einzelne (stets aufs neue) klar machen (so daß es sich irgendwann in sein Bewußtsein einwurzelt), daß er mit dem Bezahlen seiner Steuern (sofern sie *verhältnismäßig* und damit *freiheitlich* bestimmt sind) oder auch nur privater Rechnungen in Wahrheit nichts einbüßt, sondern zu seiner eigenen als allgemeiner Freiheit beiträgt.

Ähnliches gilt für das "Umweltproblem". Jeder in unserer Gesellschaft, ob Produzent oder Konsument, ist auf seine Weise für die schleichende Zerstörung der natürlichen Grundlagen des menschlichen Lebens (und damit seiner

---

[44] S. Zweiter Teil, I. 2. f).

Freiheit) verantwortlich.[45] Jedem bringt Umweltschutz, jedenfalls bei kurzfristiger Betrachtung, Einbußen an gewohnten Annehmlichkeiten. Mittel- und langfristig ebenso wie für unsere Kinder und Kindeskinder ergeben sich aber erhebliche Nachteile, wenn man auf diese Annehmlichkeiten nicht verzichten will. Jeder kann für sich entscheiden, wie er sich zu dem Problem verhalten will. Doch zu *lösen* ist es nur durch eine gemeinsame Reaktion, die dafür sorgt, daß die Freiheit sowohl der Vorstellung nach "überhaupt" (als weiterhin mögliche Willkür der lebenden Einzelnen) als auch als wahrhaft (d. h. - im Rahmen der Endlichkeit der daseienden Welt[46] - *unendlich*) allgemeine, nämlich insbesondere auch für kommende Generationen erhalten bleibt. Auch hier ist die Exekutive als "Hüterin" und Repräsentantin des Allgemeinen zu entprechendem Handeln berufen, nämlich dazu, die Freiheit zur Reflexion, zur Rückbeziehung auf sich selbst zu "zwingen", was zwar realer Zwang sein mag, in (der gedanklichen) Wahrheit - und nicht nur in der Er-Schein-ung - aber Herstellung wirklicher Freiheit bedeutet.

Ausdruck hierfür sind weiter etwa die obligatorischen Sozialversicherungen. Jeder weiß, daß er durch einen (beim einen größeren, beim anderen kleineren) "dummen Zufall" auch alles verlieren, entsprechend auf die Hilfsbereitschaft seiner Mitmenschen angewiesen sein kann, die aber nach dem Durchdringen der Erkenntnis, daß der Mensch Freiheit und damit wesentlich Selbstverantwortung ist, für die Einzelnen ihre Selbstverständlichkeit verloren hat. Es ist daher die durch das subjektive Moment der Freiheit zerstörte unmittelbare Solidargemeinschaft durch Selbstreflexion und damit durch die Tätigkeit der (Verwaltung als Gestalt der) allgemeinen Freiheit wiederherzustellen.

Schließlich kann man in diesem Zusammenhang noch die Landesverteidigung nennen, zu welcher bzw. zur Vorbereitung auf welche jeder einen Beitrag leistet - und sei es nur durch das Zahlen von Steuern, deren staatliche Auferlegung zur Verwendung für allgemeine Zwecke sich als solche als die abstrakteste Form eines "Zwanges zu sich selbst" darstellt. Wenn man, wofür viel spricht, Strafe als ein Ernstnehmen des Verbrechers als das auffaßt, was er wesentlich ist, nämlich Freiheit,[47] läßt sich auch begründen, daß Straftatbestände wie § 370 AO oder §§ 109 ff. StGB ihre Berechtigung haben, da durch sie fundamentale Selbstleugnungen sanktioniert werden.

Von entscheidender Bedeutung (und grundrechtlich geboten) ist wie beim Erlaß[48] der Gesetze auch bei der "verwaltenden" Durchführung, daß (jeden-

---

45 Zum Verhältnis des Menschen zur Natur s. unten VIII.

46 S. dazu etwa *W. Schild*, GedS Tammelo, S. 377, S. 402 ff.

47 Dazu *W. Schild* in: Alternativkommentar zum StGB, Vor § 13, Rn. 65.

48 S. oben II.

falls) die *maßgebenden* Entscheidungsträger ständig auf genügenden wissenschaftlichen Sachverstand zurückgreifen können - andernfalls sind erlassene Verwaltungsakte wegen mangelhafter Sachverhaltsaufklärung (grund)rechtswidrig.[49] Entsprechend ist etwa in § 67 Abs. 2 des Regierungsentwurfs eines Telekommunikationsgesetzes (Stand vom 29. Januar 1996) vorgesehen, daß die dem Bundesminister für Wirtschaft nachgeordnete Regulierungsbehörde "bei der Erfüllung ihrer Aufgaben fortlaufend wissenschaftliche Unterstützung" erhält.

IV. Grundrechtsbindung, Grundrechtseingriff und Grundrechtsverletzung

Gemäß Art. 1 Abs. 3 GG sind Rechtsprechung, Gesetzgebung und Verwaltung an die Grundrechte gebunden.

Ein erster Blick auf den darauf folgenden Text des Grundgesetzes läßt es schwierig erscheinen zu bestimmen, worin genau die Grundrechtsbindung besteht. Immerhin sieht das Grundgesetz - etwa in Art. 2 Abs. 2 Satz 3 - die Möglichkeit vor, daß der Gesetzgeber "Eingriffe" in Grundrechte vornimmt bzw. erlaubt,[50] was bedeutet, daß er (und in seinem Gefolge zumindest auch die Verwaltung) "zunächst" Bestehendes "verkürzen" können muß. Die "Verkürzung" darf aber anderseits auch nicht zu einer Beseitigung des Bestehenden führen - dann ließe sich nicht mehr von einer "Bindung" an die Grundrechte sprechen.

Die Auflösung dieses Dilemmas ist wiederum einfach und (weil vor dem Hintergrund des herkömmlichen Verständnisses verunsichernd) unbequem zugleich.

Die Grundrechte verweisen auf das Rechts-Verhältnis,[51] an ihnen ist dogmatisch ein staatliches Schutzinstrumentarium "aufgehängt", das eine Mißachtung der (allgemeinen) Freiheit des Einzelnen verhindern soll. Wird das Rechts-Verhältnis lediglich *gewahrt*, weil ein mit allgemeiner Freiheit nicht zu vereinbarendes Verhalten eines Einzelnen abgewehrt wird, kann kein "Eingriff" in die Rechtsstellung des Angreifers und mithin auch nicht in einen

---

[49] S. hierzu etwa *H. Maurer*, Allgemeines Verwaltungsrecht, § 10, Rn. 2.

[50] Zum Streit um den Begriff des "Eingriffs" bzw. dessen generelle dogmatische Daseinsberechtigung s. *R. Eckhoff*, Der Grundrechtseingriff, S. 3 ff.

[51] S. oben I. - Man könnte auch - mit *E.-W. Böckenförde* - die Grundrechte als "Freiheitsrechte ... der Individuen in ihrem sozialen Zusammenhang" bezeichnen (Die verfassungstheoretische Unterscheidung von Staat und Gesellschaft als Bedingung der individuellen Freiheit, S. 17).

weiten, abstrakt gedachten "Schutzbereich" von Grundrechten vorliegen. Einen abstrakten "Schutzbereich", der andere (zurechenbar) schädigendes Verhalten umfaßt, gibt es nicht. Daran ändert es auch nichts, wenn die praktischen Auswirkungen dieser Erkenntnis vielleicht gering sind. Daß unsere Rechtsordnung durchaus bereits "über ein Netz gesetzlicher Beschränkungen grundrechtlicher Freiheit verfügt, dem ohne bewußte Billigung oder Inkaufnahme durch den Gesetzgeber so leicht keine schädliche oder gefährliche Grundrechtsausübung entgeht",[52] stellt sich vom Standpunkt einer positivistischen Rechtsbetrachtung aus gerade als *Zufall* dar. Auf bloßen Zufall kann aber der Begriff des Rechts und (damit) der grundrechtlichen Gewährleistung nicht gegründet werden. Gleiches gilt für bereits vorhandene und vielleicht auch von Gerichten (äußerlich) angewendete Dogmatik: Nach den Gesetzen (schon) der (formalen) Logik hat sich die (Grund-)Rechts-*Dogmatik* nach dem Begriff des *Rechts* zu richten und nicht umgekehrt.[53] Ebenso ist der Rechtsbegriff ganz offenbar auch dem Verfassunggeber nicht verfügbar, der lediglich das Recht auf höchster Stufe gesetzlich zu positivieren hat. Im übrigen läuft in den "Schutz-durch-Eingriff"-Fällen jeder geschriebene Gesetzesvorbehalt dogmatisch leer: Dem Grundrecht, das man "einschränken" wollen könnte, steht angesichts der Grundrechtsverpflichtung Privater *stets* ein (Grundrechts-)Gesetz auf der Seite des "zu Schützenden" gegenüber.[54] Einen "Grundrechtsschutz durch Eingriff" gibt es daher nicht.[55]

Allerdings muß das Rechts-Verhältnis *bestimmt* und so *objektiviert* werden.[56] Hierdurch werden notwendig einzelne Verhaltens-*Möglich*keiten beschränkt oder gehen verloren. Auch ohne gesetzliche Bestimmung würde ein vernünftig denkender und wollender Richter nicht bezweifeln, daß die unmittelbar an der Grenze eines mit einem durchschnittlichen Einfamilienhaus bebauten mittelgroßen Grundstücks gegen den Willen des Eigentümers erfolgende Errichtung eines zwanzig Meter hohen Gebäudes *Unrecht* darstellt. Ob aber ein neun oder elf Meter hohes Gebäude in vier oder fünf Meter Entfernung von der Grundstücksgrenze zulässig ist, muß allgemein bestimmt werden und ist ohne solche Bestimmung im Zweifel im Sinne der höheren und den geringeren Abstand einhaltenden Alternative zu beantworten - Recht ist vom Rechts-*Verhältnis* und damit im (argumentativ einzuschränkenden) Aus-

---

52 So *G. Lübbe-Wolff*, Die Grundrechte als Eingriffsabwehrrechte, S. 101.

53 Eine Selbstverständlichkeit, die jeder Rechtsreferendar in seiner Ausbildung mit auf den Weg bekommt, vgl. etwa *U. Ramsauer*, Die Assessorprüfung im öffentlichen Recht, Rn. 15.22.

54 Der argumentativen Anstrengungen des Bundesverwaltungsgerichts in seinem Beschluß vom 13.3.1991 zu regierungsamtlicher Warnung vor "Jugendsekten" (NJW 1991, S. 1770 ff.) hätte es deshalb nicht bedurft.

55 Ebenso auch schon *W. Krebs*, Vorbehalt des Gesetzes und Grundrechte, S. 86 f.

56 S. oben II. und Zweiter Teil, I. 2. e) und f).

gangspunkt von in aller Regel *verändernder Tätigkeit* her zu denken.[57] Erst wenn und soweit man sich also *ernsthaft darüber streiten* kann, ob ein bestimmtes Verhalten (noch) rechtlich und folglich mit den Grundrechten anderer in Einklang zu bringen ist, dort, wo die heutzutage von vielen als einseitiges Paradigma beschworene "offene Gesellschaft"[58] als Tummelplatz der einzelnen mit allgemeiner Freiheit vereinbaren Willkürfreiheiten tatsächlich ihren Platz hat, muß die in den Parlamentariern verkörperte allgemeine Freiheit (Art. 38 Abs. 1 Satz 2 GG: "Sie sind [jeder für sich[59]] Vertreter des ganzen Volkes") sich als Gesetz selbst bestimmen und so auch die eine oder andere bislang ausgelebte oder auszulebende gewünschte Willkürfreiheit beschneiden. Ein das Rechts-Verhältnis gesetzlich bestimmender "Eingriff in Grundrechte" bedeutet demnach gerade *keinen* Eingriff in allgemeine und damit wirkliche Freiheit. Er ist bereits aus sich selbst heraus gerechtfertigt, da das Rechts-Verhältnis (im wahrsten Wortsinn) *begriffsnotwendig* gesetzlich bestimmt werden muß.[60] Alles, was über den Rahmen solcher Bestimmung hinausgeht, ist hingegen eine Mißachtung des Rechts-Verhältnisses und damit eine Grundrechts-*Verletzung*. Die Grundrechts-Verletzung ist gleichbedeutend mit der "Antastung des Grundrechts in seinem Wesensgehalt" (Art. 19 Abs. 2 GG), denn das *Wesen* des Grundrechts ist gerade die im Rechts-Verhältnis daseiende Verhältnismäßigkeit, die durch unverhältnismäßige Bestimmung verletzt wird.[61] Diese Sichtweise entspricht der zu Art. 19 Abs. 2 GG vertretenen sogenannten Theorie vom relativen Wesensgehalt,[62] nach der der Wesensgehalt eines Grundrechts für jeden einzelnen Fall gesondert bestimmt werden muß und von der ihre Kritiker (zu Recht) sagen, mit ihr werde "nur der Grundsatz der Verhältnismäßigkeit ... wiederholt"[63].

Nur in dem "mittleren" Bereich zwischen Wahrung (gegenüber Angriffen) und Verletzung des Rechts-Verhältnisses, der in der staatsrechtlichen Literatur mit dem Terminus "Kontroverse" bezeichnet worden ist[64] und wo letztlich "die Hauptsache ist, daß entschieden ist"[65], hat der "Vorbehalt des Gesetzes" als "Eingriffsvorbehalt" eine grundrechtsdogmatisch eigenständige Bedeu-

---

[57] Eine Umkehrung dieses Zweifelssatzes (und damit auch der Beweislast in "tatsächlichen" Fragen) für die Einführung von Technologien, die auf den ersten Blick unbeherrschbare Gefahren bergen, befürwortet *A. Roßnagel*, Grundrechte und Kernkraftwerke, S. 74.

[58] S. jüngst wieder *R. Zippelius*, Recht und Gerechtigkeit in der offenen Gesellschaft (1994).

[59] *C. Degenhart*, Staatsrecht I, Rn. 403.

[60] Hierzu oben II. und im Zweiten Teil unter I. 2. e) und f).

[61] Der Sache nach ebenso *P. Häberle*, Die Wesensgehaltgarantie des Art. 19 Abs. 2 Grundgesetz, S. 234 ff.

[62] S. nur *T. Maunz* in: *ders./G. Dürig*, GG, Art. 19 Abs. II, Rn. 16 ff.

[63] *B. Pieroth/B. Schlink*, Grundrechte, Rn. 325.

[64] S. etwa *C. Degenhart*, Staatsrecht I, Rnn. 34, 297.

[65] *G. W. F. Hegel*, Grundlinien der Philosophie des Rechts, § 3 Zusatz.

tung. Wen er jeweils "trifft", hängt, wie es in der Juristerei nicht anders sein kann, von den Besonderheiten des konkreten Falls ab. Ergibt etwa eine Abwägung der zu berücksichtigenden Interessen, daß es angesichts der möglicherweise zu gewärtigenden Risiken eher zumutbar ist, mit der Errichtung und dem Betrieb einer gentechnischen Anlage bis zu einer entweder verbietenden oder sichernd ausgestaltenden gesetzgeberischen Entscheidung zu warten als umgekehrt die möglichen Risiken zunächst einmal hinzunehmen, wirkt sich der "Eingriffsvorbehalt" als verfassungsunmittelbares Verbot mit Erlaubnisvorbehalt aus.[66] Führt die Abwägung zu dem entgegengesetzten Ergebnis, würde ein behördliches Verbot sich als "Eingriff ohne Gesetz" darstellen.

Ist eine solche "kontroverse" Frage erst einmal in einer bestimmten Richtung und so in der Regel zugunsten des einen und zuungunsten des anderen Interesses geregelt, besteht hinsichtlich der einfachgesetzlich bestimmten Rechtsposition *als solcher* durchaus *kein* grundrechtlicher Schutz. Bei einer gesetzgeberischen Neubestimmung interessiert aus grundrechtlicher Sicht nicht die Schmälerung der einfachrechtlich festgelegten Position, sondern einzig und allein die Frage, ob das Verhältnis der Privaten zueinander, das Rechts-Verhältnis, *wiederum* "getroffen" wird. Und Verwaltung und Rechtsprechung haben ganz einfach den Vorrang des Gesetzes[67] zu beachten.

Ob eine *verhältnismäßige* Bestimmung getroffen wurde (und folglich ein gerechtfertigter "Eingriff" vorliegt) oder nicht (was zur Bejahung einer Grundrechtsverletzung führt), ist häufig ebensowenig auf den ersten Blick zu entscheiden wie die Frage, ob eine staatliche Maßnahme (vor allem der Verwaltung) in Wirklichkeit das Rechts-Verhältnis gegen einen privaten Angriff verteidigt (und es damit *wahrt*, so daß kein "Eingriff" vorliegt) - man bedürfte sonst der Berufsjuristen nicht. Deshalb ist die in der Literatur gelegentlich anzutreffende Rede von der "prima facie gewährleisteten Freiheit"[68] bzw. den Freiheitsrechten als "prima facie-Rechten"[69] ernstzunehmen und dahingehend weiter(aus)zuformulieren, daß eine staatliche Maßnahme, die subjektive ("Prima-facie"-)Freiheit beschränkt, ihrerseits als *Prima-facie-Eingriff* bestimmt und (bei der Fallösung) gedacht wird. Im Fall der Warnung der Bundesregierung vor den schädlichen Aktivitäten bestimmter "Jugendsekten"[70] kann sich dann in der Abwägung etwa herausstellen, daß die Größe der zu besorgenden Gefährdung die Warnung *jedenfalls* rechtfertigte und ein hierzu ermächtigendes einfaches Gesetz deshalb mangels eines *wirklichen* Eingriffs gar nicht er-

---

66 S. hierzu auch *V. Eiberle-Herm*, NuR 1990, S. 204 (205).

67 Dazu etwa *C. Degenhart*, a. a. O., Rn. 285.

68 *S. Huster*, Rechte und Ziele, S. 87; ebenso *P. Preu*, JZ 1991, S. 265 (266).

69 *S. Huster*, a. a. O., S. 467; s. auch *W. Höfling*, Vertragsfreiheit, S. 37.

70 S. BVerwG NJW 1991, S. 1770 ff.

forderlich war. Ebensogut kann sich die Warnung als schlichter "Grundrechtseingriff ohne Gesetz" darstellen oder sogar - falls sie (ohne Rücksicht auf ein "grundsätzlich" zu derartigen Warnungen ermächtigendes Gesetz) absolut unverhältnismäßig war - als Grundrechts*verletzung*. Für alle drei Fälle, auch für den ersten, bleibt der rechtsstaatlich bedeutsame Prüfungspunkt "Grundrechtseingriff" als Prima-facie-Eingriff erhalten.

Die einzelnen Staatsgewalten sind hinsichtlich des Prüfungsschemas allerdings nicht über einen Kamm zu scheren. Bei der Prüfung der Vereinbarkeit von Gesetzen mit den Grundrechten bleibt es ohne weiteres bei dem herkömmlichen Fallösungsschema "Schutzbereich - Eingriff - Rechtfertigung"[71]; da es allerdings keine abstrakten "Schutzbereiche" von Grundrechten gibt (s. o.), ist auf der ersten Stufe lediglich die "Einschlägigkeit" der einzelnen Grundrechtsbestimmungen zu prüfen.[72] Bei der Prüfung von Maßnahmen der Verwaltung kann der Eingriff entweder durch ein das Rechts-Verhältnis bestimmendes Gesetz gerechtfertigt oder der *Anschein* des (eben: *Prima-facie*)-Eingriffs durch Widerlegung der (nach der herkömmlichen prozeßrechtsdogmatischen Terminologie in der Tat rein) "tatsächlichen" Eingriffsvermutung ausgeräumt werden; gelingt beides nicht, *verstößt* die Maßnahme gegen das (jeweils einschlägige) Grundrecht. Die richterliche Entscheidung ist ihrem Sinngehalt als *Feststellung* des Rechts entsprechend kein Eingriff, sondern zutreffende(s) oder (mehr oder weniger grob) unzutreffende(s) Rechts-*Erkenntnis*. Diese(s) kann das Rechts-Verhältnis und folglich das (jeweilige) Grundrecht nur entweder (noch) treffen oder aber *verletzen*.[73] Soweit der Richter allerdings dem Sinngehalt nach gestaltende und damit materiell Verwaltungs-Aufgaben wahrnimmt, gilt das über Maßnahmen der Verwaltung Ge-sagte auch für seine Tätigkeit. Zu denken ist etwa an Anordnungen im Rahmen der Freiwilligen Gerichtsbarkeit, aber auch an die Festsetzung der Strafe (im Unterschied zum Schuldspruch als solchem). Die zu treffende Unterscheidung kompliziert die Dinge nicht etwa, sondern gibt der Prüfung sinnvollen, nämlich sachlogisch begründeten Halt.

Da das (Grund-)Recht nur vom Rechts-Verhältnis als (auf)gegebener allgemeiner Freiheit her gedacht werden kann, ist ein staatliche oder private Eingriffe rechtfertigender Grundrechts-"Verzicht"[74] - soweit es sich jeweils nicht ohnehin um Fremdbestimmung handelt - nur insoweit möglich, als der Einzel-

---

71 S. dazu etwa *B. Pieroth/B. Schlink*, Grundrechte, Rnn. 243 ff., 273 ff.

72 S. zur Frage der "Einschlägigkeit" noch unten VI. 1.

73 Zum verfassungsgerichtlichen Schutz hiergegen s. unten VI. 8.

74 S. zu dieser (wie man wohl sagen muß) "Formel" etwa *K. Amelung*, Die Einwilligung in die Beeinträchtigung eines Grundrechtsgutes (1981); *J. Pietzcker*, Der Staat 17 (1978), S. 527 ff.; *G. Robbers*, JuS 1985, S. 925 ff.; *G. Sturm*, FS Geiger, S. 173 ff.

ne sich nicht (auch nicht zeitweise) seiner (selbst als) Freiheit, seiner Ich-Haftigkeit[75] begibt. Er kann sich rechtlich nicht einer Behandlung aussetzen, "die seine Subjektqualität prinzipiell in Frage stellt".[76] Wohl kann er es *faktisch*, aber die Frage nach der Zulässigkeit eines "Grundrechtsverzichts" tritt gerade immer dann auf, wenn es um die *Rechtmäßigkeit* der (möglichen) Eingriffs-Handlung des jeweils *anderen* geht. Und der darf die Ich-Haftigkeit des "Verzichtenden" nicht unbeachtet lassen, denn damit würde er - als einzelnes Ich, das im anderen einzelnen Ich sich selbst als allgemeines anschaut - das unbedingt gültige Rechtsgebot "*sei eine Person und respektiere die anderen als Personen*"[77] gleich "auf beiden Seiten" verletzen. Soweit es sich allerdings weder um die (zeitweise) Aufgabe der Ich-Haftigkeit noch um Fremdbestimmung handelt, liegt in der Einwilligung in "Freiheits"- oder körperliche (z. B. Heil-)Eingriffe bzw. in der Verpflichtung zu einem bestimmten Verhalten kein "Grundrechtsverzicht", sondern Selbst-Bestimmung, damit Grundrechts- und zugleich Freiheits-*Wahrnahme*. Der denkbare Holzhammer-Einwand, dies alles sei "viel zu unbestimmt", könnte schwerlich ernstgenommen werden: Daß und wie sich Allgemeines zu Einzelnem besondert (und deshalb auch "besondern läßt"), ist im bisherigen Verlauf der Untersuchung mehrfach und hinreichend deutlich geworden.

Der Verfassungstext ist nach allem durchaus differenziert zu lesen. Der "Eingriffsvorbehalt" etwa des Art. 2 Abs. 2 Satz 3 GG läuft für eine Tötung in Notwehr bzw. Nothilfe (jedenfalls bei einem Angriff auf Leben oder Gesundheit) leer, gegenüber gesundheitsbeeinträchtigenden Untersuchungshandlungen im Strafverfahren kann man sich auf ihn berufen. Im Einzelfall ist die Frage, ob dieses oder jenes zutrifft, eine Frage der praktischen Argumentation, bei der nicht zuletzt die juristische Rhetorik ihren legitimen Platz hat.

Wer hier spontan versucht ist einzuwenden, eine solche Sichtweise öffne Rechtsunsicherheit und zum Teil sogar Beliebigkeit Tür und Tor, möge sich erstens der zahlreichen, mehr oder weniger auf der Grundlage der herkömmlichen Sichtweise ergangenen 4:4- oder 5:3-Entscheidungen des Bundesverfassungsgerichts erinnern und zweitens bedenken, daß er mit solcher Verteidigung der "Rechtssicherheit" einen dialektischen Begriff gleichsam als linearen "Kampfbegriff" mißverwenden würde: Wer (1.)Rechts-(2.)Sicherheit einfordert, muß zunächst den Begriff des *Rechts* bestimmen (und dann auch ernstnehmen), um dieses sodann auch wirklich *sichern* zu können. Daß die herkömmlichen Auffassungen schon aufgrund ihrer vielen inneren Brüche nicht geeignet sind, "Rechtssicherheit zu garantieren", ist im Ersten Teil hinrei-

---

[75] S. Einleitung, I.

[76] BVerfGE 30, S. 1 (26).

[77] *G. W. F. Hegel*, Grundlinien der Philosophie des Rechts, § 36.

chend deutlich geworden.[78] Daß "das Urteil schwierig" ist (Goethe, Lehrbrief des Wilhelm Meister), läßt sich mit linearen Konstruktionen nicht ändern noch mildern.

Es werden sich gewiß einige Punkte finden lassen, in denen sich das bislang Entwickelte mit dem Text des nicht wissenschaftlich ausgearbeiteten, sondern eher politisch "denkenden" Grundgesetzes[79] vordergründig nicht vereinbaren läßt. Daß der kritische Hinweis darauf den Vertretern der herkömmlichen Ansichten verwehrt ist, liegt auf der Hand - ihnen ergeht es nicht besser: Man denke nur an die "Rechte anderer" und das "Sittengesetz" in Art. 2 Abs. 1 GG, mit denen eine positivistische Rechtsauffassung selbstverständlich nichts anfangen kann.

Um insoweit abschließend auf das von D. Suhr thematisierte "Raucherbeispiel" zurückzukommen: Bei dem heutigen Stand der medizinischen Forschung[80] muß man wohl, genau umgekehrt als nach der noch von Suhr als zu kritisierend vorausgesetzten Rechtslage, dem Passivraucher gegen den Raucher ein - strengen Voraussetzungen unterliegendes - Notwehrrecht zubilligen. Es wird hieran - wiederum - deutlich, daß eigentlich (nur) der Fortschritt des menschlichen Bewußtseins die Triebkraft der Rechts-Entwicklung ist.[81]

V. Einheit der Rechtsordnung und "Wirkung" der Grundrechte

Als unbegründet erweist der (bisher) entwickelte Begriff des (Grund-) Rechts die im Ersten Teil mitgeteilte Befürchtung der Vertreter einer bloß "mittelbaren Drittwirkung", eine "unmittelbare Drittwirkung" bzw. eine "unmittelbare Bindung" Privater an die Grundrechte müsse zu einem frei über den Gesetzen schwebenden, vom Richter mühsam zu suchenden "Verfassungsprivatrecht" und zu unerträglicher Rechtsunsicherheit führen.[82]

Bereits bei der immanenten Kritik dieser Ansicht wurde darauf hingewiesen, daß sie sich außerstande setzt, die Rechtsordnung - und damit gerade

---

78 Im übrigen gibt sich die Verfassung selbst ein gewisses Maß an (scheinbarer) "Rechtsunsicherheit", man denke nur an Art. 20 Abs. 3 GG ("Gesetz *und Recht*"; s. dazu BVerfGE 34, S. 269 [286 f.] - "Soraya") und an Art. 100 Abs. 1 GG (Pflicht des Richters zur Aussetzung des Verfahrens und Einholung der Entscheidung des Bundesverfassungsgerichts, wenn er ein entscheidungserhebliches Gesetz für verfassungswidrig hält) - welche Bestimmungen ihrerseits wiederum in einem Spannungsverhältnis zueinander stehen.

79 Von "politisch-gefühlsmäßigen ... Vorstellungen", die die "Erörterungen in den Bonner Ausschüssen" bestimmt hätten, spricht *W. Apelt*, JZ 1951, S. 353.

80 S. zum Beispiel die Berichte in der Süddeutschen Zeitung vom 15. Februar (S. 29) und vom 7. März 1996 (S. 35).

81 S. hierzu auch *J. Pietzcker*, FS Dürig, S. 345 (356).

82 S. den Ersten Teil unter I. 1. a) bb) (3).

auch Grundrechte und einfaches Recht - als Einheit zu begreifen.[83] Wie in der gedanklichen Entwicklung des Rechts-Begriffs bereits deutlich geworden ist, gründet die Einheit der Grundrechte und des einfachen Rechts darin, daß alle diese in unterschiedlichem Maße abstrakten Vorschriften sich, das Rechts-Verhältnis auslegend, (in unterschiedlich großem Umfang) auf dieses als auf ihre logische Voraussetzung beziehen.[84] Ob das einfache Recht seinerseits als "öffentliches" oder als "privates" erlassen wird, ob sogleich der (Zivil-)Richter oder ob erst der etwa eine Baugenehmigung (nicht) erteilende Verwaltungsbeamte und dann der (Verwaltungs-)Richter einen Konflikt aufzulösen haben, hat danach zwar für die Bestimmung des zulässigen Rechtswegs Bedeutung (s. etwa Art. 95 Abs. 1 GG, §§ 40 VwGO, 13 GVG), ersichtlich aber nicht für die Frage, wen die Grundrechte verpflichten.[85]

In ihrem Charakter als Auslegungen des Rechts-Verhältnisses hin auf unterschiedliche, bestimmt benannte praktische Regelungsprobleme liegt zugleich der *Anspruch* der jeweiligen Normen begründet, in dieser Eigenart *ernstgenommen* zu werden. Das bedeutet: Die einfachrechtlichen Regeln werden grundsätzlich unproblematisch angewendet, denn zumeist und für die allermeisten Fälle stellen sie vollkommen rechtliche Regelungen dar. Zwar gibt es bei juristischen Entscheidungen und Regelungen immer einen gewissen Spielraum, so daß man sich nicht selten durchaus auf den Standpunkt stellen kann, auch eine andere als die getroffene Entscheidung oder Regelung sei im juristischen Sinne richtig, nämlich "vertretbar". Das geht aber die tatsächlich getroffene nichts an.[86] Erst wenn der Richter sich an der für einen Fall auf dem "Routineweg" zu findenden Lösung "stößt", sie ihm als "irgendwie falsch" vorkommt, darf - und muß - er den Umstand ausdrücklich und augenfällig zur

---

[83] S. den Ersten Teil unter II. 1. a) cc) (3).

[84] S. o. I. sowie den Zweiten Teil unter I. 2.; am nächsten kommt dem die Sichtweise *P. Häberles*, Die Wesensgehaltgarantie des Art. 19 Abs. 2 Grundgesetz, S. 96, der die (vielfach mehr oder weniger unreflektiert gepflegte) Rede von "Normenkomplexen" so rechtfertigt: "[Um] Normen*komplexe* handelt es sich, da sich die einzelnen Rechtssätze zu einer inneren Einheit zusammenschließen, in der die objektive Grundrechtsidee zum Ausdruck gelangt"; s. dazu auch *H. Kelsen*, Reine Rechtslehre, S. 74: *Kelsen* sieht in der von ihm "erfundenen" und so genannten "Grundnorm", die als wirklich ernstgenommene Voraus-Setzung nichts anderes ist als das Rechts-Verhältnis, den "obersten Geltungsgrund, der die Einheit ... [der Rechtsordnung] stiftet".

[85] Hierauf weist auch *J. Schwabe* hin (Die sogenannte Drittwirkung der Grundrechte, S. 30 f.); s. dazu bereits den Ersten Teil unter I. 3. - Für "unfruchtbar" hält *H. Bethge*, Zur Problematik von Grundrechtskollisionen, S. 408, die "Frage, ob öffentliches Recht *oder* Privatrecht die adäquaten Handlungsformen bietet, mit denen der Staat dem ... Phänomen der Grundrechtskollisionen begegnet". S. auch - allgemein - *R. Pietzner/M. Ronellenfitsch*, Das Assessorexamen im öffentlichen Recht, § 5, Rn. 23, die zutreffend hervorheben, die Unterscheidung von öffentlichem und privatem Recht sei "nicht apriorischer Natur".

[86] S. dazu auch *W. Schild*, Erste FS Heintel, Zweiter Teilb., S. 267 (281 u. 293).

Geltung bringen, daß die einfachen Rechtsbestimmungen nicht nur als Abstraktionen überhaupt, sondern gerade auch *darin* einseitig sind (und sich in ihrer Anwendung deshalb das Rechts-Verhältnis nicht in jedem Fall verwirklichen läßt[87]), daß sie jeweils nur ganz bestimmte Fallkonstellationen als ihren "Erlaßhintergrund" im Auge haben. Das Ausmaß der Problematik zeigt sich deutlich an der ausufernden, vom Wortlaut der Vorschrift auch nicht annähernd mehr gedeckten Berufung von Rechtsprechung und Wissenschaft auf § 242 BGB.

Wenn der Richter sich an einem nach den einfachen Gesetzen zu erreichenden Ergebnis "stößt", muß - und darf - er aus der inneren Logik des Rechts-Begriffs heraus zur dogmatischen Begründung des als gerecht erkannten Ergebnisses auf die Grundrechtsbestimmungen zurückgreifen, die in größeren Ausschnitten bzw. (in Art. 2 Abs. 1 GG) ganz allgemein auf das Rechts-Verhältnis verweisen und es so auch positivrechtlich "ermöglichen", alle Aspekte desselben zu berücksichtigen. Beispielhaft hierfür steht in der jüngeren Rechtsgeschichte die Anerkennung des Art. 2 Abs. 1 GG als "sonstiges Recht" im Sinne des § 823 Abs. 1 BGB.[88] Und beispielhaft für eine wie immer gelungene, jedenfalls aber konsequente "praktische Anwendung" der hier entwickelten Gedanken ist auch - wie bereits mehrfach ausgeführt - der "Gentechnik-Beschluß" des VGH Kassel.

Es hat sich damit gezeigt, daß die von A. Bleckmann für die "Drittwirkung" vorgeschlagene Konstruktion bereits relativ nahe daran war, das Richtige zu treffen.[89] Nur besteht die Wahrheit des Rechts nicht allein in seiner dogmatischen Konstruktion, sondern kann nur durch Vergegenwärtigung seiner inneren Gliederung und Logik, in der die dogmatische "Wirkung" begründet liegt, zutreffend erfaßt werden. Daher sollte man auch immerhin wissen, *wann*, *warum* und in *welchem durchaus richtigen Sinn* er trotz der Grundrechtsverpflichtung Privater tatsächlich fehlt, der "Anlaß, sich um die Drittwirkung Gedanken zu machen."[90]

---

[87] Davon, daß das Gesetz selbst sich dessen schon immer bewußt war, legen die §§ 138, 242 BGB beredtes Zeugnis ab.

[88] S. dazu BGHZ 13, S. 334 (338) und BGHZ 24, S. 72; nach dem Gesagten kann *K. Larenz/C.-W. Canaris*, Lehrbuch des Schuldrechts, Band II, Halbband 2, § 80 I. 3. (S. 492), nicht darin zugestimmt werden, daß ein "Hauptmangel" der erstgenannten Entscheidung darin bestehe, "daß das *Verhältnis von Grundgesetz und Privatrecht* falsch gesehen" sei.

[89] S. *A. Bleckmann*, DVBl. 1988, S. 938 (942 f.) und dazu bereits oben im Ersten Teil unter I. 1. b) dd) (2).

[90] Den *W. Rüfner*, HbStR V, § 117, Rn. 62, hatte fehlen sehen, "[wenn] Verfassungen nur bestätigen, was eine relativ fortschrittliche Zivilgesetzgebung bereits vorweggenommen hat".

VI. System der Grundrechtsaufgaben

Nach dem bisher Entwickelten versteht es sich, daß eine wirklich systematische Grundrechtsdogmatik nicht in einem Zusammenfassen und Unterscheiden nach äußeren Merkmalen bestehen kann. Denn damit erhält man nie einen Zusammenhang zwischen Unterschiedlichem - ein System also. Allein durch (und in der) Darstellung des Bezogenseins der einzelnen Bestimmungen aufeinander und auf das in ihnen sich Ausdruck gebende Ganze kann ein System des positi(viert)en Rechts gefunden werden.

Grundrechtsbestimmungen sind - wie alle weiteren Rechtsbestimmungen - Auslegungen des Rechts-Verhältnisses im Hinblick auf den Staatsapparat. Da Staatsapparat und Rechts-Verhältnis untrennbare Momente des wirklichen Begriffs der Freiheit sind (weil allgemeine Freiheit nur durch den Staatsapparat gewährleistet werden kann und sich deshalb selbst zu diesem bestimmt), den man, je nach Betrachtung und Betonung, als Recht und als Staat ansprechen kann, müssen die Grundrechte auch umgekehrt im Hinblick auf das Rechts-Verhältnis (zurück- und zugleich weiter) ausgelegt werden, was auch immer schon geschieht, wenn man sie als "Abwehrrechte" in den Blick nimmt und die *Reichweite* ihres Schutzes zu bestimmen sucht. Die Grundrechte machen - für (je)den Einzelnen (und damit allgemein) - das Rechts-Verhältnis einklagbar, und zwar, wie gesehen, nicht nur vor dem Bundesverfassungsgericht.[91] Sie *sind* daher wesentlich Einklagbarkeit. Aber eben, und hier geht der interpretierende, auslegende Blick wieder zurück, Einklagbarkeit des Rechts-Verhältnisses, weshalb immer genau darauf zu achten ist, ob wirklich das Rechts-Verhältnis eingeklagt wird und nicht mit allgemeiner Freiheit unverträgliche (bloße) Willkür.

Ausgehend vom Begriff der Freiheit oder, was (nach dem im Zweiten Teil Entwickelten) dasselbe ist, des Rechts bzw. des Staates, ist nachfolgend das Verhältnis der so oft als gegenläufig behaupteten Forderungen nach Freiheit, Gleichheit und "Solidarität" zueinander sowie ihre rechtsdogmatische Bedeutung zu entwickeln und darzustellen.

1. Die Grundrechte als Abwehrrechte

Grundsätzlich keine interessanten Besonderheiten gegenüber dem herkömmlichen Verständnis der Grundrechte als Abwehrrechte und dem insoweit bereits zu Art. 2 Abs. 1 GG Ausgeführten[92] ergeben sich hinsichtlich jener Rechte, die "im Grunde genommen nur eine Konkretisierung der allgemeinen

---

91 S. soeben V.
92 S. o. I.

Rechte und Freiheiten dieses Artikels [2 GG] auf einzelnen Lebensgebieten"[93] darstellen, also dieselbe Struktur aufweisen wie die von Art. 2 GG gewährleisteten (Abwehr-)Rechte. Art. 2 GG schützt Leben, körperliche Unversehrtheit und (körperliche Bewegungs-[94])Freiheit der Person (Abs. 2) als Voraussetzungen ihrer Entfaltung in der Welt (Abs. 1 - der daher bereits als solcher die *allgemeinste* Formulierung des Rechts enthält, als Person nicht mißachtet, nicht unrechtlich behandelt zu werden). Entfaltung, nämlich freie Betätigung des Menschen, wird ohne Zweifel geschützt durch Art. 4 Abs. 1 und 2, Art. 5 Abs. 1 und Abs. 3 Satz 1, Art. 6 Abs. 2 Satz 1 Halbs. 1, Art. 7 Abs. 2 und Abs. 4 Satz 1, Art. 8 Abs. 1, Art. 9 Abs. 1 und Abs. 3 Satz 1, Art. 10 Abs. 1, Art. 11 Abs. 1 und Art. 12 GG. Als Voraussetzungen der Entfaltung werden in Art. 13 Abs. 1 die Wohnung und in Art. 14 Abs. 1 Satz 1 das Eigentum geschützt. Zutreffend - und zugleich in bestimmter Hinsicht "erhellend" (dazu sogleich) - hat das Bundesverfassungsgericht hierzu ausgeführt, daß "die grundrechtliche Eigentumsgewährleistung Elemente der allgemeinen Handlungsfreiheit" enthalte.[95] Alle genannten Vorschriften enthalten Rechte, die die Freiheit des Einzelnen als allgemeine Freiheit gegenüber den staatlichen Gewalten und gegenüber Privaten schützen sollen. Es sind dies die (sonstigen) bürgerlichen Freiheitsrechte, die "liberalen Menschenrechte der Einzelperson", die C. Schmitt als "Grundrechte im eigentlichen Sinne" oder "echte Grundrechte" bezeichnet hat.[96] Man hätte sich zwar - was die jeweils zu erzielenden "Ergebnisse" angeht - mit Art. 2 GG als "dem" (oder "den") Grundrecht(en) begnügen können, da die "freie Entfaltung der Persönlichkeit" alle anderen "Freiheiten" umfaßt. Als immerhin ein Stück weit ins Konkrete reichende (Rück-)Auslegungen der "Entfaltungsfreiheit" im Hinblick auf das Rechts-Verhältnis, als verdeutlichende Ausdifferenzierungen helfen die besonderen Grundrechtsbestimmungen aber, die Fallösung frühzeitig in das Denken (und die juristische Begründung) entlastende Bahnen zu lenken - die aber nur dann wirklich *ent*- und nicht sogleich mit (im eigentlichen Wortsinn) unendlichen "Abgrenzungsproblemen" wiederum *be*lasten, wenn man sich ihrer Bezogenheit aufeinander, auf Art. 2 Abs. 1 GG und auf das Rechts-Verhältnis immer "im Hinterkopf" bewußt bleibt. So ergibt sich aus der (bisherigen) Entwicklung des Rechtsbegriffs selbst ein *dogmatischer Zweifelssatz zugunsten der Anwendbarkeit von Art. 2 Abs. 1 GG*. Statt mitunter fast krampfhaft zu versuchen, ein bestimmtes Verhalten dem Schutzbereich eines vermeintlich

---

93 *H. v. Mangoldt* in: Parlamentarischer Rat, Schriftlicher Bericht, S. 6.

94 *B. Pieroth/B. Schlink*, Grundrechte, Rn. 453.

95 BVerfG NJW 1993, S. 2599.

96 *C. Schmitt*, Verfassungslehre, S. 164.

"stärkeren" Spezialgrundrechts zuzuordnen,[97] sollte daher die Rechtsprechung, vor allem das Bundesverfassungsgericht, im Zweifel die "Entfaltungsfreiheit" als dogmatischen Anknüpfungspunkt heranziehen. Dementsprechend ist auch eine "negative Seite" der (speziellen) Freiheitsrechte nicht anzuerkennen.[98]

Diese Sichtweise leugnet keineswegs die erheblichen inhaltlichen Unterschiede, die beispielsweise zwischen der Bekenntnis- und der Rundfunkfreiheit bestehen. Wenn es jedoch die "Einzelfreiheiten" nicht gäbe und man ausschließlich auf Art. 2 Abs. 1 GG angewiesen wäre, würden sich die inhaltlichen Differenzierungen gleichwohl daraus ergeben, daß ohnehin jeweils *für die verschiedenen Sachbereiche* (und für verschiedene Phasen gesellschaftlicher Entwicklung[99]) gefragt werden muß, wie freie und damit rechtliche Verhältnisse *gerade "hier"* (und "jetzt") aus(zu)sehen (haben).[100] Es gäbe also z. B. "die Rundfunkfreiheit" als *inhaltlich gebundene* "Rundfunkunternehmerfreiheit"[101,102] auch unter einem "Alleinregiment" des Art. 2 Abs. 1 GG.

---

[97] Ein schlechtes Beispiel bietet in dieser Hinsicht BVerfG NJW 1992, S. 1442 ff., wo das Stellen von Fragen umständlich dem "Schutzbereich" der Meinungsfreiheit unterstellt wird. Ferner wäre es etwa auch unbedenklich, den Normbereich des Art. 4 Abs. 1 und 2 nach der sogenannten "Kulturadäquanzformel" abzugrenzen, wie es das Bundesverfassungsgericht zunächst getan hat (s. dazu *M. Fehlau*, JuS 1993, S. 441 [443] mit entsprechenden Nachweisen).

[98] Im Ergebnis ebenso *J. Hellermann*, Die sogenannte negative Seite der Freiheitsrechte (1993).

[99] Daß vor allem technische Entwicklungen den tatsächlichen Inhalt grundrechtlicher Gewährleistungen verändern, hebt zutreffend hervor *A. Roßnagel* in: *R. Graf von Westphalen* (Hrsg.), Technikfolgenabschätzung als politische Aufgabe, S. 342 ff.; *ders.*, Radioaktiver Zerfall der Grundrechte?, S. 17 ff.; s. hierzu außerdem *O. Majewski*, Auslegung der Grundrechte durch einfaches Gesetzesrecht?, S. 72; *W. Höfling*, Offene Grundrechtsinterpretation, S. 190 ff., der - in anderer Terminologie - zutreffend darauf hinweist, daß das Rechts-Verhältnis selbst (die "offene Grundrechtsinterpretation" der Einzelnen als "Grundrechtsinterpreten") die Verfassung in ihrem wirklichen Inhalt verändert.

[100] So der Sache nach auch *E. Grabitz*, Freiheit und Verfassungsrecht, S. 246; s. auch *F. Müller*, die Positivität der Grundrechte, S. 48.

[101] Die bisherige Untersuchung hat gezeigt, daß die Annahme eines (Individual-)Grundrechts auf Veranstaltung von Rundfunk es durchaus *nicht* mit sich bringt, daß "der Bürger als Träger [dieses Rechtes] ... im Rahmen der allgemeinen Gesetze frei wäre, ganz nach seiner Vorstellung mit dem Rundfunk zu verfahren", wie etwa *J. Wieland*, Die Freiheit des Rundfunks, S. 139, dies befürchtet: "Die Rundfunkfreiheit des Art. 5 I 2 GG ermächtigt ihren Träger nicht zu beliebigem Gebrauch" (BVerfG NJW 1991, S. 899 [904]; dem darauffolgenden Satz: "Als dienende Freiheit wird sie nicht primär im Interesse der Rundfunkveranstalter, sondern im Interesse freier individueller und öffentlicher Meinungsbildung gewährleistet", der die Vorstellungen des Bundesverfassungsgerichts ins systematische Dunkel zurückgleiten läßt und wohl auch *M. Stock* in bezug auf den Aussagegehalt des Urteils konsequent von einer "etwaige[n] Rundfunkunternehmerfreiheit" hat sprechen lassen [JuS 1992, S. 383 (385)], muß angesichts der herausgearbeiteten Bestimmung der Grundrechte als Einklagbarkeit des Rechts-Verhältnisses zugunsten von Privaten allerdings widersprochen werden. Es müßte vielmehr heißen: "Dem Rundfunkveranstalter steht die inhaltlich gebundene Rundfunkfreiheit um seiner selbst willen zu." Entsprechend spricht BVerfG NJW 1991, S. 1943 schlicht von dem "Grundrecht [des privaten Rundfunkveranstalters] ... aus Art. 5 I 2 GG").

[102] Zum öffentlich-rechtlichen Rundfunk s. unten 4.

Deshalb ist es - vom systematischen Standpunkt aus (und vom inhaltlichen Ergebnis her) - auch letztlich unerheblich, ob man etwa die Vertragsfreiheit ausschließlich in Art. 2 Abs. 1 GG gewährleistet sieht oder nicht,[103] ob man "die Rundfunkfreiheit" zum Teil in Art. 5 Abs. 1 Satz 2 GG, der seinem Wortlaut nach (nur) die "Freiheit der Berichterstattung" gewährleistet, und ansonsten in Art. 12 Abs. 1 oder 2 Abs. 1 GG verortet,[104] oder ob man sie ganz dem Art. 5 Abs. 1 Satz 2 GG zuordnet. Ebenso unerheblich ist, ob in die Formulierung "Ehe und Familie stehen unter dem besonderen Schutze der staatlichen Ordnung" des Art. 6 Abs. 1 GG, in der der zuständige Berichterstatter für den Parlamentarischen Rat noch "kaum mehr als eine Deklamation"[105] gesehen hatte, heute ein im Wortlaut schwer greifbares (gegenüber Art. 2 Abs. 1 GG spezielles) *Abwehrrecht* hineingelesen wird[106] oder nicht.[107] Bei derartigen "Problemen" handelt es sich um Detailfragen, die für Zwecke der juristischen Zu-Ordnung (eben damit der Rechtsstaat "in geordneten Bahnen verläuft") letztlich einer verbindlichen Dezision durch das Bundesverfassungsgericht bedürfen, für ein wirklich systematisches Erfassen der Grundrechte aber ohne Bedeutung sind.[108]

Hinzuweisen ist mit Blick auf die Abwehraufgabe der Grundrechte noch darauf, daß sich in die hier entwickelte Systematik auch etwa die höhere Bewertung von Meinungsäußerungen zu wesentlichen Belangen der Allgemeinheit gegenüber solchen in "bloß" privater Interessenwahrnehmung, wie sie in der Rechtsprechung des Bundesverfassungsgerichts zu beobachten ist,[109] zwanglos einfügt. Da nämlich durch die Grundrechte als Abwehrrechte das Rechts-Verhältnis geschützt werden soll, das neben seinem subjektiven immer auch das objektive, das Moment der Gemeinschaft enthält, muß einem privaten Verhalten, in welchem sich das subjektive und das objektive Moment des Rechts-Verhältnisses in besonderer Weise verschränken, in einer vorzunehmenden Abwägung auch besonderes Gewicht zukommen.

---

[103] S. hierzu etwa *W. Höfling*, Vertragsfreiheit, S. 6 ff.

[104] So etwa (unter Verweis auf die "Auffangfunktion" des Art. 2 Abs. 1 GG) *J. Wieland*, Die Freiheit des Rundfunks, S. 82, 88 f.

[105] *H. v. Mangoldt* in: Parlamentarischer Rat, Schriftlicher Bericht, S. 9.

[106] S. dazu etwa *B. Pieroth/B. Schlink*, Grundrechte, Rn. 695.

[107] Nach *H. D. Jarass/B. Pieroth*, GG, Art. 6, Rn. 1, "verstärkt [Art. 6 Abs. 1 GG] die Entfaltungsfreiheit des Art. 2 Abs. 1 im privaten Lebensbereich", womit anerkannt wird, daß Art. 6 Abs. 1 GG zur "Entfaltungsfreiheit" gehört, die allerdings eine "Verstärkung" nicht nötig hat, ja bei der eine solche überhaupt nicht möglich ist: Denn sie "ist" die *allgemeine* Freiheit, die die anderen "Freiheiten" aus sich im Wege der sachlichen Unterscheidung für die juristische Anschauung (des Rechts-Verhältnisses) "hervorbringt", damit aber notwendig bereits in sich enthält.

[108] Ebenso *W. Schild* in: *J. Schwartländer/E. Riedel* (Hrsg.), Neue Medien und Meinungsfreiheit, S. 169 (182).

[109] S. z. B. BVerfG NJW 1992, S. 1153 (1154).

2. Die Grundrechte als Schutzrechte

a) Begründung

Gewährleistung subjektiver (dabei immer: allgemeiner) Freiheit der Persönlichkeitsentfaltung bedeutet also seitens des Staatsapparates einerseits die Unterlassung von Verletzungen des Rechts-Verhältnisses. Aber der Staatsapparat
ist, wie gesehen, nur als Staat und also bezogen auf das Rechts-Verhältnis zu
denken. Ohne ein (noch) vorhandenes, gelebtes Rechts-Verhältnis gibt es
folglich keinen *Staats-*, sondern nurmehr einen Unrecht verwaltenden Gewalt-
und Machtapparat. Daher hat der Staat stets dafür Sorge zu tragen, daß das
Rechts-Verhältnis eingehalten wird und mithin zugleich die Grundrechte[110]
auch von (den jeweils) anderen Einzelnen nicht verletzt werden. Der Pflicht
der Einzelnen zum Staat (als ihrem eigenen Wesen)[111] korrespondiert die
Pflicht des Staates zum Schutz der (allgemeinen) Freiheit seiner Bürger vor
der Willkür Einzelner. Im Begriff des Staates, nicht in einem Vertrag zwischen "Herrscher" und "Untertan", liegt der Grund der "Grundrechte als
Schutzrechte". Wenn man sich demgegenüber, wie dies in der neueren staatsrechtlichen Literatur[112] geschieht, zur Begründung eines "Grundrechts auf Sicherheit" auf die Staatslehre von T. Hobbes beruft, bekommt man nur Abstraktionen zu fassen, aber keine Wahrheit.

Bekanntlich ist der Staat nach Hobbes der schützende Hafen, in den sich die
geängsteten Menschen aus dem Sturm des Bürgerkrieges retten.[113] Er wird
durch Vertrag der Einzelnen begründet, die darin übereinkommen, sich einem
menschlichen Souverän zu unterwerfen und ihn mit einer derartigen Macht
und Stärke auszustatten, daß er durch den hiervon ausgehenden Schrecken in
die Lage versetzt wird, den Willen aller auf den innerstaatlichen Frieden und
auf gegenseitige Hilfe gegen auswärtige Feinde hinzulenken.[114] Ist die Unter-
werfung einmal vollzogen, kann man sich von ihr nicht mehr befreien, weil,

---

[110] S. o. I.

[111] S. o. Zweiter Teil, II.

[112] *J. Dietlein*, Die Lehre von den grundrechtlichen Schutzpflichten, S. 21 f.; *J. Isensee*, Das
Grundrecht auf Sicherheit, S. 3 ff.; s. dazu ferner *G. Robbers*, Sicherheit als Menschenrecht,
S. 40 ff.; *R. Zippelius*, Allgemeine Staatslehre, § 17 II.

[113] S. *T. Hobbes*, Leviathan, S. 153: "The final cause, end, or design of men, who naturally
love liberty, and dominion over others, in the introduction of that restraint upon themselves, in
which we see them live in commonwealths, is the foresight of their own preservation, and of a
more contented life thereby; that is to say, of getting themselves out of that miserable condition
of war, which is neccessarily consequent ... to the natural passions of men, when there is no vi-
sible power to keep them in awe, and tie them by fear of punishment to the performance of their
covenants, and observation of those laws of nature set down [before]". S. zu *Hobbes'* Staatskon-
struktion etwa die interessante Interpretation von *C. Schmitt*, Der Leviathan in der Staatslehre
des Thomas Hobbes, S. 47 ff.

[114] *T. Hobbes*, a. a. O., S. 158.

wie Hobbes meint, es entweder so ist, daß der Souverän am Abschluß des Vertrages gar nicht beteiligt war und ihn daher auch nicht brechen kann, oder aber, weil die Verträge, die der Souverän mit allen Einzelnen abgeschlossen habe, ungültig würden, sobald er die Souveränität erlangt habe.[115]

Es mutet eher seltsam an, dieser Konzeption einer ausdrücklich als den Einzelnen gegenüber *ungebunden* bezeichneten Staatsgewalt Begründungswert für Denkfiguren einer rechtsstaatlichen Grundrechtstheorie zumessen zu wollen.[116] Und, nicht eben naheliegender: Angst vor den Mitmenschen soll begründen können, daß man einen *Mitmenschen* (oder eine "Versammlung" von ihnen[117]) als Souverän einsetzt und ihm (ihr) eine Macht gibt, die so groß ist, daß er (sie) die Einzelnen wirksam davon abhalten kann, einander totzuschlagen - aber damit auch so groß, daß er (sie) alle anderen unterdrücken kann.[118]

Es ist trotz allem leicht zu sehen, daß Hobbes durchaus auf dem richtigen Weg war, hatte er doch immerhin intuitiv erkannt, daß der "Staatsvertrag" nicht wieder auflösbar und daher gar kein Vertrag im (unmittelbar) juristischen Sinn ist, und weiter, wenn man den Autor des "Leviathan" richtig interpretiert, daß der Staat auch in seinem Handeln nicht vom entgegenstehenden (bloß) subjektiven Belieben der Einzelnen abhängig sein kann. Aber er hatte diese Einsichten noch nicht wirklich auf den Begriff gebracht - weshalb sie als solche und zumal aus dem Zusammenhang gerissen durchaus nur Äußerlichkeiten darstellen -, und nur wenn seine Postulate *begriffen* werden, läßt sich mit ihnen wirklich "Staat machen" - und daraus wiederum Grundrechtsdogmatik.

b) Dogmatik

Die (Abwehr-)Grundrechte haben sich als Freiheit sichern sollende Auslegungen des Rechts-Verhältnisses im Hinblick auf den Staatsapparat erwiesen. Die Schutzpflicht des Staates gegenüber seinen Bürgern ist eine zur Errei-

---

[115] *T. Hobbes*, a. a. O., S. 161.

[116] Daß *Hobbes'* Konzeption eine Thematisierung der "Frage nach Recht und Unrecht" eigentlich ausschließt - was die Brauchbarkeit seiner Theorie *als solcher* für die Diskussion grundrechtstheoretischer Fragen gegen Null gehen läßt -, wird dargelegt von *C. Schmitt*, Der Leviathan in der Staatslehre des Thomas Hobbes, S. 71 ff.

[117] *T. Hobbes*, a. a. O., S. 158.

[118] Auf diese mißliche Konsequenz weist auch *J. Isensee*, Das Grundrecht auf Sicherheit, S. 5, hin, ohne sich allerdings deswegen tiefergehende kritische Gedanken hinsichtlich der Stimmigkeit seiner eigenen, zu einem Gutteil auf *Hobbes* aufbauenden Konzeption zu machen; *Hobbes* selbst verharmlost die Konsequenzen der Einsetzung eines "Leviathan": "But a man may here object, that the condition of subjects is very miserable; as being obnoxious to the lusts, and other irregular passions of him, or them that have so unlimited a power in their hands. ... not considering that the state of man can never be without some *incommodity* or other" (Leviathan, S. 169 f.; Hervorhebung durch den Verfasser).

chung dessen, was mit jenen Auslegungen angestrebt wird - nämlich der juridischen Gewährleistung des Rechts-Verhältnisses, von dem her die Grundrechte allein zu denken sind -, *notwendige weitere Auslegung* und hat ihren dogmatischen Sitz deshalb mangels besonderer Regelungen in denselben Grundrechtsbestimmungen wie die Abwehrrechte.[119] Dabei braucht man nicht, wie es das Bundesverfassungsgericht tut,[120] zusätzlich den Art. 1 Abs. 1 Satz 2 GG mit heranzuziehen ("[Die Würde des Menschen] zu achten und zu schützen ist Verpflichtung aller staatlichen Gewalt"). Man müßte sonst konsequent sein und in dieser Vorschrift neben dem Wort "schützen" auch dem Wort "achten" - als Ausdruck des Gebots der Nichtverletzung - dogmatische Bedeutung zuerkennen, so daß Art. 1 Abs. 1 Satz 2 GG auch den Grundrechten als Abwehrrechten an die Seite zu stellen wäre - was mit Recht niemand tut.

Da der Mensch wesentlich Freiheit ist und daher in dieser auch seine Würde liegt, hat Art. 1 Abs. 1 GG eine eigenständige Bedeutung wohl nur dort, wo man nicht (mehr) davon sprechen kann, daß ein Wesen, das Menschenantlitz trägt und daher nach allgemeinem Verständnis jedenfalls äußerlich die Idee (die Verwirklichung des Begriffs) der Freiheit darstellt, *wirklich* Freiheit sei - so etwa beim Anenzephalus (ohne Gehirn Geborenem) oder auch beim Toten. Eine nähere Beschäftigung mit dieser Frage kann hier allerdings nicht stattfinden.

Zu warnen ist demgegenüber - nochmals - davor, aus dem Umstand, daß der Staat und damit alle "drei Gewalten" zum Schutz der Bürger verpflichtet sind, die falsche Schlußfolgerung zu ziehen, es gebe so etwas wie einen (im herkömmlichen Sinn verstandenen) "Schutz durch (nur gesetzlich zuzulassenden) Eingriff". Effektiver Schutz des Bürgers vor Übergriffen anderer Bürger durch die Verwaltung ist stets zulässig, da in den maßgeblichen Fällen der jeweils in Frage kommende "Eingriffsvorbehalt" notwendig "leerläuft".[121] Das schließt allerdings keineswegs aus, die Gesetzgebung für verpflichtet zu halten, Regelungen zu erlassen, die den Schutz noch effektiver und berechenbarer machen, also vor allem für eher "technische" Fragen, in denen so oder so entschieden werden kann, allgemeinverbindliche und damit Gesetzmäßigkeit des Schutzes ermöglichende Entscheidungen zu treffen.[122]

Entspricht der Pflicht des Bürgers zum Staat die Schutzpflicht des Staates gegenüber seinen Bürgern, muß auch die einfachrechtliche Dogmatik dem Rechnung tragen. Deshalb ist z. B. F.-L. Knemeyer darin zuzustimmen, daß der Polizei im Gefahrenfall hinsichtlich des "Ob" eines Einschreitens - entge-

---

119 Ebenso *J. Isensee*, Das Grundrecht auf Sicherheit, S. 33.

120 S. BVerfG NJW 1993, S. 1751 (1753).

121 Dazu oben IV.

122 Dazu unten 5.

gen der herrschenden Meinung[123] - *keinesfalls* ein Ermessen zusteht, sie vielmehr zum Handeln unbedingt verpflichtet ist,[124] während es hinsichtlich des "Wie" - was für alle sonstigen "Schutzbehörden" in gleichem Maße gilt - bei dem vom Bundesverfassungsgericht geprägten Satz bleibt, das Recht auf Schutz sei "nur darauf gerichtet, daß die öffentliche Gewalt Vorkehrungen zum Schutze des [jeweils gefährdeten] Grundrechts trifft, die nicht gänzlich ungeeignet oder völlig unzulänglich sind"[125]. Das Gericht spricht in diesem Zusammenhang auch von einem "Untermaßverbot"[126].

3. "Gleichheitsrechte"

Zu fragen ist weiter, wie sich die "Gleichheit" in das bisher Entwickelte einfügt und ob der dem Art. 3 Abs. 1 GG gemeinhin entnommene "allgemeine Gleichheitssatz"[127] gegenüber den Freiheitsrechten eine eigenständige dogmatische Bedeutung erlangen kann.

a) Das Bürger-Staat-Verhältnis

Nimmt man Art. 3 Abs. 1 GG wörtlich, dann verpflichtet er lediglich Gerichte und Verwaltungsbehörden zu *gleicher Rechtsanwendung* "ohne Ansehen der vornehmen oder niedrigen Geburt, des Standes, der Klasse, der Partei usw. nach dem Grundsatz: Wenn das Gesetz keinen Unterschied macht, haben wir auch keinen zu machen"[128]. Freilich: "Daß die Bürger *vor dem Gesetze gleich* sind, enthält eine hohe Wahrheit, aber die so ausgedrückt eine Tautologie ist; denn es ist damit nur der *gesetzliche* Zustand überhaupt, daß die Gesetze herrschen, ausgesprochen."[129] Anders formuliert: Es ist damit, da die Gesetzesbestimmungen, als Gesetze *begriffen*,[130] die wirkliche Freiheit sind, (nur) ausgesprochen, daß *Freiheit* sein solle. Versteht man den "Gleichheits-

---

[123] S. z. B. *V. Götz*, Allgemeines Polizei- und Ordnungsrecht, Rn. 265; *P. J. Tettinger*, Besonderes Verwaltungsrecht, Rn. 240; ferner - allgemein - *D. Grimm*, recht 1988, S. 41 (47).

[124] *F.-L. Knemeyer*, Polizei- und Ordnungsrecht, Rn. 91: "Wenn dem Staat der umfassende Schutz seiner Bürger obliegt und der Gesetzgeber diese Aufgabe einer bestimmten Behörde überträgt, so *ist* diese verpflichtet, Schutz zu gewähren, wenn die Tatbestandsvoraussetzungen vorliegen".

[125] BVerfGE 77, S. 170 (215); s. hierzu neuestens BVerfG, (Kammer-)Beschlüsse v. 26.10. (1 BvR 1348/95) und v. 29.11.1995 (1 BvR 2203/95), jeweils NJW 1996, S. 651.

[126] BVerfG NJW 1993, S. 1751 (1754).

[127] S. nur *H. D. Jarass/B. Pieroth*, GG, Art. 3, Rn. 1; *P. Kirchhof*, HbStR V, § 124; *S. Huster*, Rechte und Ziele (1993).

[128] *R. Thoma*, DVBl. 1951, S. 457.

[129] *G. W. F. Hegel*, Enzyklopädie der philosophischen Wissenschaften, § 539 Anm.; s. ferner etwa *R. Zippelius*, VVDStRL 47, S. 7 (11).

[130] Zu dieser Unterscheidung oben I.

satz" als - nunmehr alle staatlichen Funktionen, also auch den Gesetzgeber[131], bindende - "Verpflichtung zur Gerechtigkeit ..., insbesondere als Verpflichtung darauf, daß jede Ungleichbehandlung einen zureichenden, gerechten Grund haben müsse",[132] ist man mit dem Versuch, der "Gleichheit" gegenüber der Freiheit eine eigenständige Bedeutung zuzuweisen, ebenfalls nicht weiter: "Was ... die *Gleichheit* betrifft, so enthält der geläufige Satz, daß *alle Menschen von Natur gleich* sind, den Mißverstand, das Natürliche mit dem Begriffe zu verwechseln; es muß gesagt werden, daß von *Natur* die Menschen vielmehr nur *ungleich* sind. Aber der *Begriff* der Freiheit, wie er ohne weitere Bestimmung und Entwicklung zunächst als solcher existiert, ist die abstrakte Subjektivität als *Person* ... [Diese] einzige abstrakte Bestimmung der Persönlichkeit macht die wirkliche *Gleichheit* der Menschen aus."[133] *Diese* Gleichheit ist in der (allgemeinen) Freiheit, die die Freiheitsrechte schützen, ersichtlich bereits mit enthalten. Sie wird im (wirklichen) Freiheitsbegriff, in dem die subjektive (Willkür-)Freiheit als allgemeine Freiheit (in dem bereits mehrfach erläuterten dreifachen Sinn[134]) aufgehoben ist, immer schon mitgedacht, so daß es fraglich erscheint, ob sie dogmatisch noch besonders zu thematisieren ist oder ob nicht vielmehr die Freiheitsrechte auch für die herkömmlich als solche aufgefaßten Gleichheitsprobleme "zuständig" sind.

Wie gezeigt, spielt bei der Frage, ob ein staatlicher Akt gegen Grundrechte verstößt, nicht nur - und nicht einmal in erster Linie - das Verhältnis des Bürgers zum Staat, sondern auch - und vor allem - das Bürger-Bürger-Verhältnis eine wesentliche Rolle. Denn die Grundrechte formulieren die (Forderung nach einer) Bindung des Staates an das (im Ausgangspunkt "horizontal" zu denkende) *Rechts-Verhältnis*. Gerade in den "Schutz-durch-Eingriff"-Konstellationen geht es darum, zwischen einzelnen Bürgern ein rechtliches Verhältnis zu sichern oder (wieder)herzustellen. Auch in den Fällen einer "Ungleichbehandlung" ist das Verhältnis zwischen einzelnen Bürger(gruppe)n in den Blick

---

[131] Daß auch dieser von Art. 3 Abs. 1 GG verpflichtet werde, läßt sich - entgegen etwa *B. Pieroth/B. Schlink*, Grundrechte, Rn. 471 - nicht aus der von Art. 1 Abs. 3 GG angeordneten Grundrechtsbindung der Gesetzgebung ableiten, weil, worauf *R. Zippelius*, VVDStRL 47, S. 7 (11), zu Recht hinweist, "diese Bestimmung den Begriffsinhalt der 'nachfolgenden Grundrechte' voraussetzt".

[132] *R. Zippelius*, VVDStRL 47, S. 7 (11).

[133] *G. W. F. Hegel*, Enzyklopädie der philosophischen Wissenschaften, § 539 Anm. - *D. Suhr*, der die Gleichheit als "Bedingung und Voraussetzung der Freiheit" (Gleiche Freiheit, S. 6) zum Bewußtsein hat bringen wollen, bestätigt das vorstehend im Text Ausgeführte nur, wenn er die von ihm gemeinte Gleichheit als "Begegnungsform unter der Bedingung von Verschiedenheit" (a. a. O., S. 5) beschreibt. Denn dies ist nichts anderes als die Freiheit selbst, die die Grundkategorie allen rechtlichen Denkens ist und einer ihr gegenüber mit "'dienender Funktion'" (a. a. O., S. 7) ausgestatteten "Gleichheit" nicht bedarf: Alle sind frei - und nur insoweit sind sie "gleich". - Ähnlich (letztlich) unfruchtbare Bemühungen um eine als selbständig gedachte "Gleichheit im Verhältnis zur Freiheit" finden sich etwa bei *A. Podlech*, Gehalt und Funktionen des allgemeinen verfassungsrechtlichen Gleichheitssatzes, S. 186 ff.

[134] S. etwa Zweiter Teil, I. 2. f).

zu nehmen, da gerade ein Vergleich angestellt werden muß zwischen denen, die sich als ungerechtfertigterweise zurückgesetzt betrachten, und denen, die diesen als ungerechtfertigterweise bevorzugt erscheinen. Auch im Falle einer "Ungleichbehandlung" ist folglich nach dem Vorliegen oder Nichtvorliegen von Verhältnismäßigkeit zu fragen, was im Grunde auch in der herrschenden Staatsrechtslehre erkannt ist. Nach B. Pieroth/B. Schlink etwa ist "der sachliche Grund ... bei der Ungleichbehandlung, was die Verhältnismäßigkeit bei der Freiheitsverkürzung ist"[135]. Sie verlangen, daß "die Ungleichbehandlung einen legitimen Zweck verfolgt, zur Erreichung dieses Zwecks geeignet und notwendig ist und auch sonst in angemessenem Verhältnis zum Wert des Zwecks steht."[136] Ein "Verbot der Ungleichbehandlung" schützt demnach nur dagegen, daß das Verhältnis Privater zueinander vom Staat unfrei gestaltet werde - so nämlich, daß man den Betroffenen nicht (mehr) unterstellen kann, sie hätten ihr nunmehr durch den Staatsapparat vermitteltes Verhältnis ebenso geregelt, wenn sie sich darüber unmittelbar zueinander hätten verhalten müssen. In diesem Fall liegt für die eine "Seite" Fremdbestimmung vor, weil der Staatsapparat nicht auch als der ihre gehandelt hat. Die rechtstechnische Möglichkeit zur Abwehr solcher Fremdbestimmung ist in den *Freiheits*(grund)-rechten als Abwehrrechten gegeben, mangels Betroffenheit des Normbereichs eines Spezialgrundrechts in Art. 2 Abs. 1 GG. Will man die Gewährleistung subjektiver als allgemeiner Freiheit dogmatisch nicht aufspalten, wozu der Wortlaut des Art. 3 Abs. 1 GG nicht eben drängt, ist die Frage nach einer eigenständigen verfassungsrechtsdogmatischen Bedeutung der Gleichheit verneinend zu beantworten. Die Gleichheit ist zwar durchaus ein "Strukturmoment der Freiheit"[137], da es u. a. auch die grundlos unterschiedliche Behandlung ist, die Unfreiheit herstellt. Aber die Gleichheit ist gegenüber der von den Freiheitsrechten geschützten allgemeinen Freiheit und damit auch dogmatisch ein *unselbständiges* Moment, vollkommen abstrakt, weshalb sich vom herkömmlichen Standpunkt aus auch ohne weiteres sagen läßt: "Art. 3 I GG enthält auch ein Gebot zur Ungleichbehandlung."[138] Man sollte den "Gleichheitssatz" daher mit R. Thoma[139] wörtlich verstehen - als (überflüssige) Forderung nach Rechtsanwendungsgleichheit.[140]

---

135 *B. Pieroth/B. Schlink*, Grundrechte, Rn. 484.

136 *B. Pieroth/B. Schlink*, a. a. O.; s. auch *A. Bleckmann*, Die Struktur des allgemeinen Gleichheitssatzes, S. 88; *S. Huster*, Rechte und Ziele, S. 225 ff.

137 *S. W. Schild* in: *J. Schwartländer* (Hrsg.), Menschenrechte und Demokratie, S. 135 ff.

138 *K. Stern*, FS Dürig, S. 207 (212).

139 *R. Thoma*, DVBl. 1951, S. 457.

140 Daß sich für eine Lesart, die den "Gleichheitssatz" nicht als "Grundrecht" versteht, auch entstehungsgeschichtliche Argumente anführen ließen, wenn man hierauf Wert legte, zeigt die im Ersten Teil in Fn. 86 mitgeteilte Entwurfsformulierung.

Im Grunde nichts anderes als für Art. 3 Abs. 1 GG kann dann ersichtlich auch für die "speziellen Gleichheitsgebote"[141] der Absätze 2 und 3 des Art. 3 GG gelten. Durch sie werden in *besonderer* Weise Diskriminierungen und damit (gegenüber dem allgemein für die Person geltenden Maßstab allgemeiner Freiheit) *Herabsetzungen* untersagt, die in der "Horizontalen" unfreie Verhältnisse herstellen. Sie stellen allerdings, so verstanden, *als Freiheitsrechte* Konkretisierungen von Art. 2 Abs. 1 GG dar und sind als solche zu akzeptieren.

Nach allem liegt am Tage, daß es keinesfalls die Gleichheit ist, die sich mit der Freiheit nicht verträgt, sondern die (notwendig in Totalitarismus führende und am Ende stets scheiternde) Gleichmacherei, die die Menschen zu hindern sucht, *allgemein* ihre *besonderen* Anlagen vollkommen zu entfalten und so sich selbst zu dem zu machen, was sie jeder für sich und im Unterschied zu allen anderen sind.

b) Das Bürger-Bürger-Verhältnis

Zu untersuchen ist allerdings noch, wie "Problemfälle" im Privatrechtsbereich zu lösen sind, die bislang dem Paradigma der Gleichheit unterstellt werden.

Als Gleichheitsproblem wird etwa die Frage diskutiert, wie die Rechtsordnung resp. die mit den betreffenden Konflikten stets "an vorderster Front" befaßte Rechtsprechung auf das soziale Faktum "Monopol" zu reagieren hat: "[Wo] ein Angebotsmonopol für lebenswichtige Güter oder Dienstleistungen existiert, fordert der Gleichheitssatz einen Abschlußzwang zu allgemeinen Bedingungen"[142]. In Wahrheit ist hier aber nicht die "Ungleichbehandung", sondern das Prinzip der Verantwortung das Entscheidende.[143] Wer durch seine individuelle Entfaltung dafür sorgt, daß alle anderen von ihm abhängig werden dergestalt, daß die Verwehrung - und nicht etwa die Wegnahme - von etwas zum Leben Notwendigem und bislang auch gewohntermaßen Bezogenem existenzgefährdend wirkt, übernimmt in der fraglichen Hinsicht Verantwortung für das Zusammenleben der Menschen, da er sich selbst zur potentiellen Gefahr für die allgemeine Freiheit macht. Die Verpflichtung des Monopolisten, seine Leistung(en) allen von ihm Abhängigen und zwar zu verhältnismäßigen Konditionen auch anzubieten, ist so in gleichem Maße eine Pflicht gegenüber sich selbst, da er sich für die Übernahme der Verantwortung und damit auch dafür entschieden hat, ihr gerecht zu werden, wie eine

---

[141] *B. Pieroth/B. Schlink*, Grundrechte, Rn. 472.

[142] *R. Zippelius*, VVDStRL 47, S. 7 (12 f.).

[143] Daß die Kontrahierungspflicht des Monopolisten nicht aus dem Gleichheitssatz gefolgert werden kann, betont auch *J. Salzwedel*, FS Jahrreiss, S. 339 (349).

(gerichtlich durchsetzbare) Pflicht gegenüber den anderen. Dieses Prinzip findet sich im Grundgesetz etwa in Art. 14 Abs. 2: Wer seinen Willen in Gegenstände legen möchte, die für das Leben anderer Menschen von grundlegender Bedeutung sind, mag dies tun; nur muß er dieser Bedeutung bei seinem Umgang mit dem betreffenden Gegenstand Rechnung tragen (Es mag allerdings auch Gegenstände geben, die der "Privatnützigkeit" so wenig zugänglich sind, daß man von Privateigentum nicht mehr sprechen und solches daher auch nicht anerkennen kann). Wer Kinder in die Welt setzt, die erst nur an sich, aber noch nicht für sich (bewußterweise) freie Menschen sind und daher zu solchen erst erzogen werden müssen, nimmt diese Aufgabe auch rechtlich auf sich (Art. 6 Abs. 2 Satz 1 Halbs. 2 GG).[144] Ferner muß derjenige, der die Gefolgschaft anderer in Anspruch nimmt, diese auch *wirklich* (und damit vor allem auch zu der jeweils erreichbaren Selbst-Bestimmung hin)führen - womit etwa das Verhältnis von Arbeitgeber und Arbeitnehmer angesprochen ist, dem immer noch Begriffe wie "Treuepflicht" (des Arbeitnehmers) und "Fürsorgepflicht" (des Arbeitgebers) das terminologische Gepräge geben.[145]

In den Fällen, die die Rechtsprechung sonst als Fälle von "Ungleichbehandlungen" beschäftigt haben und beschäftigen, ist nicht eigentlich das Moment der Ungleichbehandlung, sondern vielmehr dasjenige der Herabsetzung gegenüber anderen, die Beleidigung, Stein des Anstoßes. Dies zeigt etwa die nähere Betrachtung des arbeitsrechtlichen "Gleichbehandlungsgrundsatzes" im Bereich der Vergütung, nach dem - vereinfacht gesagt - "für gleiche Arbeit gleicher Lohn" zu zahlen ist.[146] Dieser Grundsatz ist ja kein wirklicher Gleichbehandlungsgrundsatz, da der Arbeitgeber keineswegs als verpflichtet angesehen wird, gleichartige Verträge mit seinen Arbeitnehmern abzuschließen;[147] selbst wenn er es tut, darf er einzelne von ihnen gegenüber den anderen bevorzugen,[148] ohne daß diese einen Anspruch entweder auf Kürzung des höheren oder Erhöhung ihres niedrigeren Gehalts hätten. "Gleichbehandelt" werden muß (ein gegenüber seinen Kollegen Benachteiligter) nach der Rechtsprechung des Bundesarbeitsgerichts vielmehr nur dann, wenn "der Arbeitgeber die Leistungen nach einem bestimmten erkennbaren und generalisierenden Prinzip gewährt, wenn er bestimmte Voraussetzungen oder einen bestimmten Zweck festlegt".[149] Tut er dies aber, dann bestimmt er selbst den im allge-

---

[144] Ausgesprochen - wenn auch in heute nicht mehr zeitgemäßer geschlechtlicher Einseitigkeit - schon bei *G. W. F. Hegel*, Enzyklopädie der philosophischen Wissenschaften, § 486 Anm.: "Die Rechte des Familienvaters über die Mitglieder sind ebensosehr Pflichten gegen sie, wie die Pflicht des Gehorsams der Kinder ihr Recht, zu freien Menschen erzogen zu werden, ist."

[145] S. dazu z. B. *W. Dütz*, Arbeitsrecht, Rnn. 153, 174.

[146] S. dazu z. B. BAG NJW 1993, S. 679 f.; NJW 1995, S. 1309 f.

[147] BAG NJW 1995, S. 1309 (1310).

[148] BAG NJW 1993, S. 679 (680).

[149] BAG, a. a. O.

meinen angemessenen Gegenwert für eine bestimmt geartete Arbeitsleistung, bestimmt sich selbst dazu, diesen Gegenwert für sie *gesetzmäßig* zu leisten. Er legt die äußeren, "objektiven", für die Umwelt erkennbaren Kriterien fest, nach denen er Menschen im spezifischen Zusammenhang des Arbeits-Verhältnisses behandelt. Weicht er ohne objektiv nachvollziehbare Begründung von der sonst eingehaltenen Praxis ab, schafft er zu dem einen Benachteiligten ein unfreies und damit unrechtliches Verhältnis, da die vorgenommene Diskriminierung dem Denken nicht standhält. Es ist darin genau genommen eine Nichtanerkennung als Mensch zu sehen - denn Menschen behandelt der Arbeitgeber ja generell anders -, eine Beleidigung, die von der Rechtsordnung nicht hingenommen werden kann.[150] Dies kann in Verbindung mit den Kündigungsschutzbestimmungen des KSchG, die eine Weiterbeschäftigung des betreffenden Arbeitnehmers erzwingen (und die ebenfalls mit dem Verantwortungsprinzip erklärt werden können), zu einer als "Gleichbehandlung" erscheinenden Gehaltserhöhung führen. Von alleiniger rechtlicher Relevanz ist in einem solchen Fall aber die *Persönlichkeitsverletzung* durch Diskriminierung, nicht eine "Ungleichbehandlung überhaupt". Bevorzugt der Arbeitgeber lediglich einzelne Arbeitnehmer gegenüber den anderen, ist das selbstgeschaffene Gesetz nicht verletzt: Was ich über das *allgemein* Erforderte hinaus tue, liegt in meinem Belieben als *Einzelner*[151] und geht das Recht nichts an. Ebenso kann die für eine Ungleichbehandlung zu gebende Begründung naturgemäß nur äußerliche Handlung sein, da der Staat und das Recht das äußere Reich der Freiheit sind, das innerlich bleibende Gesinnungen sowie Gefühle nichts angehen. Kann jemand einen nachvollziehbaren Grund angeben, der sein Verhalten "trägt", kann er dafür doch in Wahrheit ein ganz anderes, objektiv nicht zu billigendes Motiv haben.

Das für das Arbeitsverhältnis Gesagte gilt ebenso für die berüchtigten "Gastwirtsfälle". Der Wirt eines sich an die Öffentlichkeit als Publikum wendenden Lokals darf nicht ohne zureichende Begründung - etwa weil ein Besucher zum Randalieren neigt - einen Eintrittswilligen abweisen. Wohl aber darf er, ohne dies begründen zu müssen, besonders geschätzten Gästen etwas "spendieren". Und noch eines sei - nebenbei - bemerkt: Das so gern gegen eine "Drittwirkung" der Grundrechte ins Feld geführte argumentum ad absurdum, im Falle ihrer Anerkennung könne man doch niemandem mehr etwas schenken, ohne mit dem "Gleichheitssatz" in Konflikt zu geraten, kann schon

---

150 Der Diskriminierungsgedanke wird für die "Drittwirkung" des Art. 3 GG dogmatisch durchgeführt von *J. Salzwedel*, FS Jahrreiss, S. 339 ff.; *Salzwedel* wird allerdings inkonsequent, wenn er Diskriminierungen der soeben im Text beschriebenen Art anders behandeln will als solche im Sinne von Art. 3 Abs. 3 GG (a. a. O., S. 348, 349 ff.).

151 Zur Dialektik von Einzelheit und Allgemeinheit s. die Einleitung unter I.

im Ansatz nicht durchgreifen, da es hier ersichtlich nicht um irgendwelche Gesetzmäßigkeiten des Verhaltens bzw. die Abweichung von einem solchen (zuungunsten eines dadurch Benachteiligten) geht.[152]

So läßt sich generell festhalten: Das sich in privatrechtlichen Konflikten auf den ersten Blick in den Vordergrund drängende Moment der a priori zu beachtenden Gleichheit ist in Wahrheit nur ein unselbständiger Inhaltsbestandteil der (allgemeinen und damit wirklichen) Freiheit. Deshalb ist Art. 3 GG für die juristische Lösung dieser Konflikte auch nicht der richtige dogmatische Anknüpfungspunkt.[153]

4. Grundrechte als "Teilhabe"- und Leistungsrechte

Was es mit den "Grundrechten als Teilhabe- und Leistungsrechten"[154] auf sich hat, ergibt sich ebenso zwanglos wie zwingend aus den bisherigen Ausführungen.

Zunächst fallen die sogenannten "Teilhaberechte", die Rechte auf "Teilhabe an staatlichen Einrichtungen, staatlicher Vor- und Fürsorge"[155] ersichtlich unter die bereits behandelte Thematik "Gleichheit und Freiheit".[156]

Aber auch die sogenannten "Leistungs-" oder besser: Förderungsrechte sind bereits begegnet, sind sie doch in Wahrheit ein Unterfall der umfassenden staatlichen Schutzpflicht zugunsten der allgemeinen Freiheit.[157] Sie liegen begründet im Staatsbegriff als (einer) Ent-Faltung des Begriffs der Freiheit.

Der Staat entsteht aus dem und als Abstraktion vom Rechts-Verhältnis und tendiert daher dazu, das Recht in erster Linie als (bloße) Rechtsbestimmung und Freiheit eher formal aufzufassen. Er entwickelt sich daher zunächst logisch wie historisch als formaler Rechtsstaat. Aber mit der Abstraktion ist auch die Allgemeinheit der Freiheit ins Bewußtsein der Menschen gehoben worden, das heißt, daß der Staat als auf allgemeine Freiheit verpflichtet erkannt ist. Bei der Reflexion (Rückbeziehung) auf die Voraussetzung des

---

152 Für dieselbe Konstellation im Erbrecht a. A., aber schon wegen der gesetzlichen Pflichtteilsregelung nicht überzeugend *H.-G. Suelmann*, Die Horizontalwirkung des Art. 3 II GG, S. 132 f.

153 *J. Salzwedel*, FS Jahrreiss, S. 339 (347), betont daher mit Recht, daß "der 'substanzlose' Art. 3 Abs. 1 GG ... [im Privatrecht] überhaupt keine regulierende Funktion haben" könne.

154 S. dazu etwa *D. Murswiek*, HbStR V, § 112; *B. Pieroth/B. Schlink*, Grundrechte, Rn. 109 ff.

155 *B. Pieroth/B. Schlink*, a. a. O., Rn. 109.

156 Ebenso (vom herkömmlichen Gleichheitsverständnis ausgehend) *B. Pieroth/B. Schlink*, a. a. O.: einschlägig sei "Art. 3"; s. ferner etwa *W. Krebs*, Jura 1988, S. 617 (626).

157 Ähnlich *D. Grimm*, recht 1988, S. 41 (47); auch *F. Kopp*, NJW 1994, S. 1753 (1755), sieht "Förderungs- und Schutzpflicht ... sich ... berühren".

Staates, das konkrete, gelebte bzw., da der formale Rechtsstaat (äußerliche[158]) Folge der sich entwickeln(wollen)den bürgerlichen (Industrie-)Gesellschaft ist, teilweise auch *erinnerte*[159] Rechts-Verhältnis, gerät in den Blick des denkenden Subjekts, daß Freiheit nur als *wirkliche*, d. h. *sich in der Welt auswirkenkönnende* gedacht werden kann - so, daß man die konkrete Freiheit aller Menschen und nicht "Freiheit" als ein blutleeres Abstraktum denkt.[160] Es verhält sich damit nicht anders als mit dem Recht überhaupt, das nicht von einem bloßen Axiom oder der Kelsenschen "Grundnorm", sondern nur von wirklichem rechtlichem Verhalten - dem Rechts-Verhältnis - her gedacht werden kann. Wenn der Staat daher allgemeine Freiheit sichern und herstellen soll, muß er auch entsprechende tatsächliche Voraussetzungen sichern oder (wieder)herstellen. Daß er dabei lediglich auf das "Machbare" verpflichtet sein kann, ist ein Gemeinplatz, der (eigentlich) keiner Erwähnung bedürfen sollte.[161]

Die logische Entwicklung läßt sich, da es gerade um die Logik der *Wirklichkeit selbst* geht, als historische Entwicklung des Bewußtseins der Freiheit nachvollziehen, so etwa bei I. Kant[162], der zwar neben der Freiheit und der "Gleichheit" die "Selbständigkeit" des Menschen, nämlich "seine Existenz und Erhaltung nicht der Willkür eines anderen im Volke, sondern seinen eigenen Rechten und Kräften, als Glied des gemeinen Wesens verdanken zu können", als eines der "unabtrennlichen Attribute [des Staatsbürgers]" erkannt[163] und somit wesentlich (eigentlich) den Staat bereits auf den Gedanken der allgemeinen Freiheit gegründet hatte, zur Durchführung des notwendigen Rückbezugs dieser Erkenntnis auf die Wirklichkeit aber (noch) nicht gekommen war. Aber der *Ansatz* dazu (den wir heute zu Ende denken müssen) findet sich auch schon bei ihm, wenn er sich Gedanken macht über diejenigen, die er, obwohl sie Menschen waren, in seinem System nicht als Staatsbürger, sondern nur als bloße "Schutzgenossen" anerkennen konnte: "Ich gestehe, daß

---

[158] In Wahrheit sind sowohl formaler Rechtsstaat als auch bürgerliche Gesellschaft notwendige Gestalten des sich entfaltenden Begriffs der Freiheit, der die Unmittelbarkeit der geistigen Gestalt der Gemeinschaft (dazu Zweiter Teil, I. 2. f)) aufbrechen muß, um sich *mit sich selbst* vermitteln zu können und so wahrhaft *zu sich selbst* zu kommen.

[159] In "er-innern" liegt auch (und ursprünglich), daß etwas vom bloß Äußerlichen zum Innerlichen, damit (als nunmehr geistigem "Sachverhalt") ins Allgemeine, *zum Begriff* erhoben wird.

[160] *W. Krebs*, Jura 1988, S. 617 (623): "Mit der Gewährung von Abwehrrechten gegen staatliche Maßnahmen und gegen freiheitsverkürzende Gesetze wird Freiheit noch nicht wirklich".

[161] Die Kritik von *B. Pieroth/B. Schlink*, Grundrechte, Rn. 111, an der Anerkennung "unter dem Vorbehalt des Möglichen" stehender Rechte ist nach dem Gesagten nicht berechtigt, da die Befürchtung, es könne "die normative Kraft der Grundrechte durch solche Relativierungen gefährdet werden", unbegründet ist: Die Grundrechte stehen als Auslegungen eines ihnen logisch Vorausliegenden mit diesem *immer* und hinsichtlicher *jeder* ihrer Aufgaben "in Relation" und sind in diesem Sinn *relativ* - aber gerade *diese* "Relation" macht sie überhaupt zu Grundrechten.

[162] Zum folgenden s. eingehend *W. Schild* in: *J. Schwartländer* (Hrsg.), Menschenrechte und Demokratie, S. 135 ff.

[163] *I. Kant*, Die Metaphysik der Sitten, S. 432.

ich mich in den Ausdruck, dessen sich auch wohl kluge Männer bedienen, nicht wohl finden kann: Ein gewisses Volk (was in der Bearbeitung einer gesetzlichen Freiheit begriffen ist) ist zur Freiheit noch nicht reif; die Leibeigenen eines Gutseigentümers sind zur Freiheit noch nicht reif; und so auch, die Menschen überhaupt sind zur Glaubensfreiheit noch nicht reif. Nach einer solchen Voraussetzung aber wird die Freiheit nie eintreten; denn man kann zu dieser nicht reifen, wenn man nicht zuvor in Freiheit gesetzt worden ist (man muß frei sein, um sich seiner Kräfte in der Freiheit zweckmäßig bedienen zu können). Die ersten Versuche werden freilich roh, gemeiniglich auch mit einem beschwerlicheren und gefährlicheren Zustande verbunden sein, als daß man noch unter den Befehlen, aber auch der Vorsorge anderer stand; allein man reift für die Vernunft nie anders, als durch eigene Versuche (welche machen zu dürfen man frei sein muß) ... [Es] zum Grundsatze zu machen, daß denen, die ... unterworfen sind, überhaupt die Freiheit nicht tauge, und man berechtigt sei, sie jederzeit davon zu entfernen, ist ein Eingriff in die Regalien der Gottheit selbst, die den Menschen zur Freiheit schuf. Bequemer ist es freilich, im Staat, Hause und Kirche zu herrschen, wenn man einen solchen Grundsatz durchzusetzen vermag. Aber auch gerechter?"[164] Die notwendige Hilfestellung, die bei der "Entlassung" in die Freiheit zu geben ist, stellt bereits - so wären Kants Gedanken weiterzuführen - den Inhalt einer (staatlichen oder elterlichen) Förderungspflicht dar.

Wir wissen heute: Der Staat kann nur von allgemeiner Freiheit her gedacht werden; er - als (ver)wirklich(t)e allgemeine Freiheit - ist die Bestimmung des Menschen. Allgemeine Freiheit bedeutet aber, daß jeder Einzelne die Möglichkeit haben muß, sich ("seine Persönlichkeit") in seiner Besonderheit, seiner Ungleichheit gegenüber allen anderen voll zu entfalten (wobei "volle Entfaltung" heißt: als *Staatsbürger*, d. h. bei allem Streben nach individuellem Glück immer rückgebunden an das Allgemeine[165]). Die Ungleichheit der Menschen in ihren Anlagen, ihren Möglichkeiten und ihrem Wissen sowie ihre Freiheit dazu, diese Ungleichheit auszuleben, trägt dabei die ständige Gefahr einer Zerstörung allgemeiner Freiheit in sich. Die Möglichkeit etwa, zu einem Vertrag "frei" Ja oder Nein zu sagen, ist nicht viel wert, wenn ich gegenüber meinem geschäftsgewandteren Vertragspartner ein wesentliches Wissensdefizit habe oder die Bedeutung der von ihm verwendeten Allgemeinen Geschäftsbedingungen gar nicht abschätzen kann. Die korrigierende Recht-

---

164 *I. Kant*, a. a. O., S. 862 Anm.

165 In den Worten von *G. W. F. Hegel*, Grundlinien der Philosophie des Rechts, § 260: "Das Prinzip der modernen Staaten hat diese ungeheure Stärke und Tiefe, das Prinzip der Subjektivität sich zum *selbständigen Extreme* der persönlichen Besonderheit vollenden zu lassen und zugleich es in die *substanzielle Einheit zurückzuführen* und so in ihm selbst diese zu erhalten".

sprechung des Bundesgerichtshofs[166] und das diese Rechtsprechung zur bestimmten Allgemeinheit erhebende Gesetz zur, Regelung der Allgemeinen Geschäftsbedingungen stellen entsprechende Sicherungen allgemeiner und (damit) wirklicher Freiheit dar. Aufgegebensein allgemeiner Freiheit bedeutet - mit P. Häberle - "Ausrichtung [des Staates] auf Humanität", verstanden als "Abbau geistiger Armut und kultureller Privilegierungen"[167], bedeutet ferner (bei allen damit verbundenen Problemen und Widersprüchlichkeiten) "Frauenförderung" ebenso wie die Förderung körperlich und geistig Behinderter. Ebenfalls dazu gehört die staatliche Sicherstellung einer "Grundversorgung"[168] des Bürgers mit den zum selbstbestimmten Leben in der modernen Gesellschaft notwendigen Informationen, etwa durch öffentlich-rechtlichen Rundfunk. Denn das Wissen, das der Satz: "Wissen ist Macht" meint, ist das Wissen weniger, und das Übergewicht, das es verleiht, hat der Staat so weit wie möglich auszugleichen, was ein heikles Unterfangen darstellt und aus der Natur der Sache selbst wieder vielfältigen inhaltlichen Bindungen unterliegt.[169] Diese Informationspflicht des Staates hat ihren dogmatischen Sitz aber nicht in einem auf die öffentlich-rechtlichen Rundfunkanstalten bezogenen Art. 5 Abs. 1 Satz 2 GG, sondern, da sie gerade die (Entfaltungs-)Freiheit der Bürger sichern soll, in deren Grundrecht aus Art. 2 Abs. 1 GG.

Wenn allgemeine Freiheit als gesollt erkannt ist, führt auch kein Weg mehr daran vorbei, ihre rein physische Erhaltung als gesollt anzuerkennen, weshalb es richtig ist, wenn das Bundesverfassungsgericht eine Pflicht des Staates zur "Fürsorge für Hilfsbedürftige" anerkennt.[170] Nur kann eine solche Pflicht des Staates nach dem zum Verhältnis zwischen Staat und Einzelnem Ausgeführten[171] nicht eine "bloß objektiv bestehende" und damit auch dogmatisch nicht (nur) in dem Art. 20 Abs. 1 GG entnommenen Sozialstaatsprinzip angesiedelt sein, wie das Bundesverfassungsgericht meint,[172] wenngleich dieses Prinzip mit all seinen in der Staatsrechtswissenschaft bislang entwickelten näheren Bestimmungen in den Grundrechten (insbesondere in Art. 2 Abs. 1 GG) durch-

---

166 S. etwa die (zahlreichen) Nachweise bei *K. Larenz*, Allgemeiner Teil des deutschen Bürgerlichen Rechts, § 3 II. c) [S. 59 Fn. 16].

167 *P. Häberle*, VVDStRL 30, S. 43 (134 - Leitsatz 12).

168 So der feststehende Terminus in der Rechtsprechung des Bundesverfassungsgerichts, s. nur BVerfG NJW 1991, S. 899, Leitsatz 1. a) - dort allerdings fälschlicherweise bezogen auf Art. 5 Abs. 1 S. 2 GG anstatt auf Art. 2 Abs. 1 GG (dazu nachfolgend im Text).

169 Dazu, wie man sich den "Medienauftrag" inhaltlich vorzustellen hat, prägnant *M. Stock*, Medienfreiheit als Funktionsgrundrecht, S. 204.

170 BVerfGE 40, S. 121 (133); BVerfGE 82, S. 60 (85) - Steuerfreiheit des Existenzminimums.

171 S. o. Zweiter Teil, II.

172 BVerfGE 40, S. 121 (133); BVerfGE 82, S. 60 (85).

aus enthalten ist.[173] Sondern der Einzelne, der sich (wirklich) nicht selbst unterhalten kann, kann diese Hilfe vom Staat *verlangen*, kann sie als (Wieder-)Herstellung allgemeiner Freiheit mit Hilfe der Grundrechte als den subjektiven Freiheitsrechten *einklagen* - denn diese Rechte *sind* nichts als die Einklagbarkeit allgemeiner Freiheit.[174] Deshalb wäre eine "Einführung" zusätzlicher "sozialer Grundrechte" nicht nur überflüssig, sondern sogar - ebenso wie die grundrechtsdogmatische Berufung auf einen "allgemeinen Gleichheitssatz" - *begrifflich verfehlt*.

So schließt sich der systematische Kreis, der die Grundrechte als *Abwehrrechte* und das Rechts-Verhältnis als *seiendes* zu seinem Ausgangspunkt hatte und bei dessen Zeichnung sich das Rechts-Verhältnis als Dasein allgemeiner Freiheit nicht nur als *gegeben*, sondern der ihrer selbst bewußt gewordenen Freiheit, die (sich selbst und damit) erkannt hat, daß sie real (als Willkür) auch "anders kann" - aber nicht soll -, ebenso als zur Bewahrung und ständig weiteren Vervollkommnung *aufgegeben* erwiesen hat, so daß deutlich werden konnte, daß die Auslegung "Grundrecht" nicht nur als Abwehr-, sondern ebenso als Leistungsrecht (weiter) ausgelegt werden muß.[175]

Dieses Leistungsrecht ist aber keineswegs als Freibrief für ein hemmungsloses "Melken" des Staates zu mißdeuten. Der Staat muß den (für sich selbst) verantwortlichen, mündigen Einzelnen voraussetzen, er darf nicht Bevormundung seiner Bürger betreiben. Daher gilt: "Die staatliche Förderungspflicht ist wegen der im GG angelegten Eigenverantwortung des Bürgers zur freien Lebensgestaltung subsidiär."[176] Die Darlegungslast für das Vorliegen einer Bedürftigkeit liegt damit beim Bürger.[177] Angesichts des "sozialen Standards" in der Bundesrepublik sowie des Umstands, daß der Gesetzgeber aus den bereits erwähnten Gründen[178] einen "Gestaltungsspielraum" bei der Erfüllung sozialer Forderungen hat, dürfte es regelmäßig schwerfallen, den Gesetzgeber zum

---

[173] Bei Licht besehen ist es deshalb nicht richtig, wenn *E.-W. Böckenförde* in: *ders./J. Jekewitz/T. Ramm*, Soziale Grundrechte, S. 7 (15), meint, dem "allgemeinen Sozialstaatsauftrag" gehe die subjektivrechtliche Komponente noch ab, weshalb der Einbau "sozialer Grundrechte" in die Verfassung insoweit eine positiv zu bewertende Neuerung darstellen würde; wie *Böckenförde* ferner z. B. *K. Lange*, NG/FH 1991, S. 832 (834); in Wahrheit zu Unrecht leugnet deshalb auch *G. Kisker*, FS Geiger, S. 243 (258), einen Rechtsanspruch des Bürgers auf einen "Vollzug des Sozialstaatsprinzips".

[174] Dazu bereits oben I. und vor VI. 1.

[175] Eine nicht gänzlich unplausible Utopie vom "demokratischen Absterben des Sozialstaates" skizziert allerdings *M. Greffrath*, Süddeutsche Zeitung vom 22. Februar 1996, S. 11.

[176] *G. Ress*, VVDStRL 48, S. 56 (104); ebenso *J. Isensee*, HbStR V, § 115, Rn. 159.

[177] An diesem Regel-Ausnahme-Verhältnis liegt es auch, daß der Sozialstaat wohl "nie an sein Ziel kommen kann, ohne doch auf ein solches zu verzichten", wie *C. Link*, VVDStRL 48, S. 7 (36), treffend formuliert.

[178] S. o. II.

Erlaß von (zusätzlichen) Leistungsgesetzen zu zwingen.[179] Aber dies ist grundsätzlich möglich.[180] Umgekehrt kann es aber auch keine grundrechtlich zementierten "Besitzstände" geben. Es gibt nie ein Recht auf irgendetwas in abstrakter Größe, etwa auf Universitätszugang, auf Information durch öffentlichen Rundfunk usw. Was es gibt, sind erstens allgemeine Forderungen nach Schaffung oder Erhaltung bestimmter Bedingungen von Freiheit, deren besondernde *Verwirklichung* ("Konkretisierung") zweitens von den jeweils gegebenen *Umständen* abhängt - wenn nicht mehr genügend Geld für die Unterstützung von Menschen da ist, die nicht für ihren eigenen Lebensunterhalt sorgen können, müssen die sonst berechtigten Ansprüche des humanistischen Bildungsideals hinter humanitären Notwendigkeiten in aller Regel (teil- und zeitweise) zurückstehen.

Ein "teilhabe- und leistungsrechtlicher" Zugriff mit dogmatischer Anknüpfung in den Grundrechten ist schließlich auch im Bürger-Bürger-Verhältnis denkbar, etwa bei den "neuen Medien" und dort vor allem gegenüber Anbietern von Telekommunikations- und multimedialen Diensten. In den Vereinigten Staaten von Amerika wird beispielsweise angenommen, "[that] at least as a communications carrier, a videotex service [d. h. bei uns etwa T-Online oder CompuServe] should be subject to a common law duty to provide indiscriminate service, available at uniform rates to anyone. It might also have common law obligations to employ only *reasonable* rules and regulations".[181] In unserer Gesellschaftsordnung, die gegenüber der nordamerikanischen gemeinhin als etwas weniger "liberal" gilt, kann dies kaum anders sein - nur daß die "dogmatische Letztbegründung" nach dem Stufenbau-Gedanken in den Grundrechten liegt, auf die der Richter bei Abwesenheit einfachgesetzlicher Regelungen als positivrechtliche Autorität zurückgreifen kann. Zu wirklicher Freiheit (z. B. der Meinungsbildung) gehört, wie H. Kubicek jüngst mit Blick auf die "neuen Medien" bemerkt hat, "auch der Zugang zu solchen Informationen, die für eine Teilhabe am öffentlichen Leben und eine aktive Mitwirkung im demokratischen Prozeß erforderlich sind."[182] Kubicek weiter: "Es mag noch etwas dauern, bis diese Erforderlichkeit in nennenswertem Umfang gegeben ist. Aber Trends sind erkennbar. Sie reichen von elektronischen In-

---

[179] S. für die parallele Problematik eines "Rechts auf saubere Luft" BVerfG NJW 1983, S. 2931 (2932).

[180] *G. Ress*, a. a. O.; s. auch *E. Denninger*, HbStR V, § 113, Rn. 43; die "sozialen Rechte" werden nämlich nicht erst mit ihrer einfachrechtlichen Ausformung justitiabel, wie man *P. Häberle*, VVDStRL 30, S. 43 (91), wohl (jedenfalls allzu leicht miß)verstehen kann, sondern sie *richten sich* bereits auf diese Ausformung, wenngleich lediglich i. S. eines Anspruchs auf "ermessensfehlerfreie Entscheidung", wie dies aus dem Verwaltungsprozeß bekannt ist (s. § 113 Abs. 5 S. 2 VwGO).

[181] *J. R. McDaniel*, Rutgers Computer and Technology Law Journal, Vol. 18 (1992), p. 773 (783).

[182] *H. Kubicek*, CR 1995, S. 370 (371) - dort auch ein Überblick über den Stand der Entwicklung in den Vereinigten Staaten.

formationen über Stellenangebote oder Selbsthilfeeinrichtungen und Verkehrsverbindungen über elektronische Diskussionsforen bis hin zu Protokollen und Tagesordnungen parlamentarischer Gremien auf Kommunal-, Landes- und Bundesebene. Wenn entsprechende Informationen über neue interaktive Medien sehr viel aktueller und/oder leichter auffindbar und erschließbar werden als in gedruckter Form, müssen sie für jedermann zugänglich gemacht werden."[183] Im Bereich der Telekommunikation sieht der Regierungsentwurf eines Telekommunikationsgesetzes (Stand vom 29. Januar 1996) inzwischen in den §§ 16 und 17 eine Pflicht privater Anbieter zur Gewährleistung eines "Mindestangebots" an "alle Nutzer unabhängig von ihrem Wohn- oder Geschäftsort zu einem erschwinglichen Preis" vor.[184]

5. Grundrechte als Rechte auf Normerlaß

Aus dem entwickelten Begriff des Staates folgt weiter: Anstatt eines Rechts gegenüber dem Gesetzgeber auf "Schutz durch Eingriff" gibt es - was etwa in der "Gentechnik-Konstellation"[185] hätte wirksam werden können - ein Recht der durch ein verfassungsunmittelbares Verbot mit Erlaubnisvorbehalt "blokkierten" Partei - etwa des potentiellen Betreibers einer gentechnischen Anlage - gegenüber dem Gesetzgeber auf Auflösung der Blockade,[186] jedenfall aber - falls diese bestehenbleiben soll - auf eine Entscheidung, z. B. in der Form eines (ablehnenden) Parlamentsbeschlusses. Denn dazu als zur gesetzmäßigen Formulierung der allgemeinen Freiheit ist das Parlament da dem und dem Bürger gegenüber verpflichtet. Darunter fällt z. B. auch die gesetzliche Formulierung (nicht: Ermöglichung[187]) des Schutzes, den die Verwaltung den Einzelnen gegenüber Angriffen anderer Einzelner schuldet.

Gegenüber der Verwaltung ist ein Recht auf Normerlaß in den bislang zum Teil streitig diskutierten Fällen erst recht anzuerkennen.[188] Dieses Recht wurzelt - dogmatisch gesehen - nicht etwa in Art. 19 Abs. 4 GG, sondern in den (jeweils einschlägigen) Grundrechten, die allgemeine Freiheit einklagbar machen.

---

[183] A. a. O.

[184] Zum vorangegangenen Referentenentwurf s. etwa *C. Hiltl/K. Großmann*, BB 1996, S. 169 (173).

[185] S. o. II. und IV.

[186] Die im übrigen auch im Konflikt zwischen dem im vorigen Abschnitt behandelten Förderungsinteresse einerseits und dem Interesse, nicht (noch) mehr Steuern zahlen zu müssen, anderseits auftreten kann; vgl. dazu auch *W. Martens*, VVDStRL 30 (1972), S. 7 (13).

[187] S. o. IV.

[188] S. dazu etwa *C. Degenhart*, Staatsrecht I, Rn. 349; *R. Pietzner/M. Ronellenfitsch*, Das Assessorexamen im öffentlichen Recht, § 12, Rn. 15.

6. Grundrechte als Verfahrensrechte

Wenn Recht und Staat als Freiheit, als Gegeben- wie Aufgegebensein von Freiheit, nämlich freien Verhältnissen zwischen den Menschen bestimmt sind, erklären sich schließlich auch die Grundrechte als "Verfahrensrechte"[189] gleichsam von selbst: Das meist statisch gedachte "Verhältnis" beschreibt nicht nur einen Zustand, sondern ist zugleich höchst dynamisch, ist immer schon Verhältnis im Sinne von: sich zueinander *verhalten*, oder eben: miteinander *verfahren*.[190] Da dieses Verhalten stets mit Bezug auf andere erfolgt, bezieht es die anderen immer schon in das eigene Verhalten, das eigene Verfahren mit ein und soll dies tun, da nur so allgemeine Freiheit möglich ist. Nur gerät dieses Einbeziehen selten in den juristischen Blick, da das Verhältnis nur als immer schon *rechtliches* vorausgesetzt werden kann und im wesentlichen immer schon rechtlich *ist*. Ferner ist zumeist nicht soviel "einzubeziehen", da die Einzelnen - im notwendigen Rahmen von bürgerlicher Gesellschaft und Staat - als hinsichtlich der Einbringung ihrer Belange *selbständig* angesehen werden dürfen. Das Recht als Verfahren und damit das (Grund)-Recht *auf* rechtliches Verfahren rückt überall dort in den Blick, wo - wie vor allem beim Staatsapparat - die Ansammlung faktischer Macht die Möglichkeit von persönlichen Willkürentscheidungen besonders groß und/oder gefährlich erscheinen läßt, ferner dort, wo es um die Verteilung knapper Ressourcen geht. Wo rechtliche Konflikte unter Ungewißheitsbedingungen zu lösen sind, tritt die gerechte "Zuteilung"[191] von Verfahrens- gegenüber derjenigen von (scheinbar) "handfesten" Positionen beherrschend in den Vordergrund, so etwa auf den Gebieten des Technik- oder des Rundfunkrechts[192].

So hat jede Staatsgewalt *durch ihre eigene Organisation* sicherzustellen, daß sie bei Entscheidungen, die den Bürger berühren, seine Belange in ihre Überlegungen einbezieht. Da der Staatsapparat nur in äußerlichen Handlungen Dasein hat, müssen diese Überlegungen in der Entscheidungsbegründung auch hinreichend erkennbar gemacht werden. Ist dies in einer wesentlichen Frage nicht geschehen, liegt hierin eine mit der Verfassungsbeschwerde angreifbare Verletzung des Rechts-Verhältnisses - und damit auch des Grundrechts als

---

[189] Dazu etwa *E. Denninger*, HbStR V, § 113; *K. Hesse*, HbVerfR I, S. 100 ff.; *H. Goerlich*, Grundrechte als Verfahrensgarantien; *B. Pieroth/B. Schlink*, Grundrechte, Rnn. 107 f.

[190] Richtig deshalb *E. Denninger*, HbStR V, § 113, Rn. 8: "'Materieller' Grundrechtsschutz und rechtsstaatliche Verfahrensgestaltung bedingen einander wechselbezüglich".

[191] Welche in Wahrheit eine konkretisierende Zu-*Erkennung* ist.

[192] Charakteristisch sind hier vor allem die pluralistisch zusammengesetzten Gremien, deren Einfluß auf die Programmgestaltung einseitige Information und damit mögliche Manipulation von Einzelnen im Interesse anderer Einzelner verhindern soll, s. z. B. §§ 15, 16 WDRG, 6 Abs. 1, 25 ff. LRG NW.

Verfahrensrechts -, selbst wenn die Entscheidung, wäre die Einbeziehung erfolgt, inhaltlich genauso hätte ergehen dürfen. Wenn und soweit erkennbar wird, daß formalisiertes Verwaltungs- und Justizverfahren die realen Probleme der Verwirklichung von Freiheit nicht ausreichend bewältigen kann, muß nach anderen, bestehende (oder neu entstandene) Schutzlücken schließenden Verfahrens-Arten gesucht werden. So kann sich etwa die Erforderlichkeit der Einsetzung von (z. B. Datenschutz- oder Minderheiten-)"Beauftragten" ergeben; in den Worten P. Häberles: "Beauftragte wollen den Bürgern ... außerhalb der stark formalisierten, auch professionalisierten und bürokratisierten 'Rechtswege' schützen. Was der justizielle Rechtsschutz oft nicht zu leisten vermag, kann der 'informelle' korrigieren."[193] Rechts-Schutz kann eben - da vom gelebten Rechts-Verhältnis her zu denken - nicht nur in streng formalisiertem Verfahren bestehen. - Soweit die Grundrechte als Verfahrensrechte - wie etwa in Art. 103 Abs. 1 GG - bereits eindeutig anderweit im Grundgesetz näher positiviert sind, ist dies selbstverständlich dogmatisch zu berücksichtigen.[194]

Aber nicht nur auf dem Gebiet des öffentlichen Rechts, auch im Privatrecht ist Raum für "verfahrensrechtliches" Grundrechts-Denken, und zwar insbesondere auch im Hinblick auf die Verteilung "knapper Ressourcen". Als Beispiel hierfür kann eine neuere Entscheidung des Bundesverfassungsgerichts zum "Schutz der freien Meinungsäußerung (Art. 5 Abs. 1 Satz 1 GG) bei der Übernahme von Auszubildenden in ein Arbeitsverhältnis"[195] gelten. Ein junger Mann, der bei einem großen deutschen Automobilkonzern zum Betriebsschlosser ausgebildet wurde, hatte in der Schülerzeitung seiner Berufsschule einen Artikel veröffentlicht, in dem er sich sehr kritisch mit der friedlichen Nutzung der Atomenergie und etwas weniger kritisch mit der Gewaltanwendung bei Demonstrationen hiergegen auseinandersetzte. Das ausbildende Unternehmen hatte in dem Artikel ein mittelbares Bekenntnis zur Gewalt gesehen und den angehenden Betriebsschlosser aus diesem Grund nach Beendigung der Ausbildung nicht in ein Arbeitsverhältnis übernehmen wollen. Dessen Klage gegen das Automobilunternehmen auf Übernahme hatte das Landesarbeitsgericht zweitinstanzlich abgewiesen; das Bundesarbeitsgericht hatte die hiergegen gerichtete Revision zurückgewiesen und dem Unternehmen bescheinigt, seine Auswahlentscheidung und deren Begründung seien nicht zu beanstanden.[196] Das Bundesverfassungsgericht sah in dieser Entscheidung - und damit angesichts der Grundrechtsverpflichtung des Unternehmens notwendig auch in

---

193 *P. Häberle*, Rechtstheorie 24 (1993), S. 397 (432).
194 Dazu bereits oben I. und V.
195 BVerfGE 86, S. 122 (Leitsatz).
196 BAG NZA 1985, S. 329 ff.

dessen lediglich bestätigter Auswahlentscheidung bzw. deren Begründung - eine Verletzung des Klägergrundrechts aus Art. 5 Abs. 1 Satz 1 GG: Bei der Würdigung des fraglichen Artikels habe man *vorschnell* und *ohne hinreichende Würdigung aller in Betracht zu ziehenden Umstände* auf ein mittelbares Bekenntnis des Klägers zur Gewalt geschlossen.[197]

Stellt man sich nun auf den Standpunkt, daß ein Rechtsanspruch des Auszubildenden auf Übernahme nicht bestand, erscheint der Beschluß des Bundesverfassungsgerichts zunächst unverständlich, da die Übernahme - jedenfalls auf den ersten Blick - auch ohne jegliche Begründung hätte abgelehnt werden können und die gegebene Begründung schwerlich einen Anspruch des Auszubildenden erst begründen konnte.[198] Greift man hier aber den oben[199] bereits einmal für die Regelung privatrechtlicher "Machtgefälle"-Konflikte herangezogenen Verantwortungs-Gedanken wieder auf, erscheint die Entscheidung in einem durchaus anderen Licht. Unternehmen bilden junge Menschen für bestimmte Berufe aus, weil sie sie - bzw. einige von ihnen - als "Nachwuchs" benötigen. Die Auszubildenden wiederum sind in aller Regel darauf angewiesen, später in dem erlernten Beruf arbeiten zu können. Angesichts dieses Zusammenhangs übernimmt das ausbildende Unternehmen mit Beginn und Durchführung der beruflichen Ausbildung *rechtliche Verantwortung* für seine "Lehrlinge", ist ihnen auf die sich aus dem Ausbildungs-Verhältnis ergebenden Fragen also jeweils eine ausdrückliche *Antwort schuldig*. Nun werden häufig mehr junge Menschen in einem Unternehmen ausgebildet, als am Ende tatsächlich benötigt werden, was auch von vornherein bekannt ist. Deshalb kann die übernommene Verantwortung zwar nicht darin bestehen, daß jeder Auszubildende auch in ein Arbeitsverhältnis zu übernehmen wäre. Sie besteht aber darin, daß ein Auswahl*verfahren* jedem von ihnen entsprechend der erreichten beruflichen Qualifikation, also nach sachlichen Kriterien und nicht nach dem Belieben des Unternehmers, die Chance bietet, übernommen zu werden.[200] Die Ablehnung der Übernahme ist daher begründungsbedürftig, und die Begründung kann auf eine mögliche Fehlerhaftigkeit hin gerichtlich überprüft werden. Der vorschnelle Schluß auf die Gewaltbereitschaft des Beschwerdeführers in dem vom Bundesverfassungsgericht zu entscheidenden Fall stellte eine solche Fehlerhaftigkeit dar. Aus der gerichtlichen Fehlerrüge erwuchs dem Beschwerdeführer so (logischerweise) ein Anspruch auf eine

---

197 BVerfGE 86, S. 122 (130 ff.).

198 Dezidiert gegen die Entscheidung aus diesem Grund denn auch *B. Boemke*, NJW 1993, S. 2083 (2084 f.).

199 S. oben VI. 3. b).

200 In dem vom Bundesverfassungsgericht zu entscheidenden Fall war in der Tat eine Einstellungsrichtlinie (s. dazu § 95 BetrVG) vorhanden, die ein solches Verfahren zu gewährleisten vermochte, s. die Mitteilung des Sachverhalts bei BVerfGE 86, S. 122 (124).

neue, diesmal "fehlerfreie Entscheidung",[201] vergleichbar mit dem Fall eines verwaltungsgerichtlichen Erkenntnisses nach § 113 Abs. 5 Satz 2 VwGO[202], keineswegs aber, wie die Entscheidung mißinterpretiert worden ist, ein solcher auf Einstellung.[203] Zu diesem (dogmatisch im Kläger-Grundrecht aus Art. 12 GG begründet liegenden) "arbeitsrechtlichen Neubescheidungsanspruch" konnte das Bundesarbeitsgericht in dem sich an die Aufhebung seiner Revisionsentscheidung anschließenden Verfahren nicht mehr Stellung nehmen, da das beklagte Automobilunternehmen den Einstellungsanspruch nunmehr anerkannte und daraufhin lediglich noch ein Anerkenntnisurteil erging.[204]

7. "Grundpflichten"

Auch für die immer wieder einmal aufgeworfene Frage nach sogenannten "Grundpflichten" der Bürger[205] ergibt sich aus dem bisher Entwickelten eine Antwort. Und diese lautet schlicht: Es gibt keine. Nämlich keine (verfassungs)rechtsdogmatisch bedeutsamen. Da das Pflichten-Verhältnis von Staat und Einzelnem im Grundsatz begriffen ist, es darauf bezüglicher Vergewisserungen, zu deren Zweck "Grundpflichten" (als Pflichten zum Gesetzesgehorsam usw.) meist bemüht werden, folglich nicht mehr bedarf, kann es ernsthaft nur noch um die dogmatischen Folgerungen aus diesem Begriff(enen) gehen.

Aus dem zu Recht und Staat entwickelten Begriff der Freiheit folgt zwar, daß jeder ebensowohl gegenüber sich selbst wie gegenüber allen anderen die Pflicht hat, diese in ihrer Rechtsstellung nicht zu mißachten, einer möglichen gesteigerten Verantwortung ihnen gegenüber gerecht zu werden (Monopol; Eltern-Kind-Beziehung - besonders positiviert in Art. 6 Abs. 2 GG) usw., ferner die Pflicht, den Gesetzen zu gehorchen; denn auch damit gehorcht jeder nur sich selbst. Aber die juristische, dogmatische Bedeutung des geschriebenen Verfassungsgesetzes besteht wesentlich in Einklagbarkeit.[206] Die Pflichten gegenüber anderen Privaten sind bereits mit Hilfe der Grund*rechte* ein-

---

[201] C. *Hillgruber*, ZRP 1995, S. 6 (9), formuliert diese logische Folge der Ausführungen des Bundesverfassungsgerichts lediglich als - kritisch gemeinte - Frage.

[202] Normiert ist dort die Möglichkeit einer Verpflichtung der Verwaltungsbehörde dazu, den Kläger unter Beachtung der Rechtsauffassung des Gerichts (erneut) zu bescheiden.

[203] S. die Polemik von B. *Boemke*, NJW 1993, S. 2083 ff. - Lediglich als Beleg für die Gleichwertigkeit von Abwehr- und Schutzaufgabe der Grundrechte sieht die Entscheidung J. *Hager*, JZ 1994, S. 373 (383).

[204] BAG, Urteil vom 11.11.1992 - 2 AZR 334/92.

[205] S. dazu etwa V. *Götz*, VVDStRL 41, S. 7 ff.; H. *Hofmann*, VVDStRL 41, S. 42 ff.; *ders.*, HbStR V, § 114; O. *Luchterhandt*, Grundpflichten als Verfassungsproblem in Deutschland (1988).

[206] Dazu bereits oben I.

klagbar.[207] Die Pflichten gegenüber dem Staat hat dieser gerade nicht "einzu-klagen", sondern im Weigerungsfall zwangsweise durchzusetzen. Dogmati-sche Anknüpfungspunkte sind insoweit die jeweiligen verfassungs- und ein-fachgesetzlichen Aufgabenzuweisungen und "Eingriffsermächtigungen". Da-mit gibt es kein Bedürfnis für eine dogmatische Kategorie der "Grund-pflicht".[208]

8. Verfassungsgerichtlicher Grundrechtsschutz

Einzugehen ist abschließend noch auf das Problem der (Begründung der) verfassungsgerichtlichen Kontrolldichte bei behaupteten Grundrechtsverlet-zungen. Die Voraussetzungen für seine Lösung sind bereits entwickelt wor-den, insbesondere in den Abschnitten "Grundrechtsbindung, Grundrechtsein-griff und Grundrechtsverletzung"[209] sowie "Grundrechte als Verfahrensrech-te"[210].

Bekanntlich verwickeln sich Bundesverfassungsgericht und herrschende Staatsrechtslehre in den Widerspruch, einerseits jede "Verkürzung" des in al-ler Regel rein abstrakt verstandenen "Schutzbereichs" eines Grundrechts als "Eingriff" und jeden "Eingriff" ohne gesetzliche Grundlage als Grundrechts-verletzung aufzufassen, dennoch aber nicht über alle "Eingriffe", die sich kei-ner gesetzlichen Ermächtigungsgrundlage subsumieren lassen, auch die ver-fassungsgerichtliche Acht sprechen (lassen) zu wollen, was damit begründet wird, das höchste deutsche Gericht dürfe nicht zu einer "Superrevisionsin-stanz" werden.[211] Die Verfassungsbeschwerde könne deshalb nur bei Verlet-zung "spezifischen Verfassungsrechts" Erfolg haben.[212]

Die hiernach erforderliche Abgrenzung, die angesichts des soeben noch ein-mal dargestellten dogmatischen Ausgangspunkts sinnvoll nur eine Negativab-grenzung sein kann ("Wann hat die Verfassungsbeschwerde *trotz* eines "Grundrechtseingriffs ohne Gesetz" *keinen* Erfolg?"), nimmt das Bundesver-

---

[207] Dazu oben I.; der Sache nach ebenso *H. Hofmann*, VVDStRL 41, S. 42 (75).

[208] Deshalb ist es durchaus in einem umfassenden Sinn richtig, wenn *B. Pieroth/B. Schlink* (Grundrechte, Rn. 209) meinen, es "würden [mit der Annahme von Grundpflichten - dort ge-meint: im Hinblick auf die Grundrechtsbindung des Staates und Privater] ... keine zusätzlichen Rechtserkenntnisse gewonnen, sondern nur die bekannten Grundrechtsprobleme nochmals sei-tenverkehrt gespiegelt"; ebenso *E.-W. Böckenförde*, VVDStRL 41, S. 114 (115); s. ferner *K. Hailbronner*, VVDStRL 41, S. 108 (109).

[209] S. o. IV.

[210] S. o. VI. 6.

[211] S. dazu statt aller die Darstellung von *B. Pieroth/B. Schlink*, Grundrechte, Rnn. 1255 ff.

[212] BVerfGE 18, S. 85 (92); 43, S. 130 (135).

fassungsgericht hinsichtlich des *Ergebnisses* einer Entscheidung so vor: "Eine Grundrechtswidrigkeit liegt noch nicht vor, wenn die [falsche] Anwendung einfachen Rechts durch den hierzu zuständigen Richter zu einem Ergebnis geführt hat, über dessen 'Richtigkeit' (in dem allgemeinen Sinne von 'Sachgemäßheit' oder 'Billigkeit') sich streiten läßt"[213]. Dem entspricht angesichts dessen, was im Lauf der Untersuchung entwickelt worden ist,[214] die sogenannte "Schumannsche Formel", nach der eine Verletzung spezifischen Verfassungsrechts (nur) dann vorliegt, "wenn der angefochtene Richterspruch eine Rechtsfolge annimmt, die der einfache Gesetzgeber nicht als Norm erlassen dürfte"[215], oder eben: wenn ein *Unrechts*-Verhältnis hergestellt wird.[216]

Ein solches, nämlich unrechtliches Verhalten liegt auch im zweiten Fall vor, in dem das Bundesverfassungsgericht "spezifisches Verfassungsrecht" als verletzt anerkennt, nämlich wenn ein Gericht bei einer von ihm zu treffenden Entscheidung beispielsweise "ausschließlich auf den als Schranke der Meinungsfreiheit normierten Ehrenschutz abstellt, die verfassungsrechtliche Gewährleistung der Meinungsfreiheit selbst aber gänzlich außer acht läßt."[217] In einem solchen Fall der praktisch vollständigen Nichteinbeziehung der Belange einer der beteiligten Parteien in das Rechtsfindungsverfahren ist das Rechts-*Verhältnis* und ist damit auch das jeweils einschlägige Grundrecht als *Verfahrens*recht nicht gewahrt.[218] Vom Verfahrens-Standpunkt her betrachtet verwundert es auch nicht, wenn E.-W. Böckenförde zur Wandlung der Formel vom "spezifischen Verfassungsrecht" in der Rechtsprechung des Bundesverfassungsgerichts feststellt: "Das Gericht orientiert seine Nachprüfung und Kontrolle heute - jedenfalls in der Rechtsprechung des ersten Senats - an einem gleitenden Maßstab: Je nachhaltiger der grundrechtliche Schutzbereich von der in Frage stehenden Entscheidung oder Handlung betroffen wird, desto intensiver erfolgt die verfassungsgerichtliche Nachprüfung; sie beschränkt sich je nachdem - und insbesondere bei strafrechtlichen Sanktionen - nicht auf die Frage einer grundsätzlich unrichtigen Auffassung von der Bedeutung eines Grundrechts, sondern bezieht auch *einzelne Auslegungsfehler*, sofern die Entscheidung darauf beruht, mit ein."[219]

---

213 BVerfGE 18, S. 85 (93).

214 S. o. IV.

215 *E. Schumann*, Verfassungs- und Menschenrechtsbeschwerde gegen richterliche Entscheidungen, S. 207.

216 S. o. IV.

217 BVerfGE 43, S. 130 (139).

218 S. o. VI. 6.

219 *E.-W. Böckenförde*, Zur Lage der Grundrechtsdogmatik, S. 33 (Hervorhebung durch den Verfasser).

In jedem Fall begründet nur das Unrechts-Verhältnis (unrechtliches Verhalten) die Verfassungsbeschwerde.[220] Nur auf das ihnen vorausliegende Rechts-Verhältnis, nicht auf staatlich gesetzte, ihnen gegenüber nachrangige Normen verweisen nämlich die Grundrechtsbestimmungen[221] (weshalb im übrigen das Bundesverfassungsgericht immer auch *über* der vorgeblich "nur interpretierten" Grundrechtsbestimmung steht[222]). Deshalb kann mit der auf Grundrechte gestützten Verfassungsbeschwerde - will man konsequent sein - auch nicht die Verletzung von bloßen Form- oder Kompetenzvorschriften der Verfassung (etwa der Art. 72 ff. GG) gerügt werden.[223] Eine solche Rüge ist vielmehr den *innerhalb* des Staatsapparates bleibenden Klageverfahren des Art. 93 Abs. 1 GG vorbehalten - es sei denn, es liegt ein Fall von (bloßer) "Willkür"[224] vor: Dann ist das Rechts-Verhältnis und sind die Grundrechte als Verfahrensrechte verletzt.

VII. Begriff des Staates und "auswärtige Beziehungen"

1. "Über"-staatliche Organisation(en)

Im Begriff des Staates als verwirklichter allgemeiner Freiheit liegt neben seiner wahren Kraft und Stärke zugleich die innere Notwendigkeit seiner (Des-)Integration oder, um die im Deutschen wohl nicht zu ersetzende Begrifflichkeit Hegels zu gebrauchen, seiner Aufhebung (in dem dreifachen Sinn dieses Wortes von "Beseitigen", "Aufbewahren" und "Auf-eine-höhere-Entwicklungsstufe-Heben") - soweit er nämlich *National*staat ist.[225] Da nicht ein Vertragsschluß Grund des Staates ist, kann er auch nicht eigentlich von den herkömmlich vor allem durch Volkszugehörigkeit bestimmten Staatsbürgern als seinen *als solchen* bloß formellen Mitgliedern, sondern muß vielmehr von

---

[220] Es ist daher nicht richtig, wenn *K. Rennert*, NJW 1991, S. 12 (14), meint, die Frage der verfassungsgerichtlichen Kontrolldichte ließe sich "anhand materiellrechtlicher Überlegungen keiner Klärung zuführen"; die Möglichkeit einer "materiellen" Begründung der Beschränkung verfassungsgerichtlicher Kontrolle verneint ferner etwa *W. Heun*, Funktionell-rechtliche Schranken der Verfassungsgerichtsbarkeit, S. 33 Fn. 97. - Der Sache, nicht der ("Eingriffs"-)Terminologie nach wie hier *A. Scherzberg*, Grundrechtsschutz und "Eingriffsintensität", S. 275 f.

[221] S. dazu schon oben IV.

[222] Worauf *W. Schild*, Die Aktualität der praktischen Philosophie Hegels, S. 116, zu Recht hinweist.

[223] Das Bundesverfassungsgericht entscheidet bislang anders, s. etwa BVerfGE 13, S. 181 (190); S. 237 (239); 38, S. 281 (298 f.).

[224] Zum "Willkürverbot" s. etwa *P. Kirchhof*, HbStR V, § 124, Rn. 237 ff.

[225] S. dazu *W. Schild*, FS Schwartländer, S. 199 (215); *dens.* in: *W. Brugger* (Hrsg.), Legitimation des Grundgesetzes aus Sicht von Rechtsphilosophie und Gesellschaftstheorie (erscheint demnächst).

den *Menschen als Freiheit* her gedacht werden.[226] Deshalb hat der Staat(sapparat als juristische Person) aus seinem Begriff heraus die Pflicht, nicht selbständig im Sinne von rechtlich und faktisch *getrennt* von allen anderen Staaten zu bleiben (wie es bekanntlich das Bestreben des "Dritten Reiches" war); sondern er ist zum Zusammenschluß in einem Welt-Staat verpflichtet, wie er bereits in den Vereinten Nationen einen noch bescheidenen, aber immerhin erkennbaren Anfang genommen hat. Diese Pflicht dürfte angesichts des besonders weiten Ermessensspielraums in der Frage des Zeitpunkts und - diesen wesentlich mitbestimmend - der mit den anderen Staaten auszuhandelnden Bedingungen aber kaum gerichtlich durchgesetzt werden können - sie wird sich, als Ausdruck begrifflicher Notwendigkeit, auf Dauer selbst durchsetzen (auf das "Rechtsproblem Internet" sei in diesem Zusammenhang hingewiesen).

Aus demselben begrifflichen Grund ist die Bundesrepublik auch nicht nur im Rahmen des Art. 24 Abs. 2 GG berechtigt, sondern vielmehr aus Art. 2 Abs. 1 GG (als der umfassenden Verweisungsnorm auf den Grund des Staates) verpflichtet, sich im Rahmen des ihr nach ihren Möglichkeiten Zumutbaren an friedensschaffenden und -erhaltenden Maßnahmen der Vereinten Nationen zu beteiligen, ebenso dazu, in entsprechendem Maße Entwicklungshilfe zu leisten.[227]

2. Das Asylrecht

Aus dem Gesagten ergibt sich weiter, daß auch die Grundrechte - bezogen und beschränkt auf den völkerrechtlich abgegrenzten Handlungsraum der Bundesrepublik Deutschland - sich auf die Gewährleistung und (weitere) Herstellung allgemeiner Freiheit nicht als Bürger-, sondern als Menschenfreiheit beziehen und richten - entsprechend gilt das allgemeine und Hauptfreiheitsrecht des Art. 2 Abs. 1 GG nicht nur für Deutsche, sondern für "jeden". Deshalb war auch der alte Art. 16 Abs. 2 Satz 2 GG nichts weiter als eine Konkretisierung des Art. 2 Abs. 1 GG in seiner Eigenschaft als Grundrecht auf Schutz und Förderung. Als Verfahrensrecht gewährt Art. 2 Abs. 1 GG, der als allgemeinste und unmittelbarste Bezugnahme auf das Rechts-Verhältnis gemäß Art. 1 Abs. 3 in Verbindung mit Art. 79 Abs. 3 GG nicht abänderbar ist (was er auch ohne die Vorschrift des Art. 79 Abs. 3 GG schon aufgrund des hier entwickelten Rechts- und Staatsbegriffs nicht wäre), einen Anspruch auf *eingehende Prüfung* eines Antrags auf politisches Asyl. Da eine solche nach dem Abs. 2 des seit dem 1. Juli 1993 (gem. "widerlegbarer Vermutung"[228])

---

226 S. hierzu etwa *W. Schreckenberger*, Der Staat 34 (1995), S. 503 ff.

227 S. dazu auch *P. Häberle*, Rechtstheorie 24 (1993), S. 397 (405).

228 Die (erwartete) Entscheidung des Bundesverfassungsgerichts über das neue Asyl(grund)recht war bei Drucklegung noch nicht ergangen.

geltenden Art. 16a GG auch dann nicht stattfindet, wenn ein Asylbewerber in einem der "sicheren Drittstaaten" mit seinem Antrag keinen Erfolg hatte und so gerade *nicht* aus einem seine Existenz *bereits sichernden* Staat einreist - was allein eine ohne weiteres auszusprechende Ablehnung seines hier gestellten Antrags rechtfertigen könnte -, wären zwischenstaatliche Abkommen, denen Art. 16a Abs. 5 GG lediglich seine Absätze 1 - 4 "nicht entgegenstehen" läßt, stattdessen wohl eher *erforderlich* zur Bejahung der Verfassungsmäßigkeit (Vereinbarkeit mit dem von Art. 2 Abs. 1 GG in Bezug genommenen Rechts-Verhältnis als dem Grund der Verfassung) des Art. 16a GG.[229] Diese Frage wäre aber an anderer Stelle zu vertiefen.[230]

VIII. Das Verhältnis des Menschen zur Natur

Aus dem Verhältnis des Menschen als *Ich* zur Natur als *seinem Anderen*[231] folgt endlich, daß die Natur als solche nicht (Grund-)Rechtssubjekt ist. Grundrechtsdogmatisch betrachtet ist Umweltverbrauch daher lediglich ein Problem der Vereinbarkeit der jeweiligen subjektiven "Freiheiten" der Einzelnen,[232] genauer: ein Problem der inhaltlichen Bestimmung allgemeiner Freiheit. Die Natur ist zwar *als solche* (überhaupt) notwendig,[233] ihre konkrete Gestalt(ung) und damit etwa auch die Frage, welche Tierarten erhalten werden sollen und welche "aussterben" dürfen, ist aber keine grund- oder sonst verfassungsrechtliche, sondern eine Frage der politischen Entscheidung und damit des einfachgesetzlichen Rechts. Dem entspricht der vor kurzem in das Grundgesetz eingefügte Art. 20a, der mit der Formulierung einer gesetzlich zu konkretisierenden Staatszielbestimmung genau diesen Zusammenhang zum Ausdruck bringt.[234] Wir sind zwar zur Erhaltung der *Natur überhaupt* als notwendiger Gestalt unseres *Daseins als Ich* gegenüber uns selbst verpflichtet - aber es gibt niemanden *außer* uns, der diese Verpflichtung einklagen könnte. Deshalb müssen wir gleichsam *in uns selbst* Verfahren ähnlich den innerhalb des Staat(sapparat)es bleibenden Organklageverfahren einrichten

---

[229] Der Verfassungsrichter *B. Sommer* hat die sogenannte "Drittstaatenregelung" (vielleicht auch in diesem Sinn) treffend als "Dach" bezeichnet, "für das es noch kein Haus gibt" (Süddeutsche Zeitung vom 19. September 1994); nicht als Problem wahrgenommen wird die im Text beschriebene Konstellation anscheinend von *A. Zimmermann*, Das neue Grundrecht auf Asyl, S. 274 ff.; a. A. auch *K. Stern*, Staatsrecht III/2, S. 1133.

[230] S. zu den gegenüber der Verfassungsmäßigkeit der Vorschrift geäußerten Zweifeln etwa *S. Hehl*, ZRP 1993, S. 301 ff.; *R. Rothkegel*, ZRP 1992, S. 222 ff.; *A. Zimmermann*, Das neue Grundrecht auf Asyl.

[231] S. Einleitung, I.

[232] S. dazu etwa *D. Murswiek*, DVBl. 1994, S. 77 ff. und neuestens *A. Uhle*, JuS 1996, S. 96 (100 f.).

[233] S. Einleitung, I.

[234] *A. Uhle*, a. a. O., S. 101.

und die Natur so möglicherweise auch zur juristischen Person erklären und/oder - über die vom Bundesverwaltungsgericht umweltschutzfreundlich interpretierte[235] Regelung des § 29 BNatSchG hinaus - die sogenannte altruistische Verbandsklage einführen, die von anerkannten Naturschutzverbänden zugunsten der angemessenen Berücksichtigung der Belange des Umweltschutzes erhoben werden kann.[236]

---

[235] Vgl. BVerwGE 87, S. 63 ff., wo entschieden wurde, daß die Verletzung des Beteiligungsrechts eines anerkannten Naturschutzverbandes zur Aufhebung der Verwaltungsentscheidung führen kann, deren Vorbereitung die Beteiligung zu dienen bestimmt war.

[236] S. dazu etwa *U. Battis/N. Weber*, JuS 1992, S. 1012 (1016).

Schlußbetrachtung

Eine "Zusammenfassung der Ergebnisse" im herkömmlichen Sinn ist hier selbstverständlich nicht möglich: Einführend wurde bereits gesagt, daß die zu gewinnenden (und im Gang der Untersuchung gewonnenen) Begriffe nur als ihre eigene, fest-gehaltene Entwicklung das sind, was sie in Wahrheit sind. Die nachfolgende Schlußbetrachtung erhält so ihren vollen und damit eigentlichen Inhalt allein aus dem (immer neuen) gedanklichen Nachvollzug (vor allem) des Zweiten und Dritten Teils.

Die Grundrechte haben sich als Aus(einander)legungen des Rechts-Verhältnisses im Hinblick auf den Staatsapparat und damit zugleich als Auslegungen des Staates erwiesen; als rechts*begründend* vorgestellt, sind sie (lediglich) Mythos, der auch nach dem Aufbruch der *Gemein*schaft zur (bürgerlichen) *Gesell*schaft (vor allem juristische) Alltagssicherheit gewährleistet. Die Grundrechte verweisen auf *allgemeine* (und damit eigentlich[1] schlicht auf) *Freiheit* als ebenso vorausgesetzte wie aufgegebene, und sind deshalb keinesfalls von "unbegrenzter subjektiver Freiheit" her zu denken: Sie *schützen* (als Abwehrrechte) allgemeine Freiheit, soweit sie bereits verwirklicht ist, und *drängen* (z. B. als Rechte auf Normerlaß, aber auch als Leistungs- oder Verfahrensrechte) auf Verwirklichung allgemeiner Freiheit, soweit bestehende Verhältnisse für die denkende Vernunft noch nicht freiheitlich genug gestaltet sind.[2] In diesem Sinn haben sie die Aufgabe, allgemeine Freiheit justitiabel, nämlich: *einklagbar* zu machen. Hieraus erklären sich die zunächst und in der Darstellung der herkömmlichen Staatsrechtslehre jedenfalls zusammenhanglos anmutenden Erscheinungsformen der Grundrechte als Abwehrrechte, Schutzrechte, Rechte auf Normerlaß, Förderungsrechte und Verfahrensrechte; diese einzelnen Erscheinungsformen folgen in Wahrheit zwingend aus dem Begriff des *Staates*, zu dem sich die Freiheit heute selbst bestimmt hat. In diesem Begriff der Freiheit haben sie ihre innere Einheit und bilden so ein wirkliches System - erst zusammengedacht ergeben sie das wahre, weil *ganze* (jeweilige) Grundrecht.

---

[1] S. o. Zweiter Teil, I. 2. f).

[2] S. hierzu (im Hinblick auf das Arbeitsverhältnis) andeutungsweise Dritter Teil, II.

Als dogmatischer Ertrag hat sich u. a. ergeben:

-   Private sind Verpflichtete des Grundrechts auf freie Entfaltung der Persönlichkeit und der anderen Grundrechtsbestimmungen, die ihrem Sinngehalt nach auf Private anwendbar sind; hieraus kann sich im Einzelfall ein verfassungsunmittelbares Verbot mit Erlaubnisvorbehalt ergeben, dessen gesetzliche Aufhebung der Einzelne mit Hilfe der Grundrechte als Rechten auf Normerlaß erreichen kann.

-   Einen "Schutz durch Eingriff" gibt es nicht, da der (vor allem) verwaltungsbehördliche Schutz vor Angriffen anderer Privater keinen Eingriff in grundrechtlich geschützte Freiheit darstellt.

-   Der "Eingriff" in Grundrechte ist lediglich als *Prima-facie-Eingriff* aufzufassen und als dogmatische Kategorie entsprechend zu verwenden.

-   Es gibt keine gegenüber dem allgemeinen und Hauptfreiheitsrecht des Art. 2 Abs. 1 GG "stärkeren" Spezialgrundrechte; anstatt - wie gelegentlich zu beobachten - krampfhaft zu versuchen, bestimmte Sachverhalte unter eigentlich nicht "passende" Einzelgrundrechte zu subsumieren, sollte die Rechtsprechung (und insbesondere das Bundesverfassungsgericht) deshalb den aus der Entwicklung des Rechtsbegriffs selbst folgenden *dogmatischen Zweifelssatz zugunsten der Anwendbarkeit von Art. 2 Abs. 1 GG* beachten.

-   Der "allgemeine Gleichheitssatz" des Art. 3 Abs. 1 GG ist neben den Bestimmungen der Freiheitsrechte überflüssig, da die Gleichheit lediglich ein unselbständiges Begriffsmoment der Freiheit ist; er ist deshalb nicht als Grundrecht anzuwenden. Die speziellen "Gleichheitsgebote" des Grundgesetzes sind als Herabsetzungsverbote in Wahrheit Konkretisierungen des allgemeinen Freiheitsrechts des Art. 2 Abs. 1 GG und - wenngleich eigentlich überflüssig - als solche zu akzeptieren.

-   Der Anspruch des Bürgers gegen den Staat(sapparat als juristische Person) auf Schaffung bzw. Gewährung der nach dem jeweiligen Stand der gesellschaftlichen Entwicklung unentbehrlichen Freiheitsvoraussetzungen folgt nicht aus einem "prinzipiell" lediglich objektiv-rechtlich vorgestellten "Sozialstaatsprinzip", sondern *aus den Grundrechten als Freiheitsrechten* selbst; diese Sicht erklärt auch überzeugender die Einklagbarkeit z. B. der Gewährleistung eines Existenzminimums für Hilfsbedürftige mit der Verfassungsbeschwerde.

-   "Grundpflichten" sind als dogmatische Kategorie überflüssig und als solche daher nicht anzuerkennen.

-    Die Verfassungsbeschwerde wird durch eine Nichtbeachtung von
     bloßen Form- oder Kompetenzvorschriften der Verfassung nicht be-
     gründet, es sei denn, es liegt ein Fall von Willkür im Sinne der Recht-
     sprechung des Bundesverfassungsgerichts vor.

Indem die (meisten) Grundrechte auch die Bürger in ihrem Verhältnis zueinander verpflichten, erwächst aus dem Entwickelten die Forderung und
Aufgabe, den Begriff des Grundrechts dort zu entfalten und für Vorschläge zu
(gesetzes)rechtlicher Weiterentwicklung nutzbar zu machen, wo die Frage
nach Wohl oder Wehe einer Gesellschaft sich (immer noch) entscheidet: im
Bereich der privaten Wirtschafts- und Arbeitsbeziehungen; dieser Aufgabe
seien spätere Arbeiten gewidmet.

Schrifttumsverzeichnis[1]

Achterberg, Norbert: Die Rechtsordnung als Rechtsverhältnisordnung. Grundlegung der Rechts-verhältnistheorie, Berlin 1982 (Die Rechtsordnung als Rechtsverhältnisordnung)

Adorno, Theodor W.: Beethoven. Philosophie der Musik, 2. Aufl., Frankfurt a. M. 1994

Alexy, Robert: Theorie der Grundrechte, Frankfurt a. M. 1986

- Grundrechte als subjektive Rechte und als objektive Normen, Der Staat 29 (1990), S. 49

- Begriff und Geltung des Rechts, 2. Aufl., Freiburg/München 1994

Amelung, Kurt: Die Einwilligung in die Beeinträchtigung eines Grundrechtsgutes. Eine Untersu-chung im Grenzbereich von Grundrechts- und Strafrechtsdogmatik, Berlin 1981 (Die Ein-willigung in die Beeinträchtigung eines Grundrechtsgutes)

Apelt, Willibalt: Die Gleichheit vor dem Gesetz nach Art. 3 Abs. 1 des Grundgesetzes, JZ 1951, S. 353

Baldus, Manfred: Die Einheit der Rechtsordnung. Bedeutungen einer juristischen Formel in Rechtstheorie, Zivil- und Staatsrechtswissenschaft des 19. und 20. Jahrhunderts, Berlin 1995 (Die Einheit der Rechtsordnung)

Battis, Ulrich/*Weber*, Nicole: Zum Mitwirkungs- und Klagerecht anerkannter Naturschutzver-bände - BVerwGE 87, 63, JuS 1992, S. 1012

Benda, Ernst/*Maihofer*, Werner/*Vogel*, Hans-Jochen (Hrsg.): Handbuch des Verfassungsrechts der Bundesrepublik Deutschland (Studienausgabe), Teil 1, Berlin/New York 1984 (HbVerfR I)

Benz-Overhage, Karin: Lean Production und Gruppenarbeit, in: *Binkelmann*, Peter/*Braczyk*, Hans-Joachim/*Seltz*, Rüdiger (Hrsg.), Entwicklung der Gruppenarbeit in Deutschland, Frankfurt a. M. 1993, S. 172

Bethge, Herbert: Zur Problematik von Grundrechtskollisionen, München 1977

- Aktuelle Probleme der Grundrechtsdogmatik, Der Staat 24 (1985), S. 351

Bettermann, Karl August: Freiheit unter dem Gesetz, Berlin 1962

Bettermann, Karl August/*Nipperdey*, Hans Carl (Hrsg.): Die Grundrechte. Handbuch der Theo-rie und Praxis der Grundrechte, Vierter Band, 2. Halbband, Berlin 1962 (Die Grundrech-te IV/2)

Beuthien, Volker: Löst sich das Arbeitsrecht in Gesellschaftsrecht auf? Eine Skizze, in: Bickel, Dietrich/Hadding, Walther/Jahnke, Volker/Lüke, Gerhard (Hrsg.), Recht und

---

[1] Eine besondere Zitierweise ist aus den Klammerzusätzen ersichtlich.

Rechtserkenntnis. Festschrift für Ernst Wolf zum 70. Geburtstag, Köln/Berlin/Bonn/München 1985, S. 17

Biedenkopf, Kurt: Verfassungsgerichtsbarkeit und Politik, SächsVBl. 1994, S. 25

Bleckmann, Albert: Neue Aspekte der Drittwirkung der Grundrechte, DVBl. 1988, S. 938

- Staatsrecht II - Die Grundrechte, 3. Aufl., Köln/Berlin/Bonn/München 1989

- Die Struktur des allgemeinen Gleichheitssatzes, Köln/Berlin/Bonn/München 1995

Böckenförde, Ernst-Wolfgang: Die verfassungstheoretische Unterscheidung von Staat und Gesellschaft als Bedingung individueller Freiheit, Opladen 1973

- Grundrechtstheorie und Grundrechtsinterpretation, NJW 1974, S. 1529

- Die sozialen Grundrechte im Verfassungsgefüge, in: Böckenförde, Ernst-Wolfgang/Jekewitz, Jürgen/Ramm, Thilo (Hrsg.), Soziale Grundrechte. Von der bürgerlichen zur sozialen Rechtsordnung, Heidelberg/Karlsruhe 1981, S. 7

- Diskussionsbeitrag, in: VVDStRL 41 (1983), S. 114

- Weichenstellungen der Grundrechtsdogmatik, Der Staat 29 (1990), S. 1

- Zur Lage der Grundrechtsdogmatik nach 40 Jahren Grundgesetz, München 1990 (Zur Lage der Grundrechtsdogmatik)

- Der deutsche Typ der konstitutionellen Monarchie im 19. Jahrhundert, in: ders., Recht, Staat, Freiheit. Studien zur Rechtsphilosophie, Staatstheorie und Verfassungsgeschichte, Frankfurt a. M. 1991, S. 273

- Die verfassunggebende Gewalt des Volkes - Ein Grenzbegriff des Verfassungsrechts, in: ders., Staat, Verfassung, Demokratie. Studien zur Verfassungstheorie und zum Verfassungsrecht, Frankfurt a. M. 1991, S. 90

Boemke, Burkhard: Kontrahierungszwang im Arbeitsrecht wegen Grundrechtsverletzung?, NJW 1993, S. 2083

Braczyk, Boris Alexander: Karl Larenz' völkisch-idealistische Rechtsphilosophie, ARSP 1993, S. 99

- Besprechung von Dias, Maria Clara: Die sozialen Grundrechte. Eine philosophische Untersuchung der Frage nach den Menschenrechten, Konstanz 1993, ARSP 82 (1996), S. 143

Braczyk, Hans-Joachim: Wie wird die organisatorische Restrukturierung vorangebracht? - Handlungsfolgen der Lean Production, in: Akademie für Technikfolgenabschätzung in Baden-Württemberg (Hrsg.), TA-Informationen Ausgabe 2/3 1995, S. 2

Braczyk, Hans-Joachim/*Schienstock*, Gerd: Im 'Lean-Expreß' zu einem neuen Produktionsmodell? 'Lean Production' in Wirtschaftsunternehmen Baden-Württembergs - Konzepte, Wirkungen, Folgen, in: dies. (Hrsg.), Kurswechsel in der Industrie. Lean Production in Baden-Württemberg, Stuttgart/Berlin/Köln 1996, S. 269

Brecher, Fritz: Grundrechte im Betrieb, in: Dietz, Rolf (Hrsg.), Festschrift für Hans Carl Nipperdey zum 70. Geburtstag, Band 2, S. 29

Breuer, Rüdiger: Grundrechte als Anspruchsnormen, in: Bachof, Otto/Heigl, Ludwig/Redeker, Konrad (Hrsg.): Verwaltungsrecht zwischen Freiheit, Teilhabe und Bindung. Festgabe aus Anlaß des 25jährigen Bestehens des Bundesverwaltungsgerichts, München 1978, S. 89

Bydlinski, Franz: Bemerkungen über Grundrechte und Privatrecht, ÖZöR XII (1962/63), S. 423

Canaris, Claus-Wilhelm: Grundrechte und Privatrecht, AcP 184 (1984), S. 201

- Erwiderung [auf Jürgen Schwabe, AcP 185 (1985), S. 1], AcP 185 (1985), S. 9

- Verstöße gegen das verfassungsrechtliche Übermaßverbot im Recht der Geschäftsfähigkeit und im Schadensersatzrecht, JZ 1987, S. 993

- Grundrechtswirkungen und Verhältnismäßigkeitsprinzip in der richterlichen Anwendung und Fortbildung des Privatrechts, JuS 1989, S. 161

Degenhart, Christoph: Staatsrecht I. Staatszielbestimmungen, Staatsorgane, Staatsfunktionen, 6. Aufl., Heidelberg 1990 (Staatsrecht I)

Deutsch, Erwin: Der Beitrag des Rechts zur klinischen Forschung in der Medizin, NJW 1995, S. 3019

Di Fabio, Udo: Grundrechte im präzeptoralen Staat am Beispiel hoheitlicher Informationstätigkeit, JZ 1993, S. 689

Dietlein, Johannes: Die Lehre von den grundrechtlichen Schutzpflichten, Berlin 1992

Dürig, Günter: Grundrechte und Zivilrechtsprechung, in: Maunz, Theodor (Hrsg.), Vom Bonner Grundgesetz zur gesamtdeutschen Verfassung. Festschrift zum 75. Geburtstag von Hans Nawiasky, München 1956, S. 157

Dütz, Wilhelm: Arbeitsrecht, München 1990

Eckhoff, Rolf: Der Grundrechtseingriff, Köln/Berlin/Bonn/München 1992

Eckhold-Schmidt, Friedel: Legitimation durch Begründung. Eine erkenntniskritische Analyse der Drittwirkungs-Kontroverse, Berlin 1974 (Legitimation durch Begründung)

Eiberle-Herm, Viggo: Gentechnologie und Parlamentsvorbehalt, NuR 1990, S. 204

Enders, Christoph: Neubegründung des öffentlich-rechtlichen Nachbarschutzes aus der grundrechtlichen Schutzpflicht? Konsequenzen aus dem Gentechnikbeschluß des VGH Kassel vom 6. 11. 1989, AöR 115 (1990), S. 610

Engisch, Karl: Die Einheit der Rechtsordnung, Heidelberg 1935

Enneccerus, Ludwig/*Nipperdey*, Hans Carl: Allgemeiner Teil des Bürgerlichen Rechts, 1. Band, 15. Aufl., Tübingen 1959 (AT I)

Fehlau, Meinhard: Die Schranken der freien Religionsausübung, JuS 1993, S. 441

Fluck, Jürgen: Grundrechtliche Schutzpflichten und Gentechnik, UPR 1990, S. 81

Fritz, Klaus: Zivilrechtliche Abwehrmöglichkeiten gegen elektromagnetische Felder, BB 1995, S. 2122

Fritzsch, Harald: Und sie sind doch teilbar ..., Süddeutsche Zeitung vom 15. Februar 1996, S. 29

Gamillscheg, Franz: Die Grundrechte im Arbeitsrecht, AcP 164 (1964), S. 385

- Die Grundrechte im Arbeitsrecht, Berlin 1989

Gernhuber, Joachim: "Das völkische Recht". Ein Beitrag zur Rechtstheorie des Nationalsozialismus, in: Tübinger Festschrift für E. Kern. Herausgegeben von der Rechtswissenschaftlichen Abteilung der Rechts- und Wirtschaftswissenschaftlichen Fakultät der Universität Tübingen, Tübingen 1968, S. 167

Goerlich, Helmut: Wertordnung und Grundgesetz. Kritik einer Argumentationsfigur des Bundesverfassungsgerichts, Baden-Baden 1973 (Wertordnung und Grundgesetz)

- Grundrechte als Verfahrensgarantien. Ein Beitrag zum Verständnis des Grundgesetzes für die Bundesrepublik Deutschland, Baden-Baden 1981 (Grundrechte als Verfahrensgarantien)

Goetz, Volkmar: Grundpflichten als verfassungsrechtliche Dimension, VVDStRL 41 (1983), S. 7

- Allgemeines Polizei- und Ordnungsrecht, 10. Aufl., Göttingen 1991

Grabitz, Eberhard: Freiheit und Verfassungsrecht. Kritische Untersuchungen zur Dogmatik und Theorie der Freiheitsrechte, Tübingen 1976 (Freiheit und Verfassungsrecht)

Greffrath, Matthias: Die Ballade vom Bündnis für Arbeit. Europa könnte die Welt zum zweiten Mal revolutionieren, Süddeutsche Zeitung vom 22. Februar 1996, S. 11

Grimm, Dieter: Rückkehr zum liberalen Grundrechtsverständnis?, recht 1988, S. 41

Habermas, Jürgen: Faktizität und Geltung. Beiträge zur Diskurstheorie des Rechts und des demokratischen Rechtsstaats, 4. Aufl., Frankfurt a. M. 1994 (Faktizität und Geltung)

Häberle, Peter: Grundrechte im Leistungsstaat, VVDStRL 30 (1972), S. 43

- Die Wesensgehaltgarantie des Art. 19 Abs. 2 Grundgesetz. Zugleich ein Beitrag zum institutionellen Verständnis der Grundrechte und zur Lehre vom Gesetzesvorbehalt, 3. Aufl., Heidelberg 1983 (Die Wesensgehaltgarantie des Art. 19 Abs. 2 Grundgesetz)

- Besprechung von Alexy, Robert: Theorie der Grundrechte, Frankfurt a. M. 1986, Der Staat 26 (1987), S. 135

- Das Konzept der Grundrechte (Derechos Fundamentales), Rechtstheorie 24 (1993), S. 397

Hager, Johannes: Grundrechte im Privatrecht, JZ 1994, S. 373

Hailbronner, Kay: Diskussionsbeitrag, in: VVDStRL 41 (1983), S. 108

Hartwig, Matthias: Die Krise der deutschen Staatslehre und die Rückbesinnung auf Hegel in der Weimarer Zeit, in: Jermann, Christoph (Hrsg.), Anspruch und Leistung von Hegels Rechtsphilosophie, Stuttgart-Bad Cannstatt 1987, S. 239

Haverkate, Görg: Verfassungslehre. Verfassung als Gegenseitigkeitsordnung, München 1992 (Verfassungslehre)

Hegel, Georg Wilhelm Friedrich: Phänomenologie des Geistes, Werke 3 (herausgegeben von Eva Moldenhauer und Karl Markus Michel), 3. Aufl., Frankfurt a. M. 1991

- Wissenschaft der Logik, Band 2, Erster Teil: Die objektive Logik. Zweites Buch; Zweiter Teil: Die subjektive Logik, Werke 6 (herausgegeben von Eva Moldenhauer und Karl Markus Michel), 2. Aufl., Frankfurt a. M. 1990

- Grundlinien der Philosophie des Rechts, oder: Naturrecht und Staatswissenschaft im Grundrisse. Mit Hegels eigenhändigen Notizen und den mündlichen Zusätzen, Werke 7 (herausgegeben von Eva Moldenhauer und Karl Markus Michel), 2. Aufl., Frankfurt a. M. 1989 (Grundlinien der Philosophie des Rechts)

- Enzyklopädie der philosophischen Wissenschaften im Grundrisse (1830). Erster Teil: Die Wissenschaft der Logik. Mit den mündlichen Zusätzen [§§ 1 bis 244], Werke 8 (herausgegeben von Eva Moldenhauer und Karl Markus Michel), 3. Aufl., Frankfurt a. M. 1992 (Enzyklopädie der philosophischen Wissenschaften)

- Enzyklopädie der philosophischen Wissenschaften im Grundrisse (1830). Dritter Teil: Die Philosophie des Geistes. Mit den mündlichen Zusätzen [§§ 377 bis 577], Werke 10 (herausgegeben von Eva Moldenhauer und Karl Markus Michel), 2. Aufl., Frankfurt a. M. 1992 (Enzyklopädie der philosophischen Wissenschaften)

Hehl, Susanne: Die Neuregelung des Asylrechts, ZRP 1993, S. 301

Hellermann, Johannes: Die sogenannte negative Seite der Freiheitsrechte, Berlin 1993

Henke, Wilhelm: Verfassunggebende Gewalt des Volkes in Lehre und Wirklichkeit, Der Staat 7 (1968), S. 165

Hermes, Georg: Das Grundrecht auf Schutz von Leben und Gesundheit. Schutzpflicht und Schutzanspruch aus Art. 2 Abs. 2 Satz 1 GG, Heidelberg 1987 (Das Grundrecht auf Schutz von Leben und Gesundheit)

- Grundrechtsschutz durch Privatrecht auf neuer Grundlage? Das BVerfG zu Schutzpflicht und mittelbarer Drittwirkung der Berufsfreiheit, NJW 1990, S. 1764

Hesse, Konrad: Verfassungsrecht und Privatrecht, Heidelberg 1988

- Grundzüge des Verfassungsrechts der Bundesrepublik Deutschland, 18. Aufl., Heidelberg 1991 (Grundzüge)

Heun, Werner: Funktionell-rechtliche Schranken der Verfassungsgerichtsbarkeit. Reichweite und Grenzen einer dogmatischen Argumentationsfigur, Baden-Baden 1992 (Funktionell-rechtliche Schranken der Verfassungsgerichtsbarkeit)

Hillgruber, Christian: Abschied von der Privatautonomie?, ZRP 1995, S. 6

Hiltl, Christoph/*Großmann*, Klaus: Grundfragen des neuen deutschen Telekommunikationsrechts, BB 1996, S. 169

Hirsch, Günter: Keine Gentechnik ohne Gesetz? NJW 1990, S. 1445

Hirsch, Günter/*Schmidt-Didczuhn*, Andrea: Gentechnikgesetz mit Gentechnikverordnungen (Kommentar), München 1991 (Gentechnikgesetz)

Hobbes, Thomas: Leviathan: Or, the matter, form, and power of a commonwealth, ecclesiastical and civil, in: The English works of Thomas Hobbes of Malmesbury; now first collected and edited by Sir William Molesworth, Bart., Vol. III, London 1839 [Second Reprint, Aalen 1966] (Leviathan)

Höfling, Wolfram: Offene Grundrechtsinterpretation. Grundrechtsauslegung zwischen amtlichem Interpretationsmonopol und privater Konkretisierungskompetenz, Berlin 1987 (Offene Grundrechtsinterpretation)

- Vertragsfreiheit. Eine grundrechtsdogmatische Studie, Heidelberg 1991 (Vertragsfreiheit)

Hösle, Vittorio: Die Stellung von Hegels Philosophie des objektiven Geistes in seinem System und ihre Aporie, in: Jermann, Christoph (Hrsg.), Anspruch und Leistung von Hegels Rechtsphilosophie, Stuttgart-Bad Cannstatt 1987, S. 11

- Hegels System. Der Idealismus der Subjektivität und das Problem der Intersubjektivität, Band 1: Systementwicklung und Logik, Band 2: Philosophie der Natur und des Geistes, Hamburg 1987 (Hegels System, Bandangabe)

Hofmann, Hasso: Grundpflichten als verfassungsrechtliche Dimension, VVDStRL 41 (1983), S. 42

Huster, Stefan: Rechte und Ziele. Zur Dogmatik des allgemeinen Gleichheitssatzes, Berlin 1993 (Rechte und Ziele)

Ipsen, Jörn: Die Bewältigung der wissenschaftlichen und technischen Entwicklungen durch das Verwaltungsrecht, VVDStRL 48 (1990), S. 177

Isensee, Josef: Das Grundrecht auf Sicherheit. Zu den Schutzpflichten des freiheitlichen Verfassungsstaates, Berlin/New York 1983 (Das Grundrecht auf Sicherheit)

Isensee, Josef/*Kirchhof*, Paul (Hrsg.): Handbuch des Staatsrechts der Bundesrepublik Deutschland in sieben Bänden, Heidelberg 1987 ff. (HbStR, mit Angabe der Bandnummer in römischen Ziffern)

Jarass, Hans D.: Grundrechte als Wertentscheidungen bzw. objektivrechtliche Prinzipien in der Rechtsprechung des Bundesverfassungsgerichts, AöR 110 (1985), S. 363

Jarass, Hans D./*Pieroth*, Bodo: Grundgesetz für die Bundesrepublik Deutschland. Kommentar, 2. Aufl., München 1992 (GG)

Jauernig, Othmar: Zivilprozeßrecht, 23. Aufl., München 1991

Jescheck, Hans-Heinrich: Lehrbuch des Strafrechts. Allgemeiner Teil, 4. Aufl., Berlin 1988

Jung, Eberhard: Das Recht auf Gesundheit. Versuch einer Grundlegung des Gesundheitsrechts der Bundesrepublik Deutschland, München 1982 (Das Recht auf Gesundheit)

Kadelbach, Stefan: Allgemeinheit der Grundrechte und Vielfalt der Gesellschaft. Bericht über die 34. Assistententagung Öffentliches Recht in Wien vom 1. bis 4. März 1994, DVBl. 1994, S. 627

Kant, Immanuel: Die Metaphysik der Sitten, Werkausgabe Band VIII (herausgegeben von Wilhelm Weischedel), 10. Aufl., Frankfurt a. M. 1993

Kelsen, Hans: Reine Rechtslehre, 1. Aufl., Leipzig/Wien 1934 (Neudruck mit Vorwort von Stanley L. Paulson, Aalen 1985)

Kiesewetter, Hubert: Von Hegel zu Hitler. Eine Analyse der Hegelschen Machtstaatsideologie und der politischen Wirkungsgeschichte des Rechtshegelianismus, Hamburg 1974

Kirchhof, Paul: Der Auftrag des Grundgesetzes an die rechtsprechende Gewalt, in: Richterliche Rechtsfortbildung. Erscheinungsformen, Auftrag und Grenzen. Festschrift der Juristischen Fakultät zur 600-Jahr-Feier der Ruprecht-Karls-Universität Heidelberg, herausgegeben von den Hochschullehrern der Juristischen Fakultät der Universität Heidelberg, Heidelberg 1986, S. 11

Kisker, Gunter: Ein Grundrecht auf Teilhabe an Herrschaft? Zur verfassungsrechtlichen Fundierung von Mitbestimmung, in: Faller, Hans Joachim/Kirchhof, Paul/Träger, Ernst (Hrsg.), Verantwortlichkeit und Freiheit. Die Verfassung als wertbestimmte Ordnung. Festschrift für Willi Geiger zum 80. Geburtstag, Tübingen 1989, S. 243

Klein, Hans Hugo: Die Grundrechte im demokratischen Staat. Kritische Bemerkungen zur Auslegung der Grundrechte in der deutschen Staatsrechtslehre der Gegenwart, Stuttgart/Berlin/Köln/Mainz 1974 (Die Grundrechte im demokratischen Staat)

-   Die grundrechtliche Schutzpflicht, DVBl. 1994, S. 89

Klenner, Hermann: Der Grund der Grundrechte bei Hegel, Schweizer Monatshefte 1967, S. 252

Knemeyer, Franz-Ludwig: Polizei- und Ordnungsrecht, 4. Aufl., München 1991

Kokert, Josef: Der Begriff des Typus bei Karl Larenz, Berlin 1995

Koll, Mathias: Die Grundlagen der Wandlung des materiellen Verfassungsbegriffs als Vorstudien zur Problematik der Drittwirkung der Grundrechte, Diss. Köln 1961 (Die Grundlagen der Wandlung des materiellen Verfassungsbegriffs)

Kopp, Ferdinand: Grundrechtliche Schutz- und Förderungspflichten der öffentlichen Hand, NJW 1994, S. 1753

Krebs, Walter: Vorbehalt des Gesetzes und Grundrechte. Vergleich des traditionellen Eingriffsvorbehalts mit den Grundrechtsbestimmungen des Grundgesetzes, Berlin 1975 (Vorbehalt des Gesetzes und Grundrechte)

-   Freiheitsschutz durch Grundrechte, Jura 1988, S. 617

Kriele, Martin: Recht und praktische Vernunft, Göttingen 1979

Kubicek, Herbert: Duale Informationsordnung als Sicherung des öffentlichen Zugangs zu Informationen. Was kann man von den aktuellen Konzepten und Politikprozessen in den USA lernen?, CR 1995, S. 370

Ladeur, Karl-Heinz: Klassische Grundrechtsfunktion und 'post-moderne' Grundrechtstheorie. Eine Auseinandersetzung mit B. Schlink (EuGRZ 1984, S. 457 ff.), KJ 1986, S. 197

-   Drittschutz bei der Genehmigung gentechnischer Anlagen, NVwZ 1992, S. 948

-   Das Umweltrecht der Wissensgesellschaft. Von der Gefahrenabwehr zum Risikomanagement, Berlin 1995 (Das Umweltrecht der Wissensgesellschaft)

Lange, Klaus: Egozentrik als Verfassungsprinzip? Zur Bedeutung von sozialen Grundrechten und Staatszielbestimmungen in einer deutschen Verfassung, NG/FH 1991, S. 832

Larenz, Karl: Die Wirklichkeit des Rechts, Logos Bd. XVI (1927), S. 204

- Hegels Zurechnungslehre und der Begriff der objektiven Zurechnung, Leipzig 1927

- Über Gegenstand und Methode des völkischen Rechtsdenkens, Berlin 1938

- Rechts- und Staatsphilosophie der Gegenwart, 2. Aufl., Berlin 1935

- Methodenlehre der Rechtswissenschaft, 1. Aufl., Berlin/Göttingen/Heidelberg 1960 (Methodenlehre, 1. Aufl.)

- Lehrbuch des Schuldrechts, Band I, Allgemeiner Teil, 14. Aufl., München 1987

- Allgemeiner Teil des deutschen Bürgerlichen Rechts, 7. Aufl., München 1989

- Methodenlehre der Rechtswissenschaft, 6. Aufl., Berlin/Heidelberg/New York/London/Paris/Tokyo/Hong Kong/Barcelona/Budapest 1991 (Methodenlehre)

Larenz, Karl/*Canaris*, Claus-Wilhelm: Lehrbuch des Schuldrechts, Band II, Halbband 2, 13. Aufl., München 1994

Leenen, Detlef: Typus und Rechtsfindung. Die Bedeutung der typologischen Methode für die Rechtsfindung dargestellt am Vertragsrecht des BGB, Berlin 1971 (Typus und Rechtsfindung)

Leipziger Kommentar zum Strafgesetzbuch (herausgegeben von Hans-Heinrich Jescheck, Wolfgang Ruß und Günther Willms), 10. Aufl., Zweiter Band, Berlin/New York 1985

Leisner, Walter: Grundrechte und Privatrecht, München 1960

Lepsius, Oliver: Die gegensatzaufhebende Begriffsbildung. Methodenentwicklungen in der Weimarer Republik und ihr Verhältnis zur Ideologisierung der Rechtswissenschaft unter dem Nationalsozialismus, München 1994 (Die gegensatzaufhebende Begriffsbildung)

Link, Christoph: Staatszwecke im Verfassungsstaat - nach 40 Jahren Grundgesetz, VVDStRL 48 (1990), S. 7

Luchterhandt, Otto: Grundpflichten als Verfassungsproblem in Deutschland. Geschichtliche Entwicklung und Grundpflichten unter dem Grundgesetz, Berlin 1988 (Grundpflichten als Verfassungsproblem in Deutschland)

Lübbe-Wolff, Gertrude: Über das Fehlen von Grundrechten in Hegels Rechtsphilosophie. Zugleich ein Beitrag zum Verständnis der historischen Grundlagen des Hegelschen Staatsbegriffs, in: Lucas, Hans-Christian/Pöggeler, Otto (Hrsg.), Hegels Rechtsphilosophie im Zusammenhang der europäischen Verfassungsgeschichte, Stuttgart-Bad Cannstatt 1986, S. 421

- Die Grundrechte als Eingriffsabwehrrechte. Struktur und Reichweite der Eingriffsdogmatik im Bereich staatlicher Leistungen, Baden-Baden 1988 (Die Grundrechte als Eingriffsabwehrrechte)

Majewski, Otto: Auslegung der Grundrechte durch einfaches Gesetzesrecht? Zur Problematik der sogenannten Gesetzmäßigkeit der Verfassung, Berlin 1971 (Auslegung der Grundrechte durch einfaches Gesetzesrecht?)

Mangoldt, Hermann v./*Klein*, Friedrich: Das Bonner Grundgesetz, 2. Aufl. (unveränderter Nachdruck), Band I, Berlin/Frankfurt a. M. 1966 (Das Bonner GG)

Mangoldt, Hermann v./*Klein*, Friedrich/*Starck*, Christian: Das Bonner Grundgesetz, Band 1, 3. Aufl., München 1985 (Das Bonner GG)

Martens, Wolfgang: Grundrechte im Leistungsstaat, VVDStRL 30 (1972), S. 7

Maunz, Theodor/*Dürig*, Günter (Hrsg.): Kommentar zum Grundgesetz (Loseblattwerk), München, Stand Dezember 1992 (GG)

Maunz, Theodor/*Zippelius*, Reinhold: Deutsches Staatsrecht, 29. Aufl., München 1994

Maurer, Hartmut: Allgemeines Verwaltungsrecht, 9. Aufl., München 1994

McDaniel, Jay R.: Electronic torts and videotex - at the junction of commerce and communication, Rutgers Computer and Technology Law Journal, Vol. 18 (1992), p. 773.

Medicus, Dieter: Der Grundsatz der Verhältnismäßigkeit im Privatrecht, AcP 192 (1992), S. 35

-   Schuldrecht II - Besonderer Teil, 5. Aufl., München 1992

Menk, Thomas Michael: Der moderne Staat und seine Ironiker. Adnoten zur Staatstheorie polyzentrischer Gesellschaft, Der Staat 31 (1992), S. 571

Merkl, Adolf: Die Lehre von der Rechtskraft - entwickelt aus dem Rechtsbegriff, Leipzig und Wien 1923, (Die Lehre von der Rechtskraft)

Müller, Friedrich: Die Positivität der Grundrechte. Fragen einer praktischen Grundrechtsdogmatik, Berlin 1969 (Die Positivität der Grundrechte)

Münch, Ingo von/*Kunig*, Philip: Grundgesetz-Kommentar, Band 1, 4. Aufl., München 1992 (GG)

Murswiek, Dietrich: Die staatliche Verantwortung für die Risiken der Technik - Verfassungsrechtliche Grundlagen und immissionsschutzrechtliche Ausformung, Berlin 1985 (Die staatliche Verantwortung für die Risiken der Technik)

-   Privater Nutzen und Gemeinwohl im Umweltrecht. Zu den überindividuellen Voraussetzungen individueller Freiheit, DVBl. 1994, S. 77

Nipperdey, Hans Carl: Gleicher Lohn der Frau für gleiche Leistung. Ein Beitrag zur Auslegung der Grundrechte, RdA 1950, S. 121

-   Grundrechte und Privatrecht, Krefeld 1961

-   Grundrechte und Privatrecht, in: Nipperdey, Hans Carl (Hrsg.), Festschrift für Erich Molitor zum 75. Geburtstag, München/Berlin 1962, S. 17

Ott, Walter: Der Rechtspositivismus. Kritische Würdigung auf der Grundlage eines juristischen Pragmatismus, 2. Aufl., Berlin 1992 (Der Rechtspositivismus)

Palandt, Otto: Bürgerliches Gesetzbuch, 54. Auflage, München 1995

Parlamentarischer Rat: Schriftlicher Bericht zum Entwurf des Grundgesetzes für die Bundesrepublik Deutschland (Anlage zum stenographischen Bericht der 9. Sitzung des Parlamentarischen Rates am 6. Mai 1949, Bonn 1948/49 (Schriftlicher Bericht)

Pawlowski, Hans-Martin: Methodenlehre für Juristen. Theorie der Norm und des Gesetzes. Ein Lehrbuch, 2. Aufl., Heidelberg 1991 (Methodenlehre für Juristen)

Pieroth, Bodo/*Schlink*, Bernhard: Grundrechte. Staatsrecht II, 6. Aufl., Heidelberg 1990

-   Grundrechte. Staatsrecht II, 9. Aufl., Heidelberg 1993 (Grundrechte, 9. Aufl.)

-   Grundrechte. Staatsrecht II, 11. Aufl., Heidelberg 1995 (Grundrechte)

Pietzcker, Jost: Die Rechtsfigur des Grundrechtsverzichts, Der Staat 17 (1978), S. 527

-   Drittwirkung - Schutzpflicht - Eingriff, in: Maurer, Hartmut (Hrsg.), Das akzeptierte Grundgesetz. Festschrift für Günter Dürig zum 70. Geburtstag, München 1990, S. 345

Pietzner, Rainer/*Ronellenfitsch*, Michael: Das Assessorexamen im Öffentlichen Recht. Widerspruchsverfahren und Verwaltungsprozeß, 8. Aufl., Düsseldorf 1993 (Das Assessorexamen im Öffentlichen Recht)

Podlech, Adalbert: Gehalt und Funktionen des allgemeinen verfassungsrechtlichen Gleichheitssatzes, Berlin 1971

Pohlmann, Andreas: Neuere Entwicklungen im Gentechnikrecht. Rechtliche Grundlagen und aktuelle Gesetzgebung für gentechnische Industrievorhaben, Berlin 1990 (Neuere Entwicklungen im Gentechnikrecht)

Preis, Ulrich: Grundfragen der Vertragsgestaltung im Arbeitsrecht, Neuwied/Kriftel/Berlin 1993

Preu, Peter: Freiheitsgefährdung durch die Lehre von den grundrechtlichen Schutzpflichten. Überlegungen aus Anlaß des Gentechnikanlagen-Beschlusses des Hessischen Verwaltungsgerichtshofs, JZ 1990, 88, JZ 1991, S. 265

Ramm, Thilo: Die Freiheit der Willensbildung. Zur Lehre von der Drittwirkung der Grundrechte und der Rechtsstruktur der Vereinigung, Stuttgart 1960 (Die Freiheit der Willensbildung)

-   Grundrechte und Arbeitsrecht, JZ 1991, S. 1

Ramsauer, Ulrich: Die Assessorprüfung im öffentlichen Recht, 2. Aufl., München 1993

Reiners, Ludwig: Stilkunst. Ein Lehrbuch Deutscher Prosa, Ungekürzte Sonderausgabe, München 1976 (Stilkunst)

Rennert, Klaus: Die Verfassungswidrigkeit 'falscher' Gerichtsentscheidungen, NJW 1991, S. 12

Ress, Georg: Staatszwecke im Verfassungsstaat - nach 40 Jahren Grundgesetz, VVDStRL 48 (1990), S. 56

Richardi, Reinhard/*Wlotzke*, Otfried (Hrsg.): Münchener Handbuch zum Arbeitsrecht, Band 1, Individualarbeitsrecht I, München 1992

Robbers, Gerhard: Der Grundrechtsverzicht. Zum Grundsatz 'volenti non fit iniuria' im Verfassungsrecht, JuS 1985, S. 925

-   Sicherheit als Menschenrecht. Aspekte der Geschichte, Begründung und Wirkung einer Grundrechtsfunktion, Baden-Baden 1987 (Sicherheit als Menschenrecht)

Rose, Matthias: Gentechnik und Vorbehalt des Gesetzes, DVBl. 1990, S. 279

Roßnagel, Alexander: Grundrechte und Kernkraftwerke (herausgegeben von Wolfgang Lienemann), Heidelberg 1979

- Radioaktiver Zerfall der Grundrechte? Zur Verfassungsverträglichkeit der Kernenergie, München 1984 (Radioaktiver Zerfall der Grundrechte?)

- Die Verfassungsverträglichkeit von Technik-Systemen am Beispiel der Informations- und Kommunikationstechnik, in: Graf von Westphalen, Raban (Hrsg.), Technikfolgenabschätzung als politische Aufgabe, München/Wien 1988, S. 342

- Rechtswissenschaftliche Technikfolgenforschung. Umrisse einer Forschungsdisziplin, Baden-Baden 1993 (Rechtswissenschaftliche Technikfolgenforschung)

Rothkegel, Ralf: Ewigkeitsgarantie für das Asylrecht?, ZRP 1992, S. 222

Rüfner, Wolfgang: Drittwirkung der Grundrechte. Versuch einer Bilanz, in: Selmer, Peter/von Münch, Ingo (Hrsg.), Gedächtnisschrift für Wolfgang Martens, Berlin/New York 1987, S. 215

Rüthers, Bernd: Entartetes Recht. Rechtslehren und Kronjuristen im Dritten Reich, 2. Aufl., München 1989 (Entartetes Recht)

Rupp, Hans Heinrich: Vom Wandel der Grundrechte, AöR 101 (1976), S. 161

- Anmerkung zu VGH Kassel JZ 1990, S. 88, JZ 1990, S. 91

Salzwedel, Jürgen: Gleichheitsgrundsatz und Drittwirkung, in: Carstens, Karl/Peters, Hans (Hrsg.), Festschrift. Hermann Jahrreiss zu seinem siebzigsten Geburtstag - 19. August 1964 - gewidmet, Köln/Berlin/Bonn/München 1964, S. 339

Schachtschneider, Karl Albrecht: Res publica res populi. Grundlegung einer Allgemeinen Republiklehre. Ein Beitrag zur Freiheits-, Rechts- und Staatslehre, Berlin 1994 (Res Publica res populi)

Scherzberg, Arno: Grundrechtsschutz und "Eingriffsintensität". Das Maß individueller Grundrechtsbetroffenheit als materiellrechtliche und kompetenzielle Determinante der verfassungsgerichtlichen Kontrolle der Fachgerichtsbarkeit im Rahmen der Urteilsverfassungsbeschwerde, Berlin 1989 (Grundrechtsschutz und "Eingriffsintensität")

Schild, Wolfgang: Die reinen Rechtslehren. Gedanken zu Hans Kelsen und Robert Walter, Wien 1975 (Die reinen Rechtslehren)

- Systematische Überlegungen zur Fundierung und Konkretisierung der Menschenrechte, in: Schwartländer, Johannes (Hrsg.), Menschenrechte - Aspekte ihrer Begründung und Verwirklichung, Tübingen 1978, S. 37

- Freiheit - Gleichheit - 'Selbständigkeit' (Kant): Strukturmomente der Freiheit, in: Schwartländer, Johannes (Hrsg.), Menschenrechte und Demokratie, Kehl am Rhein/Straßburg 1981, S. 135

- Das Gericht in Hegels Rechtsphilosophie, in: Nagl-Docekal, Herta, Überlieferung und Aufgabe, Festschrift für Erich Heintel zum 70. Geburtstag, Zweiter Teilband, Wien 1982, S. 267

- Das Problem eines Rechts auf Arbeit bei Karl Marx, in: Ryffel, Hans/Schwartländer, Johannes (Hrsg.), Das Recht des Menschen auf Arbeit, Kehl am Rhein/Straßburg 1983

- Die Objektivität des Geistes als Thema der Rechtsphilosophie Hegels, in: Krawietz, Werner/ Mayer-Maly, Theo/Weinberger, Ota (Hrsg.), Objektivierung des Rechtsdenkens. Gedächtnisschrift für Ilmar Tammelo, Berlin 1984, S. 377

- Das 'doppelsinnige' Freiheitsrecht auf Meinung. Vorbemerkungen zur Begründung von Menschenrechten, in: Schwartländer, Johannes/Riedel, Eibe (Hrsg.), Neue Medien und Meinungsfreiheit im nationalen und internationalen Kontext, Kehl am Rhein/ Straßburg/Arlington, Va. 1990 (Neue Medien und Meinungsfreiheit), S. 169

- Rechtswissenschaft oder Jurisprudenz. Bemerkungen zu den Schwierigkeiten der Juristen mit Hegels Rechtsphilosophie, in: Alexy, Robert/Dreier, Ralf/Neumann, Ulfrid, ARSP-Beiheft 44 (1991), S. 328 ff.

- Abstrakte und konkrete Rechtslehre. Zu den Schwierigkeiten eines Verständnisses der reinen Rechtslehre Kelsens., Rechtsphilosophische Hefte 1992, S. 97

- Menschenrechtsethos und Weltgeist. Eine Hegel-Interpretation, in: Bielefeldt, Heiner/ Brugger, Winfried/Dicke, Klaus, Würde und Recht des Menschen. Festschrift für Johannes Schwartländer zum 70. Geburtstag, Würzburg 1992, S. 199

- Spekulationen zum systematischen Aufbau von Hegels Grundlinien der Philosophie des Rechts' (1820), Wiener Jahrbuch für Philosophie 24 (1992), S. 127

- Das Urteil des Königs Salomo. Reflexionen zur Rechtsprechung zwischen Weisheit und Methode, in: Haft, Fritjof/Hassemer, Winfried/Neumann, Ulfrid/Schild, Wolfgang/ Schroth, Ulrich (Hrsg.), Strafgerechtigkeit. Festschrift für Arthur Kaufmann zum 70. Geburtstag, Heidelberg 1993, S. 281

- Die Aktualität der praktischen Philosophie Hegels, Manuskript zu einem Seminar über dieses Thema vom 29. März bis 2. April 1993 am Istituto Italiano per gli Studi Filosofici, Neapel (Die Aktualität der praktischen Philosophie Hegels)

- Vom Wert und Nutzen eines systematischen Rechtsdenkens, in: Klein, Hans-Dieter (Hrsg.), Systeme im Denken der Gegenwart, Bonn 1993, S. 180

- Bemerkungen zum "Antijuridismus" Hegels, in: Sprenger, Gerhard (Hrsg.) Festschrift für Hermann Klenner, 1996 (im Erscheinen, zitiert nach dem Manuskript)

- Die Legitimation des Grundgesetzes als der Verfassung Deutschlands in der Perspektive Hegels, in: Brugger, Winfried (Hrsg.), Legitimation des Grundgesetzes aus Sicht von Rechtsphilosophie und Gesellschaftstheorie, Baden-Baden 1996 (im Erscheinen, zitiert nach dem Manuskript)

Schlink, Bernhard: Abwägung im Verfassungsrecht, Berlin 1976

- Besprechung von Suhr, Dieter: Entfaltung der Menschen durch die Menschen. Zur Grundrechtsdogmatik der Persönlichkeitsentfaltung, der Ausübungsgemeinschaften und des Eigentums, Berlin 1976, Der Staat 18 (1979), S. 615

- Freiheit durch Eingriffsabwehr - Rekonstruktion der klassischen Grundrechtsfunktion, EuGRZ 1984, S. 457

- Die Bewältigung der wissenschaftlichen und technischen Entwicklungen durch das Verwaltungsrecht, VVDStRL 48 (1990), S. 235

Schmid, Walter: Zur sozialen Wirklichkeit des Vertrages, Berlin 1983

Schmidt, Walter: Staats- und Verwaltungsrecht. Pflichtfachstoff für Übung und Examen, Frankfurt a. M. 1985 (Staats- und Verwaltungsrecht)

Schmidt-Bleibtreu, Bruno/*Klein*, Franz: Kommentar zum Grundgesetz der Bundesrepublik Deutschland, 8. Aufl., Neuwied/Kriftel/Berlin 1995 (GG)

Schmitt, Carl: Die Tyrannei der Werte, in: Säkularisation und Utopie. Ebracher Studien. Ernst Forsthoff zum 65. Geburtstag, Stuttgart/Berlin/Köln/Mainz 1967, S. 37

- Verfassungslehre, 4. Aufl. der 1928 erschienenen ersten Auflage, Berlin 1965

- Der Leviathan in der Staatslehre des Thomas Hobbes. Sinn und Fehlschlag eines politischen Symbols, Köln 1982 [Nachdruck der Erstausgabe Hamburg 1938] (Der Leviathan in der Staatslehre des Thomas Hobbes)

Scholz, Rupert: Verfassungsfragen zur Gentechnik, in: Franßen, Eberhardt/Redeker, Konrad/ Schlichter, Otto/Wilke, Dieter (Hrsg.), Bürger - Richter - Staat, Festschrift für Horst Sendler zum Abschied aus seinem Amt, München 1991, S. 93

Schreckenberger, Waldemar: Der moderne Verfassungsstaat und die Idee der Weltgemeinschaft, Der Staat 34 (1995), S. 503

Schumann, Ekkehard: Verfassungs- und Menschenrechtsbeschwerde gegen richterliche Entscheidungen, Berlin 1963

Schuppert, Gunnar Folke: The Constituent Power, in: Starck, Christian (ed.), Main Principles of the German Basic Law. The Contributions of the Federal Republic of Germany to the First World Congress of the International Association of Constitutional Law, Baden-Baden 1983, S. 37

Schwabe, Jürgen: Die sogenannte Drittwirkung der Grundrechte. Zur Einwirkung der Grundrechte auf den Privatrechtsverkehr, München 1971 (Die sogenannte Drittwirkung der Grundrechte)

- Anmerkung zu BVerfG DVBl. 1971, S. 684, DVBl. 1971, S. 689

- Anmerkung zu BVerfG DVBl. 1973, S. 784, DVBl. 1973, S. 788

- Bundesverfassungsgericht und 'Drittwirkung' der Grundrechte, AöR 100 (1975), S. 442

- Probleme der Grundrechtsdogmatik, Darmstadt 1977

- Grundrechte und Privatrecht, AcP 185 (1985), S. 1

Seewald, Otfried: Gesundheit als Grundrecht. Grundrechte als Grundlage von Ansprüchen auf gesundheitsschützende staatliche Leistungen, Königstein/Ts. 1982 (Gesundheit als Grundrecht)

Sendler, Horst: Gesetzes- und Richtervorbehalt im Gentechnikrecht, NVwZ 1990, S. 231

- Unmittelbare Drittwirkung der Grundrechte durch die Hintertür?, NJW 1994, S. 709

Siep, Ludwig: Praktische Philosophie im Deutschen Idealismus, Frankfurt a. M. 1992

Smend, Rudolf: Verfassung und Verfassungsrecht (1928), in: Smend, Rudolf, Staatsrechtliche Abhandlungen, 2. Aufl., Berlin 1968, S. 119

Stein, Ekkehard: Staatsrecht, 13. Aufl., Tübingen 1991

Steinbeiß-Winkelmann, Christine: Grundrechtliche Freiheit und staatliche Freiheitsordnung. Funktion und Regelungsgehalt verfassungsrechtlicher Freiheitsgarantien im Licht neuerer Grundrechtstheorien, Frankfurt a. M./Bern/New York 1986 (Grundrechtliche Freiheit und staatliche Freiheitsordnung)

Steindorff, Ernst: Persönlichkeitsschutz im Zivilrecht, Heidelberg 1983

Stern, Klaus: Das Staatsrecht der Bundesrepublik Deutschland. Grundbegriffe und Grundlagen des Staatsrechts, Strukturprinzipien der Verfassung, Band I, 2. Aufl., München 1984 (Staatsrecht I)

- Das Staatsrecht der Bundesrepublik Deutschland. Allgemeine Lehren der Grundrechte, Band III, 1. Halbband, München 1988 (Staatsrecht III/1)

- Das Staatsrecht der Bundesrepublik Deutschland. Allgemeine Lehren der Grundrechte, Band III, 2. Halbband, München 1994 (Staatsrecht III/2)

- Das Gebot zur Ungleichbehandlung, in: Maurer, Hartmut (Hrsg.), Das akzeptierte Grundgesetz. Festschrift für Günter Dürig zum 70. Geburtstag, München 1990, S. 207

Stock, Martin: Medienfreiheit als Funktionsgrundrecht. Die journalistische Freiheit des Rundfunks als Voraussetzung allgemeiner Kommunikationsfreiheit, München 1985 (Medienfreiheit als Funktionsgrundrecht)

- Neues Lokalrundfunkrecht auf dem Karlsruher Prüfstand - BVerfGE 83, 238, JuS 1992, S. 383

Sturm, Gerd: Probleme eines Verzichts auf Grundrechte, in: Leibholz, Gerhard/Faller, Hans Joachim/Mikat, Paul/Reis, Hans, Menschenwürde und freiheitliche Rechtsordnung. Festschrift für Willi Geiger zum 65. Geburtstag, Tübingen 1974, S. 173

Süddeutsche Zeitung: Beitrag "Verfassungsrichter rügt neues Asylrecht", Ausgabe vom 19. September 1994

- Beitrag "Träge Schlagadern bei Passivrauchern", Ausgabe vom 15. Februar 1996

- Beitrag "Vom Qualm in der Umgebung. Negative Folgen des Passivrauchens gelten mittlerweile als sicher", Ausgabe vom 7. März 1996, S. 35

Suelmann, Heinz-Gerd: Die Horizontalwirkung des Art. 3 II GG, Baden-Baden 1994

Suhr, Dieter: Entfaltung der Menschen durch die Menschen. Zur Grundrechtsdogmatik der Persönlichkeitsentfaltung, der Ausübungsgemeinschaften und des Eigentums, Berlin 1976 (Entfaltung der Menschen durch die Menschen)

- Die Freiheit vom staatlichen Eingriff als Freiheit zum privaten Eingriff? Kritik der Feiheitsdogmatik am Beispiel des Passivraucherproblems, JZ 1980, S. 166

- Freiheit durch Geselligkeit. Institut, Teilhabe, Verfahren und Organisation im systematischen Raster eines neuen Paradigmas, EuGRZ 1984, S. 529

- Gleiche Freiheit. Allgemeine Grundlagen und Reziprozitätsdefizite in der Geldwirtschaft, Augsburg 1988 (Gleiche Freiheit)

Tettinger, Peter J.: Besonderes Verwaltungsrecht. Kommunalrecht. Polizei- und Ordnungsrecht, 2. Aufl., Heidelberg 1990 (Besonderes Verwaltungsrecht)

Thoma, Richard: Ungleichheit und Gleichheit im Bonner Grundgesetz, DVBl. 1951, S. 457

Uhle, Arnd: Das Staatsziel "Umweltschutz" und das Sozialstaatsprinzip im verfassungsrechtlichen Vergleich, JuS 1996, S. 96

Vitzthum, Wolfgang Graf: Gentechnik und Grundgesetz, in: Maurer, Hartmut (Hrsg.), Das akzeptierte Grundgesetz. Festschrift für Günter Dürig zum 70. Geburtstag, München 1990, S. 185

- Gentechnik und Grundrechtsschutz. Zum Beschluß des VGH Kassel vom 6. 11. 1989 - 8 TK 685/89, VBlBW 1990, S. 48

Vitzthum, Wolfgang Graf/*Geddert-Steinacher*, Tatjana: Der Zweck im Gentechnikrecht. Zur Schutz- und Förderfunktion von Umwelt- und Technikgesetzen, Berlin 1990 (Der Zweck im Gentechnikrecht)

Wahl, Rainer/*Masing*, Johannes: Schutz durch Eingriff, JZ 1990, S. 553

Wassermann, Rudolf (Hrsg.): Kommentar zum Grundgesetz für die Bundesrepublik Deutschland (Reihe Alternativkommentare), Band 1, Neuwied 1989 (Alternativkommentar zum GG)

- Kommentar zum Strafgesetzbuch (Reihe Alternativkommentare), Band 1, §§ 1 - 21, Neuwied 1990 (Alternativkommentar zum StGB)

Wessels, Johannes: Strafrecht. Besonderer Teil - 2, 15. Aufl., Heidelberg 1992

Wieland, Joachim: Die Freiheit des Rundfunks. Zugleich ein Beitrag zur Dogmatik des Artikel 12 Absatz 1 GG, Berlin 1984 (Die Freiheit des Rundfunks)

Winter, Gerd: Entfesselungskunst. Eine Kritik des Gentechnik-Gesetzes, KJ 1991, S. 18

Wülfing, Thomas: Grundrechtliche Gesetzesvorbehalte und Grundrechtsschranken, Berlin 1981

Zimmermann, Andreas: Das neue Grundrecht auf Asyl. Verfassungs- und völkerrechtliche Grenzen und Voraussetzungen, Berlin/Heidelberg/New York/London/ Paris/Tokyo/Hong Kong/ Barcelona/Budapest 1994 (Das neue Grundrecht auf Asyl)

Zippelius, Reinhold: Der Gleichheitssatz, VVDStRL 47 (1989), S. 7

- Allgemeine Staatslehre, 11. Aufl, München 1991

- Recht und Gerechtigkeit in der offenen Gesellschaft, Berlin 1994

▰▰▰ Beihefte zur RECHTSTHEORIE ▰▰▰

Zeitschrift für Logik, Methodenlehre, Kybernetik und Soziologie des Rechts

▰▰▰ **Duncker & Humblot · Berlin** ▰▰▰

Schriften zur Rechtstheorie, Heft 163

Recht und Gerechtigkeit in der offenen Gesellschaft

Von

Reinhold Zippelius

418 S. 1994 (3-428-07806-3) DM 148,– / öS 1.155,– / sFr 148,–

Es ist das Los des Juristen, Antworten auf Fragen des Rechts und der Gerechtigkeit in einem experimentierenden Denken zu suchen, ohne je an ein Ende zu gelangen. Dieser Gedanke durchzieht die hier vorgelegten Arbeiten aus fünfunddreißig Jahren. Sie bekennen sich zu dem Horazischen „sapere aude", das Kant zum Wahlspruch der Aufklärung erhob. In seinem Doppelsinn bezeichnet es den Mut zu einer rationalen Bewältigung der Fragen, welche die Welt uns aufgibt, zugleich aber auch das Bewußtsein, daß jeder Versuch hierzu ein Wagnis bleibt.

In ihren Legitimitätsvorstellungen folgen die Arbeiten dem Gedanken Kants, daß das vernunftgeleitete Gewissen der Einzelnen die letzte Instanz unserer moralischen Einsicht und damit auch unserer Gerechtigkeitsauffassungen ist. Im methodischen Vorgehen stimmen sie in hohem Maße mit der Wissenschaftstheorie Karl Poppers überein und erweitern deren Anwendungsfeld auf das Gebiet des Rechts.

Duncker & Humblot · Berlin